# 정중동(靜中動) 투자의 정석

# 정중동(靜中動) 투자의 정석

ⓒ 정중동, 2015

초판 1쇄 발행 2015년 6월 30일

지은이     정중동
펴낸이     이기봉
편집       김성령, 맹인호
펴낸곳     도서출판 좋은땅
출판등록   제2011-000082호
주소       경기 고양시 덕양구 동산동 376 삼송테크노밸리 B동 442호
전화       02)374-8616~7
팩스       02)374-8614
이메일     so20s@naver.com
홈페이지   www.g-world.co.kr

ISBN   979-11-5766-746-8 (03320)

이 도서의 국립중앙도서관 출판시도서목록(CIP)은 서지정보유통지원시스템 홈페이지(http://seoji.nl.go.kr)와 국가자료공동목록시스템
(http://www.nl.go.kr/kolisnet)에서 이용하실 수 있습니다. (CIP제어번호 : CIP2015016106)

| 개론편 |

# 정중동

자본주의 시장에서 살아남는 방법

# 투자의 정석

정중동 지음

좋은땅

　우리가 살아가는 이 자본주의라는 사회는 점점 복잡해지고, 일개 개인이 따라잡기에는 벅찰 정도의 속도로 변화하고 있다. 매일 생겨나는 자료와 각종 정보들의 홍수 속에서 과연 어떤 것이 옳고 어떤 것이 그른지 판단조차 하기 힘든 상황이지만, 그럼에도 불구하고, 우리는 계속 살아남기 위해, 혹은 부자로 살아가기 위해 어떻게든 나아감을 주저하지 말아야 한다.

　변화하고 있다는 것, 그것 하나만이 유일한 진리라고 할 수 있을 정도로 변화무쌍한 사회에서, 나의 부를 **빼앗기지** 않고, 이를 기반으로 삼아, 종자돈을 만들고, 나의 의지대로 투자를 진행하여 수익을 내고, 결국 자본주의의 승자로서 살아남기 위해서는 자본주의에 대한 이해가 필요하고, 또 나만의 길을 준비하는 모습이 필요할 것이다.

　사람들은 습관적으로 남들의 행동과 동조하고, 또 급박하게 움직이는 시장상황에 맞추어 민감하고 조급하게 대응한다.

　어떻게 자본주의에서 살아남아야 하는가?

　왜 투자를 해야 하는가?

　어떻게 해야 결코 지지 않는 투자를 할 수 있는가?

　때로는 뒤로 물러나서 조용히 자신을 낮춘 다음, 자신의 뜻을 굳건히 세우고 다시 나아가는 자세가 필요할 것이다.

··· 
# 목 차

CHAPTER 1.

# 자본주의에서
# 살아남기

# CHAPTER 2.

# 투자란
# 무엇인가?

# CHAPTER 3.

# 부자가
# 되는 법

CHAPTER 4.

# 결코 지지 않는
# 전투를 하라

# 정중동 투자란
# 무엇인가?

정중동(靜中動)이라 함은 고요 속에서 움직인다는 뜻으로 겉으로는 잘 드러나 보이지는 않으나, 자신만의 방법과 노력으로 끊임없이 노력하고 움직인다는 뜻으로 해석할 수 있을 것이다.

자본주의를 살아가는 우리의 모습에서 투자라는 것은 숨을 쉬는 것과 마찬가지로 일상적이고, 자연스러우며, 필수적인 것이라고 할 수 있을 것인데, 한국 경제가 조금 더 글로벌화되고, 지역 간의 물리적인 장벽이 붕괴되면서 더 많은 정보가 혼란을 야기하고, 사람들은 어디로 가야 할 것인지, 어떤 것이 나의 길이고, 행복에 이르는 길인지 몰라 이곳저곳에서 혼란스러워하는 것이 사실이다. 하지만, 정작 중요한 것은 내가 어떤 일을 어떻게 벌이는 것인가 하는 것이 아니라, 이 사회를 둘러싸고 있는 시스템에 대한 진지한 고찰과 나의 상황에 대한 정확한 분석, 나를 속이고 있는 사회 시스템에서 말해 주지 않는 것에 대한 이해가 더욱 더 중요한 것이라고 나는 생각한다.

나의 필명을 딴, 정중동 투자라는 것은, 그래서 얼마나 큰 성공에 이를 수 있는가를 얘기하는 것이 아닌, 어떻게 해야 나를 세울 수 있고, 나의 방향을 생각해 볼 수 있고, 살아남을 수 있을 것인가에 더욱 많은 부분을 할애하고 있다고 할 수 있다. 사회는 점점 더 복잡해지고, 투자 방법과 이론은 더욱더 정교해지고, 하루가 다르게 발전하고 또 새로운 것이 나오는 세상이다.

이런 사회를 살아가는 동력을 얻는다는 것이, 단순히 책 한 권에서 혹은, 하나의 매체를 통해 일반적 학습으로 얻는다는 것은 불가능하다 할 것이며, 내가 오늘 마스터한 정보와 방법, 노하우는 내일 바로 그 가치를 잃어버리는 것이 요즘의 현상이기에 더욱 더 투자에 성공하기 위해서는 잔기술이 아닌 핵심가치에 의존해야 할 것이다.

단지, 수익률 '얼마 더', '몇 퍼센트'가 아닌, 큰 틀에서 바라보아야 한다는 것이다. 큰 틀에서 바라본다는 것은 기본적으로 자본주의를 살아가는 우리네 과정을 이해하고, 어떻게 시장을 바라볼 것인지에 대한 고민을 하는 과정을 지나, 큰 시각으로 방향성을 잡아 실행하는 것을 의미한다.

자본주의 시장에서 살아남는 방법은 결코 지지 않는 방법으로 나만의 전투를 진행하여, 나만의 공간과 영역에서 부를 일구고, 끊임없이 부가 다시 투자되고 선 순환되는 구조로 나의 자산을 변형시키는 것에 기인한다. 이를 두고 혹자는 창업이라 칭하고, 누군가는 재테크라 말한다.

돈은 소리가 나는 곳을 싫어하는 습성이 있다. 사람이 몰리고, 자본이 몰리고, "여기가 돈이 된다더라"라는 곳으로 유명해지고 시끄러워지면 돈은 이를 피해 달아난다. 따라서 성공하는 투자는 나만의 길로, 나만의 방법으로 조용히, 그리고 소문이 없이 진행되어야 하고, 이를 곧 정중동 투자라 할 수 있다.

이 책은 내가 그 동안 인터넷 카페에 게재했던 글을 중심으로 다시 편집하여 만든 투자지침서의 일종으로, 개괄적인 내용만을 포함하고 있다. 이 책에서는 주로 자본주의와 투자세계에 대한 개괄적인 사항만을 다룰 것이며, 실무적인 내용은 이후 출판 준비 중인 「입문편」에서 다룰 예정이다.

# CHAPTER 1.

# 자본주의에서 살아남기

# 01
# 자본주의 사회는
# 공평하지 않다

　모든 것이 공평하다는 것은 상상 속의 이론, 혹은 교과서에나 있는 말이다. 적어도 우리가 살아가는 자본주의라는 세계의 시스템에서는 아무것도 공평하지 않다. 그 결과는 물론 여러 가지 변수에 의해 바뀔 수 있겠으나, 이 전제를 인정하지 않으면 그 개인만 힘들어진다. 패배주의자라 치부할 수도 있을 만한 표현이겠으나, 그 원리를 무시한 채로 일을 진행해 봐야 어쩔 수 없이 지는 게임을 할 수밖에 없기 때문에 (적어도 나의 경험에서는)이런 시스템의 특징을 인정하고, 이를 극복할 수 있는 견실한 길을 찾는 것이 효율적이고 빠른 길이라고 생각한다.

　공평하다는 것은 어떤 것을 의미한다고 생각하는가? 이는 과정이 공정해야 한다는 것인지, 출발선이 공평해야 한다는 것인지, 아니면 결과가 공정해야 한다는 것인지에 대해서 생각해 볼 수 있는데, 출발에 의미를 두면 자본주의라 할 것이요(모두 동일한 조건 '돈'만 있으면 참여할 수 있으므로), 결과가 공정해야 하는 데 의미를 두면 사회주의라 할 것이다(모두 똑같이 나누어야 하므로).

당연히 우리는 자본주의를 살아가므로 출발에서부터 의미를 부여해야 할 것인데, 중요한 것은 과정이 공정하지 못하면 아무리 출발이 공정했다고 하더라도 바로 타락하고, 시스템이 파괴되며 천민자본주의의 모습을 띨 가능성이 농후한데, 일의 진행 과정에서 법과 질서가 공정하게 집행되지 않는다면 힘 있는 자는 쉽게 자신의 힘을 이용해서 과정을 불합리하게 이끌려 할 것이므로 사회 전체가 부정적 영향을 받게 될 것이다. 따라서 출발은 같은 선에서, 과정은 공평하고 결과는 정대하게 심판받아야 하는데, 자본주의에서는 부라는 잉여, 숫자로 표시되는 재산력, 물리력의 작용으로 모든 시장 참여자의 시작점이 같을 수는 없다. 이런 사항의 모든 명제들을 변수에 넣고 평가하자면 사회시스템 전반에 대한 논의가 있어야 할 것인데, 이런 거시적인 관점에서 자본주의를 논하는 것이 이 책의 목적은 아니다. 대신, 일개 개인, 그중에서도 다분히 소시민적인 입장에서 어떻게 해야 보다 더 효율적으로 흐름을 읽고, 나의 때를 알아서 자본주의의 승자로 살아갈 수 있을 것인가 하는 것이 주제라고 할 수 있다. 사회 시스템의 거대한 구조 개혁이 아닌, 소시민적 발상과 실행을 통해 틈새 시장을 만들고, 나만의 부를 어떻게 만들 것인가 하는 것이다.


## 지는 놈이 무조건 잘못한 것이다

게임에서 진, 역사의 저편으로 사라진 인물에 대한 역사의 평가는 박하다 못해 처절할 정도의 악평과 왜곡으로 얼룩진 것을 알 수 있다. 내가 아무리 아니라도 얘기해도, 결과만 가지고, 평가하는 사회의 시스템에서 자유로울 수는 없을 것이기 때문에, 게임에서 지지 않는 것이 대단히 중요하다.

내가 더 작은 놈인데, 더 큰 플레이어의 움직임을 보지 못한 것은, 정확히는 나의 잘못이기 때문이라는 것이다. 작기 때문에, 약자이기 때문에, 그만큼 가진 것이 없기 때문에, 그 작은 자금으로 사업을 해야 하기 때문에 변화에 더욱더 민감하게 반응하고, 더 큰 상대의 움직임을 계속 주시하며, 경쟁을 할 수 없는 큰 조직이 시장에 진입할 때는, 뒤도 안 보고 빠져서 퇴로를 확보하는 것이 당연한 것이다.

이런 시장 상황에서 진리를 말하고, 정의를 얘기하는 것은, 정치 세계에서는 통할지 몰라도, 자본주의로 대변되는 세상 논리에서는 맞지 않는다.

작은 자본, 작은 조직, 세가 약한 이의 입장에서는 그런 큰 움직임, 변화를 읽는 것조차 자신의 몫인 경쟁의 시대를 우리는 살기 때문이다. 그래서 더더욱 조심하고 자신을 낮추고 빛을 감추어야 한다. 더럽고 치사해도 그렇게 회피해야 하는 것이 현명한 소기업의 입장이라 할 수 있을 것이다.

그래서, 결국은 지지 않으면 된다는 결론이 나오는 것이다. 죽지 않고, 지지 않고, 버티고 살아남아서 나중에 더 큰 세를 이루어 끝을 내면 되는 것이다. 이건 비굴한 것이 아니라 현명한 것이다. 적어도 이 세상에서는 말이다.


## 유연하게 흐른다

자본주의를 사는 데 중요한 삶의 자세 중에 하나가 유연성이다. 흐르는 물이 쉬지 않고, 이동하며 길을 만들어 내는 것과 같이 그렇게 돌아가고, 꺾여서 가더라도, 계속 나아가는 삶의 자세가 필요하다.

손자병법을 보라.

상대가 힘이 세면 우선 뒤로 진을 물리고, 먼 길을 와서 피곤하고 군세가 흐트러지면 친다. 반격이 심하면 뒤로 물리고, 도망을 가는 척하고, 적이 물러가려고 하면 뒤돌아 친다. 약한 곳만 골라서 치고, 빈틈이 없으면 뒤로 진을 물린다. 쉽게 말해서 이길 싸움만 한다. 달걀로 바위를 치는 것이 아니라, 바위로 달걀을 치는 것이 사업이고 전투여야 한다는 것이다. 이렇게 세상의 삶에는 정답이 없다. 상황에 따라 여건에 따라, 투자를 함에 있어서는 그 방법이 각기 다른 것이고, 내가 처한 현실에 따라 내가 유리한 방법으로 상황에 맞게 그렇게 대처하는 것이 곧 최선이고, 정답인 것이다. 이렇게 세상의 이치는 그런 불공평함을 극복하고 승리할 수 있고, 그러므로 더 심오해지고 재미가 있어지는 것이다.

이런 유연성이야말로 경영자가, 상인이 가져야 할 최고의 덕목 중에 하나다. 일이 잘못되면 나 하나 잘못되는 것이 아니라 조직원 전체의 삶이 영향을 받기 때문에 언제나 결정은 신중하고 더 유연해야 하며 상황에 맞는 것이어야 한다.


## 그렇기에 기회다

한편으로는 세상이 공평하지만은 않기 때문에 또 다른 기회가 나에게 올 수 있음을 알아야 한다. 세상이 항상 공평하기만 하다면 다른 조직이나 경쟁자와 비교할 때 내가 가질 수 있는 우위요소 또한 없어질 것이기 때문이다. 개인적인 역량, 인맥, 지연 등등의 상대적 요소에 의해 비교 우위가 생겨나고 그런 요소들이 모여 또 다른 기회를 만들어 내는 것이 사업이고 투자라 할 수 있다.

따라서 우리가 해야 할 일은 적어도 우리가 사는 세상이 불공평하다는 것을 인정하고 내가 가진 약점을 제거하고 장점을 살리며, 나보다 큰 녀석과는 경쟁을 피하고 약한 경쟁상대를 발견해서 공격하는, 그래서 항상 이기는 싸움만을 하기 위해 노력하는 것이다.

내가 가진 우위를 모르겠다면, 상대방의 약점을 모르겠다면, 지금 사업을 하고 있지만, 미래가 보이지 않고 비전이 없다는 생각이 든다면 그대로 멈춰라.

며칠 정도 당신이 업무를 보지 않는다고 해서, 가게에 최선을 다하지 않는다고 해서 바로 문을 닫아야 되는 상황이라면 문을 닫는 게 더 낫다.

신중히 고민해 보라. 내 우위요소가 무엇이고 내 적은 어디에 있는지, 진정한 내 경쟁자는 누구이고 그는 지금 무엇을 하고 있는지를 보라. 모르겠다면 아직 사업을 할 때가 아닌 것이다, 내 경쟁상대를 모르는데 어떤 경쟁을 하고 진보할 수 있겠는가?

경쟁이 없다면 진보 또한 없고, 진보가 없다면 당신의 성공은 없다.

자본주의세상은 공평하지 않다.

하지만 공평하지 않기 때문에 성공할 수 있는 기회가 있다. 남들보다 조금 빨리 깨어나 세상을 보라. 그럼 답이 있다. 항상.

# 02
# 왜 자신만의 일을
# 해야 하는가?

왜 자본주의를 살아가는 사람이 부자가 되기 위해서는 자신의 사업을, 기업을 운영해야 하는가? 이는 간단한 결론을 가지고 있는 질문이라 할 수 있다. 자본주의 사회에서 기업이라는 것은 부의 창출, 이익을 목적으로 설립되는 가장 확실한 목표를 가진 조직이기 때문이다. 기업을 통해서 실패에 대한 위험을 최소화할 수 있고, 성공할 시에는 가장 많은 수익을, 가장 빠르게 창출할 수 있기 때문이다.

『부자아빠 가난한 아빠』에서 로버트 기요사키가 지적했듯이 기업가는 다 쓴 돈으로 세금을 내고, 일반인은 유리지갑을 가지고 있기 때문에 월 일정 금액 들어오는 돈에서 모든 것을 써야 한다.

왜 부자라는 타이틀을 달기 위해서는 자신의 일을, 자신만의 조직을 만들어야 하는지 생각해 보자.

## 1) 마인드

우리사회는 약속의 연속성에 서 있는 관계들의 집합이다. 약속이라는 것은 각자 욕망하는 다툼의 가장 언저리에 있는 것으로 돈을 주는 자와 받는 자도 그 약속에 기인한 계약을 받을 텐데, 주는 자는 받는 자가 떠나지 않을 정도로 주려고 할 것이고, 받는 자는 주는 자가 화를 내며 나가라고 하지 않을 정도로만 일을 하려 할 것이다. 그럴 때, 이 계약은 계속 성립이 될 수 있을 것이다. 내가 주는 것보다 실적이 나오지 않고 가치가 없다 생각되면 해고를 할 것이고 내가 벌어다 주는 것보다 너무 작게 받는다고 느끼면 이직을 하거나 독립을 할 것이기 때문이다. 그러므로 내가 월급쟁이에 머물러 있다는 것은 그 계약을 기초로 해서 내가 받은 만큼의 시간과 정성을 다해 회사에 충성하는 것이고 그 결과로 나는 월급이라는 보상을 받는 것이 일반적인 메커니즘일 것이다.

그럼 월급쟁이인 당신은 지금 현재 하고 있는 일에 당신의 능력 100프로를 투입하고 있는가? 보통의 경우 월급이라는 보상을 받는 집단은 자신의 업무와 자리, 그리고 역할에 대해 큰 고민 없이 자신을 그 틀에 맞추는 경향이 있다. 누군가 월급을 '부르주아 계급이 프롤레타리아 계급에게 한 달에 한 번씩 주는 마약'이라고 표현한 것과 같이, 통상적으로 봤을 때 월급을 받는 계층은 자신의 일을 직접 하는 계층보다는 신분적 안정성으로, 혹은 그 틀 속에 있는 이유로 별 고민 없이 살고(적어도 먹고 사는 문제에 대해서), 큰 스트레스를 받지 않는다. 따라서 치열한 경쟁 끝에 살아남은 경영자나 자영업자 집단에 비해 홀로서기를 했을 때 받는 충격이 훨씬 크고, 상대적 어려움이 클 수밖에 없다.

## 2) 세법의 유리함

앞서 말한 바와 같이 자영업자나 경영자는 월급쟁이에 비해 훨씬 관대한 세법의 보호를 받고 있다고 해도 과언이 아니다. 일부는 불법이라고 할 수 있겠지만, 관습적으로 통용되고 있는 사례를 본다면, 월급쟁이는 가족과 밥을 먹기 위해 자신의 돈을 내지만, 사업주는 맛있게 밥을 먹고 난 후 계산서를 회사 카드로 혹은 회계정리를 함으로써 회사의 이익을 줄어들게 만든다. 결국 회사가 내어야 하는 세금을 절약할 수 있다(물론 불법이지만 우리 사회에선 습관적으로 하고 있는 일들이다). 월급쟁이는 모든 자동차 세금, 운영비를 자신이 부담해야 한다. 하지만 사업주는 새 자동차를 리스 계약을 함으로써 자신의 법인 운영비에서 비용을 내게 한다. 당연히 기름값도 법인에서 낸다. 법인의 이득이 상쇄되면서 절세하는 효과가 있다(물론 비 업무적인 일에 회사 차량을 사용하는 것은 위법이지만 관습적으로 그렇게 하고 있다). 내 아내 명의로 된 집을 하나 산 다음에 법인이 월세를 내게 한다. 법인 입장에서는 비용이 증가함에 따라 이득이 상쇄되고 절세하는 효과가 있다(물론 문제소지가 있는 방법이다). 사업주는 가전제품, 컴퓨터, 휴대폰 등등 필요한 집기 등을 법인명의로 구매하여 공급받을 수 있다. 위의 사례와 같이 절세효과가 있다. 간단하고 대표적인 사례를 쓴 것이지만, 법인으로 경영을 할 때 얻는 이득은 상당하다. 그리고 이런 직접적 이득뿐만 아니라 리스크 관리의 부분에서도 법인은 훨씬 이득이 크다. 사업을 하다 보면 어떤 일이 어떻게 일어날지 예측할 수 없다. 또한, 항상 사업이 잘될 수만은 없고 최악의 경우, 폐업이라는 선택을 해야하는 상황에서 법인은 보다 훨씬 깔끔하고 빠르게 정리할 수 있는 퇴로를 열어 준다. 사업주 연대보증과 같은 악법이 있는 한국의 현실에서는 조금 다르겠지만, 보통의 국가의 경우, 모든 은행 대출은 연대보증이 아니라 신용으로 결정되기 때문에 불확실한 경영상황에서 치명적 오류 발생 시, 사업주는 법인을 하나 포기함으로써 퇴로를 확보할 수 있고, 자신의 다른 자산은 안전하게 보호할 수 있는 방어막이 되는 것이다.

### 3) 기회/성장의 용이함

내가 알던 지인 중 한 명이 심각하게 고민하고 있다는 주위의 얘기를 들었다. 한 대기업의 해외 지사장으로 근무하시던 분인데, 본사에서 한국 발령을 내니, 현지에 남아 사업을 할 것인가, 한국으로 복귀를 할 것인가를 깊이 고민하시고 있었다. 현지의 삶에 만족하고 있는 가족들을 위해서, 그리고 입시 지옥의 한국 교육제도로 아들을 다시 밀어 넣지 않기 위해 승부수를 던질 것인가 아니면 그냥 한국으로 갈 것인가…… 서너 달의 고민 끝에 그분이 내린 결론은 한국행이었다.

나로서는 처음엔 이해가 가지 않았다. 이미 사업거리를 만들어 놓았고, 자신의 후임으로 올 사람이 자신의 후배이니, 자신이 장비를 사서 기존 자신이 하던 일에 하청으로 들어가면 되는데, 그리고 어느 정도 수익이 보장이 되는데, 왜 다 던지고 들어가야 했을까? 나는 이후 고정비에 주목했다. 그분이 아마 다른 어떤 법인이나 조직을 사전에 만들어 두었거나 믿을 만한 현지 직원이 있었거나, 큰 자금이 있었다면 당연히 다른 결정을 하실 수 있었을 것이다. 하지만, 보통의 40대 중반 직장인이 동원할 수 있는 전 자산은 3~4억 정도일 것이고, 현지 특성상 한달 영업, 사무실 고정비가 6~7백만 원, 거기에 국제학교를 다니고 있는 자녀 교육비, 인건비, 생활비를 합치면, 월 3~4천만 원은 들어갈 것이다. 장비 리스 비용에, 사업이 자리를 잡기까지 6~12개월 정도를 계산한다면 리스크가 너무 커지는 상황으로 생각할 수 있었을 것이다. 만약 이분이 그 정도의 동일한 자산을 가지고 있는 법인을 운영하고 있었다면 어떤 상황일까? 최소 사무실을 내고, 법인 설립하고, 사무실 직원을 뽑는 데 들어가는 시간, 노력은 상쇄될 수 있을 것이고, 큰 비용 없이 보다 좋은 조건으로 리스 계약이 가능했을 것이다. 무에서 유를 창조하기는 너무 힘든 일이다 보니, 어떻게 보면 좋은 기회가 온다고 하더라도 기존 내 조직이 없는 경우에는 승부를 내기가 힘든 상황이 될 수도 있는 것이다. 큰 돈을 못 버는 것 같아도 자신의 일을 하고 있는 사람은 그렇지 않은 사람에 비해 훨씬 준비되어 있는 것이 많다. 큰 돈을 못 벌었기 때문에 자금 축적이 일어나지 않았어도 최소한 은행신용도는 일반인보다 높을 것이고, 기회가 왔을 때 동원할 수 있는 자금과 인원이 최소한이겠지만 준비가 되어 있을 것이다. 이런 경우에서는 어떤 한 번의 작은 울림만으로 개인이 생각할 수 없을 정도의 금전적 성공을 할 수 있는 기반이 될 것이 확실하다. 따라서, 이런 준비는 자본주의의 승리자가 되기 위해 너무나 중요한 단계라고 할 수 있다.

계속 자신의 일을 하라는 것은 누군가를 선동하기 위해 하는 말이 아니다. 무조건 창업을 해야 한다라는 강박관념을 주기 위한 글도 아니고, 단지 자본주의사회에서 우리가 알고 있는 "그렇게 해야 한다, 그렇게 하는 것이 좋지 않을까"하는 막연한 생각들은 그렇게 교육되었다는 것이다. 우리가 흔히 알고 있지 못한 것들을 보지 못하는 이유가 바로 교육에 있다.

"사회구조망에서 한 번 실패하면 다시는 올라오기 힘든 한국이다."

"치열한 무한 경쟁에서 사업할 수 있겠는가?"

"장사하지 마라. 다 망한다."

맞는 말이다. 밑바닥까지 내려가 보지 않고서야 어떻게 세상을 안다고 하겠는가? 다양한 경험을 한다는 것은 나쁜 것만은 아닐 것이고, 세상의 문은 두드려야 열리는 것이다. 내가 두드리지 않는데 어떻게 저절로 문이 열리겠는가? 성공이란 문은 자동센서가 없다. 사회구조망에서 한 번 나락으로 떨어지면 어떤가? 무한경쟁에서 질 수도 있고, 장사해서 망할 수도 있다. 뭐, 다 안 망하면 창업 컨설팅 업체라도 망하는 것이 이 사회의 구조이고, 이 또한 순환구조이다. 내가 망할 수도 있다는 것을 인정하고 그렇기 때문에 항상 시작을 하더라도 퇴로를 열어 두는 지혜가 필요한 것이고, 더욱 더 신중한 접근이 필요한 것이다. 내가 실패를 함으로 해서 내가 더욱 더 단련되는 것이고, 그 실패를 이겨냄으로써 성공이 더욱 빛을 받는다.

"크게 성공할 사람의 실패 스토리는 처절할수록 더욱 더 좋다."

당신이 아직 자신의 일로 성공을 한 사람이 아니라면, 그리고 지금의 자리에 안주하고 싶지 않다는 생각을 한다면, 기회가 없을 것이고 준비가 되지 않았다고 생각되는 지금이 바로 기회일 수 있다. 쌓은 것이 없기 때문에 잃을 것이 없고, 준비가 되지 않았기 때문에 이제 무에서 유로, 어떤 준비라도 하면 되는 상태가 준비되어 있기 때문이다. 내일도 해는 뜰 것이고, 당신은 24시간이라는 멋진 시간 배분을 신으로부터 받을 것이기 때문이다. 내일도 그리고 모레도, 지구는 당신을 위해 한 바퀴 돌아 줄 것이고, 해는 뜨고, 또 진다. 이 많은 시간, 그리고 소중한 시간을 남을 위해 쓸 것인가? 내일 소송 건이 있어도, 내일 골치 아픈 일이 있어도 난 밤만 되면 빨리 잠들고 싶고 빨리 일하러 가고 싶다. 이것이 내가 살아가는 이유이고, 세상에 있으면서 하는 일, 천직이기 때문에, 이 일로 인해 내 가치를 인정받는 느낌이 들기 때문이다.

당신도 그러한가? 그렇지 않다면 버려라. 지금의 자리와 일은 당신이 진정으로 원하는 것이 아니다. 단지 교육효과로 집안의 기대, 가장으로서의 부담감, 책임감으로 인해 지금 그 길을 가고 있는 것이 아닌가? 자본주의 사회에서 가장 자유로움, 그리고 해방의 도구를 가질 수 있는 계급층은 기업인 뿐이다. 아 하나 더 있네…… 공무원(뭐 욕심의 크기를 줄이고, 옆집을 쳐다보지 않고, 내 있는 삶, 그대로 만족한다면 내 아버지와 같이 공무원도 한국에선 꽤 괜찮은 계급층이다). 사람들이 하는 일들의 분야는 달라도 그 상위에 있는 성공한 집단들은 전부 기업으로 구성되어 있음을 알 수 있다. 그럼 답은 나와 있지 않은가? 야채 가게 사장의 꿈은 야채 가게를 더 많이 열어서 결국 야채 유통/판매를 하는 기업을 설립하는 것이고, 슈퍼마켓 아저씨의 꿈은 대형 마트가 되는 것이고, 신출내기 변호사의 꿈은 대형 로펌 법인의 사장이 되는 것이 아닌가?

결국 꿈은 기업인데, 자신의 일을 하는 것인데, 왜 남의 일을 해 주고만 있는가?

내 일이 금전적 보상과는 전혀 상관이 없는 일이고, 내가 충분히 일에 만족하고 있다면, 이 글과는 전혀 다른 삶을 사는 사람이기 때문에 공통분모가 없을 것이다(이 글은 하나의 목적, 재테크와 투자를 위한 글인 만큼 목적이 경제적 자유가 아닌 사람과는 별 상관이 없다). 하지만, 내가 속한 집단에서 금전적 보상을 요구하고, 또 경쟁을 하면서 치열하게 살아가는 통상적인 우리네 집단에서는 한 번 정도는 생각해 볼 필요가 있을 것 같다.

언제까지 머슴살이를 할 지, 그리고 아주 큰 별 세 개짜리 큰 집의 큰 머슴도 언젠가는 잘린다는 사실, 그리고 거기까지 이르지 못한 다른 수많은 머슴들도 결국은 그 집을 나와 떠밀려 삼겹살을 구울까 치킨을 튀길까 고민하게 되는 현실에서, 앞서 말한 것과 같이 지금 시간이 있을 때, 고민하고 움직이는 것이, 그리고 행동하는 것이 더 나은 결정이 아닐까?

### 4) 부자 되는 가장 빠른 방법? - 창업

너무 당연한 이야기이겠지만, 돈을 벌려면 가장 빠르고 확실한 방법은 장사이다. 대개 사람들은 목표와 목적을 착각하는 경우가 있는데, 한국의 문제는 돈을 벌려는 사람이 당연히 장사를 하지 않고, 돈을 벌고 싶은 목적을 가진 사람이 의대를 가고 법대를 가서, 의사가 되고 법조인이 된다는 것이다. 목적과 목표가 다르니, 과정이 다를 수밖에 없고, 목적이 다른 시장에 가서 자신의 목표를 이루고자 하니, 사회의 괴리가 생기게 되는 것 아니겠는가? 공무원이 돈을 벌고 싶으면 안 되는 것이다. 돈을 벌고 자유를 누리고 싶은 사람은 장사를 해야 한다.

부자가 되고 싶다면, 그래서 경제적 자유를 이루고 싶다면 그렇기에 당연히 나의 일을 해야 하는 것이다. 나의 사업을, 일을 한다는 것이 처음부터 자영업자가 된다는 것을 의미하지 않고, 곧바로 무엇인가를 시작해야 한다는 것을 의미하는 것은 아니다. 지금 자신이 월급쟁이라면, 세컨드 잡을 구하고, 여유를 두고 상황을 봐 가면서 천천히 자신의 거취를 옮기는 것이 바람직한 방법이지 무리수를 둬서 자리를 구하는 것은 실패로 가는 지름길일 것이다.

그럼 어떤 장사를 해야 하는가?

먼저 장사의 원리를 생각해 보라. 내가 구매해서, 혹은 직접 제조를 해서, 부가가치를 만든 다음에 그것을 파는 것이 장사의 생리이다. 내가 가진 미용 기술로 머리를 만져 주는 것부터, 생고기를 산 다음 안락한 의자에서 편하고 맛있게 먹을 수 있는 공간을 만들어서 더 비싸게 파는 것 등등의 수없이 많은 구조를 가진 방식의 장사라는 개념이 있을 것이다. 당연히, 부자를 꿈꾸는 수많은 사람들이 동종업계에 있을 것이고, 그 경쟁에서 살아남기 위해서는 더 많은 것을 더 싸게 해야 할 것이고 등등 많은 난관이 기다리고 있는 것도 사실이다.

결론부터 얘기하면 장사의 왕도는 바로 장사의 원리를 지키는 것이다.


## 싼 것은 무조건 좋은 것이다

보통 우리가 할 수 있는 장사라고 하면, 다른 사람들도 할 수 있는 그런, 흔히 얘기하는 "자영업자" 분류에 들어가는 그런 장사이다. 가격을 커버할 만한 엄청난 신기술도, 엄청난 차이를 가진 경쟁요소도 없다는 것이다. 이런 경우에는 무조건 싼 것은 좋은 것이다. 여기서 착각하지 말아야 할 것은 싸다는 것이 천박하다는 것, 그리고 문제 있는 것과 같은 의미로 해석하면 안 된다는 것이다. 생고기 집이라 써 놓고, 싸게 팔기 위해 냉동고기를 가져다 파는 것은 싸게 파는 것이 아니라 감옥에 가야 할 일이다.

모든 경쟁우위요소 중에 한국사회에서 가격만큼 큰 요소는 없다. 허세를 이유로 사는 일부 명품을 빼고는 말이다. 싸다는 것은 단지 그 제품이 싸다는 것 이외에, 많은 것을 말해 주고 있다. 그 업소가 뼈를 깎는 노력을 하고 있다는 것, 시장 상황을 판단하고 있다는 것 말이다.

장사를 시작하는 사람에게 내가 하는 말은 간단하다. 무조건 싸야 한다. 우리는 이런 설비로 뭐를 만들고, 이런 기술이 있고…… 등의 설명은 됐고, 그래서 싸냐고? 하는 질문에 정확한 답을 할 수 있어야 한다는 의미이다.

좋은 제품을 싸게 만들고, 파는 것이 장사의 기본 중 기본이고, 이가 자신이 없다면 창업 자체를 하면 안 되는 것이다.

12년 전에 멕시코 시티에서 영어교재를 한번 팔아 보겠다고 대대적으로 설쳤던 경험이 있는데(스페인어를 쓰는 멕시코 애들도 영어에 대한 무지막지한 동경과 콤플렉스가 있다), 모든 것이 완벽했다. 촬라 촬라 혀에 버터를 백만 톤은 바른 것같이 넘어가는 성우의 목소리, 본토에서 검증된 교재, 나름 잘 구축된 판매망, 메이저 서점과의 계약 체결, 좋은 결과만이 남았다 생각했었다. 막상 뚜껑을 열었더니 6개월간 판매한 교재의 수가…… 기대하시라…… 전국 총판 56부……. 잘못된 가격정책이 문제였다. 인구 1억이 넘는 나라이니 한국 중산층 정도의 소득을 가진 계층을 생각해 보면, 될 것이라 판단했던 가격은 "비싸도 너~~무 비싸"하는 외면을 받아 결국은 서점가에 좋은 소스만 공급해서 짝퉁만이 돈을 버는 씁쓸한 경험만을 남기고 철수하는 결론으로 이어졌었다. 아무리 양질의 제품이라고 해도 수요층의 외면에는 장사가 없다.

싼 것은 무조건 좋은 것이다.

## 백 년을 갈 수 있는가?

내가 사는 유럽지역에는 주식회사라는 것은 드물고 보통 유한기업 형태의 가족기업이 주를 이룬다. 폭스바겐, 벤츠도 가족경영이 주인 회사들이다. 이런 회사들의 경우, 대개 미국식 기업과는 다른 특징이 있는데 바로 미래를 본다는 것이다. 생각해 보라. 미국처럼 일 년에 한 번씩 주주총회를 열어야 하고, CEO가 평가를 받아야 하는 시스템에서 10년, 20년 후의 기업 미래를 고민하는 경영자가 있겠는가? 나만 아니면 그만, 내가 있는 동안만 조용히 실적을 내면 그만이라는 생각이 만연할 것이며, 가장 쉽게 실적을 낼 수 있는, 구조조정과 같은 법안을 쉽게 만들려고 할 것이다. 결국은 내 것이 아니고, 나는 거쳐 가는 사람 중에 한 명일 뿐이라는 생각을 할 것이기 때문이다.

독일식 경영이 현재 강한 이유는 짧게는 40~50년에서, 길게는 200년 동안 가족경영을 해 오면서 후세를 위해 희생한 선조들의 유산과 자산을 기반으로 하기 때문이다. 따라서 다음 세대를 위한 현세대의 희생으로 말미암아 엄청난 자산이 축적되고, 이를 기반으로 하는 사업을 전개하기 때문에 새로운 강자가 나오기 힘든 보수적인 경제상황이 구축되는 것이다. 쿠키 회사가 200년이 넘는 곳이고, 돈까스 집 하나도 100년 정도는 생존해야 소위 since 1902 같은 마크를 자랑스레 붙일 수 있다.

창업을 준비하는 당신에게 묻는다. 당신의 사업이, 가게가 100년 간 지속될 수 있는 경쟁요소는 무엇인가? 단기간으로 놓고 보면, 인테리어가 어떻고, 상권이 어떻고 하는 얘기가 맞을 수 있겠지만, 100년 후를 생각해 보면, 인테리어는 어차피 쓰레기가 될 것이고, 상권은 바뀔 것이니, 중요치 않다. 그럼 무엇이 중요한가?

본질이다.

고깃집이라면 고기가 신선하고, 맛있고, 싸며, 서비스가 좋아야 하고, 옷가게라면 유행에 뒤쳐지지 않는다는 확신을 줄 만큼의 품질과 가격이 필요하다. 어차피 장사의 기본은 정해져 있다. 품질이 좋고, 가격이 싸다면 강원도 산골에 위치해 있어도 물어 물어 오는 것이 손님이다. 단지, 오늘 내일을 생각하지 말고, 지금 하고 있는 사업이 어떻게 하면 100년을 갈 수 있을지 고민해 보라.

그럼, 자금적인 부분도 저절로 답이 나온다. 100년을 가야 하니 오늘 벌어 내일 먹는 셈으로는 지속할 수 없을 것이며, 무리한 확장에 대한 욕심도, 어설픈 자금계획도 문제가 될 것이므로 충분한 자금 여력을 항상 준비해 두어야 불황을 이겨낼 수 있게 되는 것이다.

이렇게 백 년을 생각하는 것은 여러 가지 의미를 가지고 있다고 할 수 있다. 단기간에 장사를 해서 소위 먹고 빠지는 식을 생각한다면 쉽게 생각할 수 있는 것들이, 보수적이고 장기적인 100년이라는 시간을 두고 생각을 하면 아무 것도 아님을 알 수 있고, 결국은 가장 본질에 가까워 지는 원칙을 중히 여기게 될 수 있기 때문에 창업을 함에 있어 장기간의 관점을 가진다는 것은 중요하다고 할 수 있다.


## 휩쓸리지 마라

누가 어디서 카페를 열었는데 대박이 났다더라, 요즘은 무슨 방식의 고깃집이 대세이다 등등의 소문은 넘치고 넘친다. 대박이 난 곳은 이유가 있다. 솜씨가 있다거나, 상권이 좋다거나 이런 저런 이유들이 있는데, 밑도 끝도 없이, 따라 해서 나도 오픈하면 될 것이란 막연한 환상에 사로잡혀 지금까지 준비해 둔 소중한 총알을 날리지 마라.

공부해야 한다.

카페를 예로 들어보자. 당신이 직접 커피를 만들고 설거지를 하는 이런 시스템은 "투자"라 부를 수 없을 것이다. 처음에는 소위 오토 매장으로 생각을 했지만, 매출이 나오지 않으니, 어쩔 수 없이 주인이 하게 되는데, 쪽박의 지름길이다. 카페를 열기 전에, 체크해야 할 것이 한두 가지가 아니다. 콩은 몇 도에서 볶아야 하고, 종류가 어떻고, 어떤 블랜딩을 해야 맛이 나고, 우유거품은 어떻게 만들고 식의 기술적인 부분부터, 인테리어는 어떻게, 어떤 이미지로, 누구에게 의뢰를 해서 공사를 해야 하며, 어디에 위치를 해야 하고, 포스 기계는 어떻게 설치해야 하는지 등의 입지와, 알바는 어떻게 관리를 하고 뽑아 써야 하는지의 인사와, 커피를 담아야 하는 용기 디자인, 속도, 매상 비율, 심지어 매장 음악 하나까지 신경 써야 할 것이 엄청날 것이다. 물론, 이를 다 알고 시작하는 사람은 없겠지만, 이런 요소들에 대해 고민을 해 보고 결정하는 사람과 그렇지 않은 사람은 엄청난 차이가 있을 것이다.

내가 하고자 하는 일에 대해서 내가 알지 못하는데 이를 진행하고자 하는 것은 용기가 아니라 만용인 것이며, 이는 필패로 가는 지름길이라 생각한다. 그러니 실패하지 않기 위해 더욱 더 실패한 사례를 연구하고, 공부해서, 계속 내 머리 속에서 시뮬레이션을 돌려 보고, 성공이라는 확신이 강하게 들 때 움직여도 늦지 않다.


## 자비로, 스스로 노예가 되는 일은 하지 말라

수 차례 강조하건대, 내가 모르는 일은 시작하지 말아야 한다. 내 소중한 돈으로, 내가 애써 모은 돈으로 남의 집에 노예를 하러 들어가지 말라. 가맹사업이니, 프랜차이즈니 하는 말에 속지 말라는 말이다. 내가 직접 일을 할 수 없다면, 아이템이나 상대를 가릴 수 있을 눈과 네트워크가 있어야 하고, 이마저 없다면, 아직 준비가 덜 된 것이라 생각하고, 더 돈을 모으고 공부하고, 때를 기다려야 할 것이다. 세상에 그냥 그대로 대충 하는데, 행운이 나에게만 와서 성공을, 대박을 안겨 주는 경우는 없다. 나는 나니까, 그냥 잘될 것이라는 믿음은 버리고, 철저히 준비해서 시작하자. 그런 이유로, 브랜드 하나 믿고 그냥 열면 돈이 자동으로 들어올 것이라는 가맹본부의 말은 그냥 흘려라. 비판적 시각으로 모든 사물을 바라보면서 투자도 진행해야 할 것이다.


## 자금의 흐름(변수에 대한 대비)

때론 대박이 터지기 전에 더 먼저 다가오는 것은 어려움이고, 이를 어떻게 버티는가 하는 것이 성공의 여부가 되기도 한다. 이는 모든 사업과 프로젝트를 준비하는 사람들에게 공히 적용되는 룰이다. 간단하게 내가 지금 하려는 장사에서 필요할 것이라고 계산이 되는 자금의 1.5배를 준비하면, 큰 어려움 없이 헤쳐 나갈 수 있을 것이다.

사람들은 보통 내가 가진 것은 크게 보고, 남의 것은 작게 보며, 내 사업은 하고 싶은 마음에 비용을 축소하고 남이 해 놓은 것은 작게 보는 경향이 있다. 당신이 지금 1억이 필요한 사업을 하고 싶다고 생각한다면, 내 수중에, 혹은 2~3일 안에 준비할 수 있는 자금이 1.5억 정도는 있어야 유동성의 문제가 없을 것이다.

보통 장사를 처음 하면서, 흑자 도산하는 경우도 많다. 장사를 오픈하는 데 서두른 나머지 기타 비용을 잡지 않아, 이가 발목을 잡으면서 서비스가 나빠지고 결국 잘못된 길로 가는 것이다.

사업을 하는 데 자금만큼 중요한 것은 없다고 할 수 있다. 사업이 잘되어도 자금이 없어 망하는 경우가 많고, 자금이 버틸 수 있어, 계속 시간을 보내다 보니, 아닌 것 같은 아이템이 대박이 나서 성공하는 경우도 있다. 그러므로 자금 계획은 보수적으로 세우면 세울수록 좋다고 할 수 있다.


## 두드리는 용기

지금까지 실컷 장사를 하면 안 되는 이유를 나열해 놓고 이제 와서 무슨 용기냐고 하겠지만, 그럼에도 불구하고, 자본주의라는 틀 안에서, 사람답게 살려면 투자는 해야 하는 것이며, 그 투자 중에도 제법 위험하긴 해도, 가장 확실한 수익을 보장하는 것이 창업이라는 것을 얘기하는 것이다.

나도 이런저런 투자를 하는 사람으로서 땅도 사 보고, 건물도 사 보고, 주식도 사곤 하지만, 투입자금 대비 가장 큰 수익을 안겨 주는 것은 역시 창업을 통한 직접 투자와 사업전개였다. 다른 투자들은 아직 큰 재능이 없어서인지는 몰라도, 푼돈 수준에 머무르고 있고, 가장 확실한 수익은 역시나 사업에서 나오는 것인데, 모든 사업이 위험하기만 하다면 할 이유가 없겠지만, 열심히 준비하고 공부해서 시작하면, 또 그만큼 성취할 수 있는 것이 자신만의 일을 하는 것이다.

막연히 부자가 되고 싶다라는 생각을 하진 말자. 부자가 되는 길은 그렇게 먼 곳에 있는 것이 아니라, 내가 모은 자금으로 한 발짝씩 나아가는 데 의미가 있을 것이다. 공부하고, 준비해서 어느 정도 자신감이 쌓이면, 스스로 찾아 움직이는 내 운명을 믿고 나아간다면, 큰 실패 없이 자신의 목표에 다가갈 수 있을 것이다.

## 03.
# 당신만의 프레임을 짜라
## – 자본주의에서 살아남는 법

    사회에서 흔히 얘기하는 교육이라는 명제는 사람들이 착각하는 것과 달리, 인재를 키워 내는 것이 목적이 아닌, 사회가 만든 구조의 프레임에 잘 적응하고 안에 있는 이를 키워 내는 것에 더 큰 목적을 둔다고 할 수 있을 것이다. 한국 사회 시스템이 거의 카피를 한 일본의 사회 시스템은 독일의 시스템에 근거하고 있는데, 독일식 교육, 즉 프로이센 교육의 핵심이 바로 '본인적성교육'을 통한 전문 인력의 배출이라는 것이다. 다시 말해, 사회는 적당한 복지와 일할 권리와 안락한 환경을 책임지고 만들어 줄 테니, 너는 아무 생각하지 말고 소명의식을 가지고 일을 하고 인생을 누리라는 얘기다. 언뜻 보면 나쁠 것이 없는 딜(deal) 같지만, 그 속뜻은, 사회에 대한 인식, 조직을 이끄는 집단에 대한 반발, 도전을 하지 말라는 뜻이 있는 것이다. 한국 사회라는 조직은 이런 면에서는 타국과 비교해서 열성적이고, 실천적인 면이 있었기 때문에, 적어도 위정자들이 머리 아파하고, 정치가들이 여론을 무서워하는 면이 없지 않아 있으나, 유럽 사회를 보면 모든 이가 어떤 법이 만들어지고, 행해지는지, 그 자체에 무심해하는 것을 볼 수 있다. 그래서 한국이 더 희망이 있었던 것인데, 사회가 발전하면 발전할수록, 한국의 위정자들도 유럽의 그런 시스템을 배워 와서 더욱더 지배를 강화하려는 모습을 보이는 것이 안타깝다고 할 수 있다. 신분제가 확실한 국가에서 어떻게 해야 나의 인생을 헛되게 소비하지 않을지에 대해 깊이 생각을 해 봐야 할 것이다.

## 태어날 때부터 공평하지 않은 나라

이제 한국에서는 '개천에서 용 나는' 케이스가 점점 없다고들 얘기한다. 맞는 말이다. 사회가 격동기를 넘어 이제 안정기로 들어서면 사회 신분이 점점 고착화된다. 옛날처럼 똑똑한 아이가 사법시험 하나에만 올인해서 통과하면 판검사가 되어서 출세를 하던 시절은 점점 없어지고, 또 이런 시험을 통한 라이선스로 보호되던 시절은 종말을 고할 것이다. 이것은 한국에만 있는 특별한 변화가 아니라 사회가 고도화될수록 흔히 나타나는 일이다. 자본주의 사회가 더욱 더 고도화되면서 부의 고착화가 일어나고, 그럼 위의 타이틀과 같이 태어날 때 그 인생이 정해지고, 경쟁이 되지 않는 구도가 만들어진다. 출발은 불공평하고, 과정은 불합리하며 결과는 뻔한 경쟁이 시작되는 것이다. 이런 나라를 살아가는 데 가장 중요한 것은 크건 작건 나만의 프레임을 설정하고 이를 만들어 냄으로써 위험을 회피하는 것이다.

나만의 프레임이라는 것은 뒤에서 설명하겠다.

## 사회의 틀을 강요하는 나라

국가가 지탱하는 경제적 동력은 조세에 있고, 그 조세는 국민으로부터 나온다. 그러므로 어떻게 국민을 선동하고, 여론을 조작하고, 자신들이 원하는 방향으로 국민을 속이는가 하는 것이 정치의 핵심이요, 동력이며, 그 뒤에 존재하는 '보이지 않는 손'이익집단의 연구와 로비에 의해 사회의 프레임은 공익과는 전혀 먼 방향으로 설정된다.

예를 들어 자동차가 주행 중에 어두운 곳에서 갑자기 나올 때 잘 안 보일 수 있다는 연구논문을 하나 들이밀면서, 그래서 낮에도 헤드라이트를 켜고 다녀야 한다는 주장을 하고, 이를 입법화시킨 유럽의 국회의원은 자동차 산업 협회장 출신이다. 이 법안 하나로 헤드라이트 회사의 매출은 3배 이상 급증한다. 한 여름날에 헤드라이트를 켜고 다니면 그 수명이 어떻게 되겠는가?

회사가 갑자기 망하면 퇴직금을 다 날리니 국가가 강제해서 회사들이 퇴직연금이라는 것을 만들어서 운영을 시키면 노동자들의 권익이 보호될 것이다. 하지만, 그 펀드는 누가 만들고 운영하며, 그 수익률에 대해서 책임을 질 것인가? 퇴직연금 하나로 각종 생명보험회사들이 벌어들이는 재원은 얼마이고, 그들은 과연 책임감 있게 운영을 하는가? 퇴직연금의 펀드 수익률은 마이너스가 아니면 다행인 세상이다. 내가 명령한 적도 부탁한 적도 없는데, 왜 나의 퇴직금이 A 생명에 들어가서 운영이 되고, 마이너스가 나도 내가 할 수 있는 것이 없는 시스템이 만들어졌는가? 왜 그들은 권리는 있으되, 책임은 없는 막대한 돈을 그냥 받았는가? 결국, 이런 프레임을 내가 확대·생산해 내지 못하고, 사회의 프레임에 묶인 사람은 그냥 먹이가 될 뿐이다. 아무리 일해도, 열심히 살아도, 중산층에 속하는 것이, 그리고 그렇게 사는 것이 평생 목표가 되고, 인생을 즐길 여유도, 뒤를 돌아볼 시간도 없게 되는 것이다.

## 미련한 잉여인간이 되지 마라

사회의 정점을 찍고 있는 자본가 계급(있는 자)의 입장에서 보면 항상 월급이라는 것은 이 노예가 선을 끊고 나가지 않을 만큼 주는 데 그 참맛이 있다. 큰 대기업에서 일하는 큰 집 머슴과 중소기업에서 일하는 작은 집 머슴, 직급이 높은 머슴과 낮은 머슴이 있을 뿐, 다 자본주의 사회에서 노예라는 공통점은 동일하다(노예라는 단어가 적절한지에 대해 고민을 해봤으나 더 적절한 단어를 찾을 수가 없어 그리 표현한 바 불쾌한 사람들에게 양해를 구한다). 혹여, 그 시스템을 한번 뚫어 보겠다고 경매시장에 기웃거리고, 이 아파트를 살까 저 아파트를 살까 고민에 고민을 하겠지만, 그건 핵심이 아니다. 자본주의를 살아가는 사람의 핵심은 바로 부의 창출, 가치의 증가에 있고, 이는 곧 장사를 의미한다. 모든 한국인들이 바라는 그 '임대업'이라는 것도 장사이고, 치킨집과 고깃집도 장사이다.

장사를 하지 말라는 것이 아니라, 결국 사회가 원하는 프레임이 아닌, 내가 만들고 기획한 프레임대로 움직이고, 이를 통해서 부를 창출해 내어야 결국, 사회의 프레임을 돌파하고 더 위로 치고 나갈 수 있는 동력이 생긴다는 것이다. 내가 분양 시장에 기웃거리는 것도, 있는 모든 자금을 동원해서 경매시장에 얼쩡거리는 것도, 물론 잘될 수 있고, 아무것도 하지 않는 사람들보다는 나은 것이라 할 수 있을 것이나, 이미 그 시장의 프레임은 건설회사에 의해, 다른 참여자에 의해, 정보의 바다에 의해 설정된 기존 프레임의 일부이기 때문에, 엄청난 운이 따른다거나, 남들이 없는 나만의 비장의 무기가 없이는 그 프레임을 나의 프레임으로 가져오는 데에는 많은 위험과 어려움이 있을 수밖에 없다는 것이다. 다시 말해, 포커 게임을 하는데, 상대는 내가 바닥에 깐 히든 2장과 놓여진 4장을 다 보고 있고 내 손에는 단 하나의 카드만 있다면, 이길 확률이 얼마나 높겠는가?

쥐덫에 걸린 미끼가, 혹은 쥐약이 쥐가 느끼기에 맛이 없어 보인다거나 별로라면, 그게 제 구실을 할 수 있겠는가? 항상 독이나 치명적인 약점은 겉으로 정말 그럴싸하게 보인다는 것을 명심해야 할 것이다. 그래서 어설프게 남을 따라서 사회가 설정한 프레임의 늪에 제 발로 들어가는 미련한 인간은 되지 말아야 한다.

## 나만의 프레임을 설정하는 법

앞서 말한 것과 같이 어렵게 프레임이니 나발이나 할 것 없이, 이 사회를 살아가는, 자본주의를 살아가는 인간의 목표와 방법은 단 하나, 상업적 요소, 장사다. 내가 80원에 산 물건을 100원에 파는 영업장과 조직과 노하우가 있다면, 그 물건이 100원이 되면 120원에 팔면 될 것이요, 60원이 되면 20원을 더 받으면 더 큰 부자가 될 것이기에 어려움이 없다는 것이다. 어떤 변동이 와도 나의 성장 동력은 영향을 받지 않게 하는 것이 핵심이다. 보통 부자들은, 이미 그 길을 간 사람들은 '사다리 걷어차기'라는 전략에 의해 그 방법을 숨겨 버린다. 누가 계속 내 뒤를 따라 같은 방법으로 올라오면 내가 먹을 것이 작아지지 않겠는가? 쉽게 얘기하면 이미 한 먹자골목을 접수한 갈비집의 비법은 며느리에게도 안 가르쳐 주는 뭐 그런 것이다.

한 산업, 한 분야에 내가 들어가서 뭔가를 만들고, 나만의 영역을 찾는다는 것이 쉬운 일은 아니겠으나, 항상 언젠가는 내가 창업을 하고, 나만의 조직으로 가야 한다는 생각을 늘 하고 있다면, 결국 기회는 오게 될 것이므로, 그 기회가 올 때 놓치지 않기 위해서 나의 상황을 정비하고, 자금을 여유 있게 준비하는 등의 준비가 필요하다는 것이다.

나만의 프레임을 설정할 준비가 안 된 사람이 사회에 떠밀려 나와서 다시 뭔가를 하고자 하면 결국 할 수 있는 것은 프랜차이즈 본사의 문을 두드리는 정도밖에 없다. 나만의 프레임을 짠 사람은 프랜차이즈 본사를 해도 할 것이다.

준비가 덜 된 사람은 남들이 하는 식으로 1층은 필로티, 2~4층 월세 받는 주택, 5층은 주인세대가 살 수 있는 다가구주택을 구매하는 것을 인생의 기회로 알고, 혹은 연금으로 생각하고 수도권의 한 지역을 찾아 서울 아파트를 팔고, 있는 돈을 다 넣고 들어가서, 매달 공실과 돈 안 주는 세입자를 쫓아다닐 것이요, 프레임이 있는 자는, 그런 집을 싸게 지어서 그런 사람에게 팔려고 할 것이다.

같은 임대업을 한다고 해도 달라질 것은 없다. 프레임이 없는 사람은 다른 사람에게 끌려가기 때문에 월세를 안 내는 임차인에게 어찌 할지, 공실이 나면 어떻게 할지, 그 지역의 미래를 꿰뚫어 보지 못하니, 그 건물의 미래에 대해 인지하지 못하니 늘 불안하고 심란할 것이요, 나만의 프레임을 만들어 온 사람은 한마디를 해도 법적 용어와 구체적 방안이 나오니 임차인들이 꼼짝 못하고 겁을 내고 주인이 설정한 프레임 안(관리 시스템 안)으로 딸려 들어올 것이요, 공실과 수익률에 대한 정확한 분석이 있으니,

맘이 동요될 이유가 없다는 것이다.

결국, 내가 계속 준비하고, 학습하고, 경험하면서 나에게 가장 적합한 장사와 그 방법은 무엇인지에 대해 정확한 판단을 하지 않고, 시류에 휩쓸려, 사람에 밀려서 뭔가를 시작하면, 내가 주도하는 판이 되지 않기 때문에 필패할 것이요, 내가 주도하는 프레임을 만드는 데 주력을 하는 사람은 초반에는 경험의 미숙으로 실패할 수는 있겠으나, 결국 그 프레임에 의해 나의 인생 자체가 바뀌고, 성공적인 인생설계를 할 수 있게 된다는 것이다.

계속해서 어디론가 달려야 한다는 강박관념이 생기게끔 매스컴은 계속 사람을 부추긴다. 있는 자 입장에서는 언제나, 밑에 있는 사람이 불안해하고, 그래서 뭔가를 계속 일을 벌여야 자신의 기득권이 유지된다는 것을 안다. 하지만, 계속 어디론가 밀려서 출발해야 한다는 생각이 들 때 생각을 먼저 해 보라. 그 달려가는 길, 가장 뒤쪽에 있는 것이 무엇인가? 같은 입사동기끼리 1년을 먼저 더 승진하고, 승진 누락이 되지 않겠다고 밤을 세워서 기업을 위해 일하는 것과 같은 것은 정말 부질없는 짓이다. 1년을 먼저, 혹은 뒤에 승진했다고 해서 당신 인생에서 달라질 것은 뭐가 있겠는가? 그렇게 열심으로 올라간 전무, 상무 뒤에는 뒷방 늙은이밖에 더 있는가? 결국 내가 경영주, 오너의 자식이 아니라면, 남의 인생을 살아 주는 것이나 진배없다.

공부 열심히 해서 좋은 대학 나와서 대기업을 들어가는 것이 참 괜찮은 목표였던 사회는 그런 안정된 직장인의 삶이 동경의 대상이 되었던 우리네 부모님이 만들어 낸 프레임이었고, 자식들에게 강요되었을 것이다. 그분들의 입장에서는 그것도 좋아 보였고, 당신들이 가 보지 못했던 프레임이었으니 나쁘지 않게 보였을 것이나, 지금 입장에서는 어떤가? 결국, 자본주의에서 살아남고 성공하는 자는 자본의 바다에 직접 나의 배를 지어서 뛰어드는 자이지, 남의 배에 승선해서 노를 젓거나, 밧줄을 조이는 일을 하는 사람은 아닌 것이다.

당신의 프레임을 짜라.

# 04.
# 부자와의
# 경쟁

　자본주의를 살아가는 사람들의 흔한 착각 중 하나는 이 사회에는 많은
사회적 계층이 있다고 믿는 것이다. 하지만, 자본주의에서 계급은 딱 두
개밖에 없다고 생각한다. 자본을 지배하는 자와 자본에 종속되는 자, 칼
마르크스의 『Das Kapital』에서 정의하는 부르주아와 프롤레타리아가
그것이다. 한국적 시각으로 생각을 해 본다면 부자와 그렇지 않은 자로 구
분할 수 있다. 이 글에서는 편하게 일반인이라고 하자. 부자와 일반인은
항상 같은 세계에서 다르게 서 있다. 부자라고 해서 연예인처럼 인지도가
있는 것도 아니고, 이마에 '나 부자'라고 써 붙이고 다니는 것도 아니기 때
문에 시각적 구분은 있을 수 없겠으나, 같은 물건과 같은 투자처에 계속되
는 경쟁의 관계에 서 있고, 또 부자 계급이라는 부자들도 상대적일 수밖
에 없기 때문에 부자의 정의는 절대적으로 10억을 가지고 있다, 혹은 50
억, 100억을 가지고 있다가 아니라 개별 투자 단위, 프로젝트에서 돈을 지
배하는 사람이라는 정의가 보다 정확할 것이다. 예로 10억을 가지고 있는
사람이 100억을 가진 사람의 눈에서는 부자가 아닐 것으로 보이나, 5억짜
리 프로젝트에 돈을 넣어, 투자라는 행위를 해서, 보다 많은 수익을 가지

고 갈 수 있는 기회를 잡았다면 충분히 부자라고 할 수 있다는 것이다. 적어도 국가라는 공권력이 나의 안전을 지켜 주는 한 그 사람의 부는 이런 성공적인 투자를 통해 늘 것이며, 내가 필요한 양보다 많은 양의 수입을 유지하는 한 자본주의에서 어려움을 겪지 않을 것이기 때문이다.

이렇게 부자라는 것은 상대적이지만, 절대적인 하나의 기준이 있다. 부가 부를 계속해서 창출해 낼 것, 그리고 잉여자금을 항상 만들어 낼 것, 이런 기준에 맞지 않는다면 절대적인 부를 가지고 있다고 해도 허장성세로 무너지고 말 것이다. 100억원 가치의 땅을 소유한 사람을 바라보면서 부자라고 생각할 수 있겠지만, 그 가치라는 것이 대단위 개발을 할 것이라는 소문에 호가와 공시지가만 상승한 것이라면, 100억이라는 자산이 다른 돈을 불러오는 것이 아니므로 그저 논일 뿐이다. 이 논을 다시 쪼개서 팔아야 하는 상황이라면 분명히 가치는 100억이라고 생각했는데, 손에 쥐는 것은 훨씬 작아지고, 부가 부를 만들지 못하는 상황에서, 이 땅의 주인이 계속 부자로 살아가기는 쉽지 않을 것이다.

다시 한번 부자의 특성을 정리하자면, 부가 부를 만드는 과정을 알고 있고, 충분히 경험을 해 본 사람, 그리고 끊임없는 잉여자금의 축적을 가지고 있는 사람이라고 할 수 있다.

일반인 입장에서 이런 부자와의 경쟁은 상당히 버거운 것이 사실이다. 가장 중요한 자금의 양도 부자 쪽이 더 많고, 정보도 더 많다. 개발소스부터 시작해서 파이낸싱까지 부자가 더 유리하다. 그럼 어떻게 경쟁을 해야 부자들과의 경쟁에서 이길 수 있는가?

## 나폴레옹 전략

유럽을 전쟁의 소용돌이로 몰아넣었던 나폴레옹의 전략 중 핵심은 '집중포화'전략이었다. 포병대 출신인 그는 적진의 가장 약한 부분, 그리고 나에게 가장 핵심이 될 수 있는 한 지역을 선정한 다음 모든 포를 동원해서 그곳에만 포화를 퍼부은 다음 한쪽 전선이 무너지면, 기병대를 보내거나 보병을 투입해서 손쉽게 판을 가져오곤 했다.

결국은 자신이 만든 전법에 자신이 무너지긴 했지만, 여기서 중요한 원칙은 모든 화력을 '한 곳'에 '집중'할 때 가장 강력한 힘이 생긴다는 것이다.

일반인이 투자에 성공해서 부자의 반열에 오를 수 있는 것도 이와 같다. 부자가 아닌 사람의 자본은 한정되어 있기 때문에 이 한정된 자본을 여기저기 흩어서, 포트폴리오 투자를 한다고 하는 것은 바람직하지 않다는 것이다.

내가 가진 모든 화력을 한번에 풀만한 장소와 목적지를 신중히 정하고, 내가 참여한 투자에서는 자금, 내 실력, 정보 등등 모든 것을 쏟아서 승부를 내어야 부자와의 경쟁이 비로소 가능해진다. 그들이 한 번 실수라고 생각할 수 있는 손실 자금은 일반인 입장에서 그 동안 모은 모든 자금일 수 있기 때문에, 내가 가진 모든 화력을 동원해서 한번에 적을 공격하는 전략이 필요하다.


## 배수진을 치지 않고 이기는 법

바로 위의 전략과 완전히 반대되는 것 같은 전략이다. 투자의 기본은 달걀로 바위를 치는 것이 아니라, 바위로 달걀을 치는 것이다. 큰 거 한방에 판을 뒤집으려는 사람 치고, 성공하는 경우를 본 적이 있는가?

가랑비에 옷 젖는다고 큰 성공이라는 것은 작은 성공을 계속해서 하는 사람들의 습관에서 비롯된다. 계속 이기는 경험을 해야 성공하는 DNA가 몸 안에 생기고, 이런 사람들이 자신 있게 투자를 할 때 비로소 큰 성공으로 이어지는 것이다.

따라서 내가 초보 투자가라면 한번에 큰 것을 만들려고 하면 부자들의 먹이가 되기 딱 좋다. 내가 너무 크게 일을 벌이면, 작은 변수 하나에 크게 휘청거리고, 자본이 부족하거나, 사람이 없는 등의 문제가 바로 생기게 되는데, 이때가 자본가들에게는 손쉬운 공격 타이밍이 되기 때문이다.

따라서 모든 것을 올인해서 일을 벌이는 것은 상당히 위험하다. 위에서는 모든 것을 한번에 집중하라고 해 놓고 바로 밑에서는 빠져나갈 구멍을 만든다고 하니 혼란스러울 것이다. 이에 대한 답은 다음에 있다.

## 처음은 무조건 실패하지 않는다

투자가에게 다음이 있으려면, 처음은 무조건 성공해야 한다. 뭐 영화처럼 멋있게 첫 번째는 성공하면 얼마나 좋겠냐마는 현실은 영화가 아니다.

누구에게나 처음은 언제나 설레지만 두려운 시작이다. 지금까지 애써 모은 종자돈을 넣어서 처음 일을 시작하는 사람에게 가장 중요한 것은 절대 실패하지 않고 살아남는 것이다. 이렇게 살아남아야 다음이 있고, 두 번째가 있기 때문이다. 또한, 첫 프로젝트의 실패는 단지 자금의 마이너스가 아니라, 종자돈을 모으기 위해 준비하는 데 걸린 시간까지 모두 없애는 것이기 때문에 손실이 일어나면 만회에 더욱 많은 시간이 걸리게 된다.

그럼 어떻게 해야 처음에 실패하지 않는가?

이는 인디언의 기우제에 답이 있다. 비가 올 때까지 춤을 추는 인디언의 자세와 같이 처음 성공을 했다고 할 만한 수준까지 계속해서 실패를 하더라도 살아남으면서 또 일을 시도하는 것이다. 그래서 제법 성공을 했을 때 '나의 첫 번째는 되었다'라고 생각한다는 것이다.

이렇게 계속해서 실패를 해도 살아남으려면 보수적인 현금흐름을 기반으로 항상 퇴로를 생각하고, 조금씩 규모를 넓히는, 답답해 보이지만, 인내하면서 천천히 가는 투자 패턴이 필요한 것이다.

## 부자의 조건

그럼 이제 부자와의 경쟁에서 살아남는 법을 정리할 수 있다. 우선은 계속해서 살아남기 위해서 가장 중요한 일은 본업이 있는 것이다. 어렵사리 구했고 지금까지 잘 다니고 있는 직장을 내 새로운 삶과 일을 위해, 인생 뭐 있어 하면서 나와서 새로운 일을 시작하려고 하는 것은 지옥행 버스에 올라타는 일임을 알아야 한다.

내 원천 수입이 없어지는 순간, 생활비로 곶감 빼먹듯이 돈이 빠지는 것이 보이면 무슨 일이라도 해야 한다는 조급함이 생기고, 조급함이 생기면 투자에서는 이미 끝이 난 것이다.

내 본업을 접고 새로운 일을 한다라는 시점은 이미 나의 투자가 수번의 라운드를 지나 안정기에 접어든 후에 결정을 해야 할 일인 것이다.

직장을 그만두지 않고, 내 본업을 접지 않고, 가장 맘에 드는 프로젝트,

투자방법을 찾은 다음에 작게 시작을 해서 '첫 번째' 성공의 타이밍을 잡아 보는 것이 그 다음이다. 이런 보수적인 방법은 설사 실패를 해서 손실이 난다고 해도, 내 본업이 있으므로 가정사가 불행해지는 것은 최소화할 수 있을 것이다.

안 되면 또 다른 방법과 다른 분야에서 내가 가진 종자돈의 범위 내에서 계속 시도하고 실패하고를 반복하다 보면 어느새 한 조직이, 한 가게가, 한 프로젝트가 성공을 할 것이다. 이것이 비로소 앞에서 말한 '첫 번째' 성공이 될 수 있다.

그래도 아직은 갈 길이 멀다. 첫 번째 성공을 너무 크게 생각해서 본업을 때려치우면, 첫 번째 성공에서 나온 수익으로 먹고 살아야 하기 때문에 돈이 뭉쳐지는 속도가 너무 느려진다. 따라서 계속 본업을 유지하면서 내가 없이도, 즉 경영자 없이도 돌아갈 수 있는 시스템을 작게 만들어 보는 것이 대단히 중요한데 이는 나중에 나의 부재, 혹은 나의 농땡이(?) 시에도 계속해서 조직이 돌아갈 수 있는 힘이 된다.

이렇게 목숨을 걸지 않고, 내가 있는 것을 모은 선에서 투자를 집행해서 만들어 낸 결과물이 이제 감당을 하기 힘들 정도로 커졌을 때가 비로소 본업을 버리고, 전업투자를 결심하게 될 만한 수준이라고 할 수 있다.

부자와의 경쟁은 어렵지만, 또 그렇게 어렵지 않다. 부자라는 사람들의 특성에 비추어 볼 때, 내가 허점을 노출하지 않으면 언제나 부자와의 관계에서 내가 잘못될 것이 없기 때문이다. 내가 부자가 되는 법 또한 간단하다. 내가 버는 것과 쓰는 것을 비교해서 항상 남들보다 조금 많게, 잉여자금이 많게 가져가는 노력을 하고, 내가 모은 것으로, 가장 효율적인 투자를 하면 되는데, 효율적이라는 것은 상대방 입장에서는 가장 허점인, 그래서 가장 아픈 곳을 찌르는 것이다.

돈을 벌기 위해 사람의 양심을 버려서는 안 되겠으나, 투자세계에서는 남의 아픔이 나의 기쁨이 되는 정도의 것은 어쩔 수 없다. 상대방이 잘못 시도하거나 계산해서 무너진 건물이나 땅이 급급매라는 이름으로 나에게 올 때는 좋은 것이 아니겠는가? 따라서 보수적으로 나를 통제하고 기다리면서 기회를 노리고, 돈을 모아서 때를 기다린다면 누구든지 부자가 될 수 있는 기회는 많다.

정보화 사회가 되면서 예전에는 장벽이던 정보가 범람함으로 누구에게나 공평하고 넓은 기회가 주어지기 때문이다. 인터넷이 없었다면, 정보화가 되지 않았다면 수도권에 있는 사람이 지방의 건물을 어떻게 알고 구매하고 관리할 수 있겠는가?

기억하자. 일반인이 부자가 되지 못하는 이유는 돈이 없어서도, 기회가 없어도, 정보가 없어서도 아니며, 내 기준 없이 남의 말에 현혹되어 돈을 흩어 버리고, 움직일 때 움직이지 못하며, 조급함을 가져서 잘못된 곳에 돈을 넣어 부자들의 먹이가 되기 때문이다.

본인을 잘 통제해서 "나에게 파시오, 후히 쳐 드리리다" 하며 웃으며 접근하는 부자들을 만나서 통곡의 계약서를 찍지 않게 해야 할 것이다.

# 05.
# 부자들의
# 역습

요즘에는 너무나 많은 투자 프로그램과 투자가들이 존재한다. 한국시장에서는 더욱이 오늘 바로 뭔가를 결정하고 움직이지 않으면 내일, 나에게 바로 영향이 오고, 내가 더 높은 사회계급에 못 오를 것이라는 불안감으로 인해 작정하고 움직이는 사람들이 너무나 많은 것이 사실이다. 일전의 글에서 이런 부조리들은 조급함에서 나타나는 것이라고 조언한 적이 있지만, 또 다른 이유는 이미 뜻을 이룬 자들의 일명 '사다리 걷어차기'도 일조하고 있는 것 또한 사실이다. 즉, 이미 부를 이룬 사람은 후발 주자가 오는 것을 막기 위해, 내가 가진 것을 가리고, 보호하며, 진로를 막는 것을 서슴지 않는다는 것이다.

투자시장에서, 창업시장에서, 이미 성공한 사람들은 앞서 말한 이런 새롭게 유입되는 투자가들과 새로이 생겨난 룰 앞에서 어떻게 자신의 영역을 보호하고 확장하는가 하는 것이 이 글의 주제이다. 결과론적으로 보면, 이 확장과 보호영역까지 그 틀을 만든 사람이 부자라는 집단에 머무를 수 있을 것이며, 그렇지 않다면 다시 성공과 실패의 연속 굴레로 빠져들 것이다. 절대적인 부라는 것은 있을 수 없기 때문에, 누군가의 눈에는 이미 그 부를 이룬 것과 같이 보이는 사람 또한 경우에 따라서는, 상대에 따라서는 빈틈이 생길 수밖에 없고, 이로 인해 다시 상대적 절망감을 경험하게 될 것이다. 부라는 것은 상대적인 잣대로 존재할 수밖에 없기 때문에 절대적 액수를 정하고 얼마 이상이면 괜찮다라는 식의 표현은 힘들 것이며 다만 약자에게는 관용을 베풀지 않는 자본주의 약육강식의 세태에서 어떻게 나의 부를 지킬 수 있는가에 대해 고민을 해 보아야 할 것이다.


## 모르는 것에 도전하지 마라

요즘 하도 돈을 돌릴 데가 없으니 사람들이 무작정 수익형 부동산, 다가구와 같은 주택에 몰리는 경향이 있는데 이는 대단히 위험하다고 할 수 있다. 아무래도 경험이 없고, 미숙한 사람이 용감하고, 때론 조금 저돌적으로 밀어붙이기 시작하면 이미 경험이 있는 사람 입장에서는 지나와 본 길이기 때문에 어떻게 이용하면 되는지를 알고 있으므로 더욱 더 쉽게 자신이 유리한 판으로 끌고 갈 수 있게 된다. 특히나 월세 주택과 같은 투자 물건은 구매자 입장에서 공실의 위험이나 지역의 세부적인 사항까지 파악하기는 힘든 점이 있고(업자에 비해서), 조급해 하는 경향이 많으므로 더욱 더 작업이 쉬운 물건 중에 하나라고 할 수 있다. 내가 작은 다가구라도 해 본 경험이 있고, 그 지역의 특성을 정확히 이해하고 있다고 해도, 공실 관리나, 세입자 관리가 힘들어서 하던 사람도 내놓는 것이 원룸 건물인데, 월세가 나온다는 이유로, 뭐 안되면 내가 들어가서 살면 되고, 노후 보장형쯤으로 생각하고 너무 쉽게 시작하는 사람이 많으므로 경매에는 이런 물건이 넘쳐나고, 또 쉬운 먹잇감이 되는 것이다. 죽으려면 혼자 죽으면 되는데, 돈이 사람을 죄인을 만든다고, 자기가 현찰이 안 도니, 세입자들을 전세를 받았다가 터뜨려서 개미들의 무덤이 되고 있는 작금의 상황을 보면 황당하기까지 하다.

모르는 것에는 자신의 모든 것을 거는 큰 투자를 하지 마라. 특히나 부동산 투자는 일생일대의 큰 금액이 들어가는 일임을 다시 한번 명심하고 신중에 신중을 기해야 한다. 더욱이 위에서 말한 그런 규칙과 같은 건물 구매가 더더욱 위험한 이유는 내가 알고 있는 정도의 정보와 상식은 누구나 가지고 있기 때문이며, 이로 인해 모든 정보가 이미 가격에 반영되어서 단기간 시세차익을 노리기 어렵고, 장기적으로는 경쟁이 너무 치열해지기 때문이다.

다 아는 길을 가면서 큰 수익을 기대하는 것은 도둑놈 심보임을 명심하라.


## 규모에 집착하지 마라

처음 부동산 투자를 나서다 보면, 항상 내가 가진 것보다는 위로 쳐다보는 것이 사람의 심리임은 어쩔 수 없다. 하지만, 너무 자신의 상황보다 큰 걸 잡으려고 하다 보면, 현금 흐름이 약해지고, 전체적인 어려움에 빠질 수 있기 때문에 너무 큰 자산 규모에 현혹되어서는 안 된다.

내가 가진 돈이 1억이라고 하자. 통상적인 생각으로는 이를 기반으로 안정적으로 1금융에서 대출을 조금 한다고 해도 잡을 수 있는 금액이라는 것이 2~3억 정도이고, 내 기준에선 이 수준도 상당히 많다. 하지만, 요즘 부동산 시장에서는 1억을 가진 사람이라면 최소 5억, 많게는 10억 수준의 건물이나 물건을 잡기 위해 덤비는 것을 쉽게 볼 수 있는데, 이는 자신의 소중한 자산을 한번에 날릴 수 있는 대단히 잘못된 판단이라고 생각한다.

레버리지 투자법이라는 이름 하에 이런 투자법이 정석처럼 여겨지고, 거창한 성공담이 난무하는 상황을 보면, 그런 투자 기법으로 성공한 사람이 분명 있을 수는 있으나, 큰 대출을 기반으로 일으킨 자산이라는 것이 허장성세와 같은 것이라 금리 변화나 부동산 시장의 변화 등의 변수에 유기적인 대응을 하기 힘들기 때문에 현재의 성공이 미래의 성공으로 이어질지에 대해서는 회의적인 생각이 든다.

세상 일이라는 것은 어떻게 변화할지, 아무도 알 수 없다는 것을 생각해 보면, 왜 더 겸손해져야 하는지를 알 수 있고, 나니까 할 수 있고, 나는 특별하다는 생각은 절대 해서는 안 된다. 나는 되는 사람이기에 조금 더 이런 큰 건물을 잡을 수 있다라는 생각을 하지 말고, 현실적으로 생각해서, 공실이나 더 큰 보수공사를 하게 될 경우에, 혹은 이자율이 올라갈 경우에 현금흐름에 영향을 받는다면, 절대 그런 파이낸싱을 해서는 안 된다. 1억을 가진 사람에게는 무지하게 좋아 보이는 10억짜리 건물이라도, 정작 10억을 가진 사람이 그 건물을 잡지 않는 데에는 그 이유가 있지 않겠는가? 가진 것만큼 보이고, 경험한 만큼 넓어지는 것이 투자자의 마음이다.

그러니 규모에 집착하지 말고, 본질을 보라. 투자의 본질은 무엇인가?

지금 건물이 어떤 장식을 가지고 있고, 얼마이고, 몇 층이냐가 중요한 것이 아니라 앞으로 발전가능성, 개발가능성, 그리고 내가 어떻게 이 건물을 관리해서 내 것을 만들고 나의 돈을 찍어낼 수 있을 것인가를 생각해서 그런 확신이 드는 건물에 투자를 해야 할 것이다. 작게 시작해서 얼마든지 성공할 수 있고 천천히 가도 좋은 물건은 널렸다. 단지 돈이 없을 뿐……

## 가용 자금 관리

투자, 그 중 특히 부동산 투자에서 성공과 실패를 가름하는 요소 중에 하나는 가용자금의 유무와 그 양이다.

가용자금이란 어떤 것을 말하는가?

내가 원할 때 언제든 동원할 수 있는 자금의 총액을 의미하는데, 신용도와 직접 연관이 되는 부분이다.

좋은 물건은 언제든 나타나기 때문에, 지금 내가 항상 자금을 준비해 놓고 기다리면 좋겠으나, 현실성이 떨어지는 것이고, 내가 마음을 먹는 순간 대출을 하던, 빌리턴 쓸 수 있는 상태로 만들 수 있는 돈이 있고 없고 가 시기성과 맞물려 투자의 성패를 좌우하는 것이다. 내 수중에 돈이 준비되어 있는 것만으로도 좋은 물건을 잡을 수 있는 큰 기회가 오는 것이 바로 현실이기 때문이다.

노트를 펴고 내가 가진 전체 금액과 내가 빌릴 수 있는 금액을 정리해서 하나의 표를 만들어 보라. 그럼 당신이 가용할 수 있는 전체 현금의 양이 나올 것이다(이때 예상되는 대출 금액은 **빼야** 하고 단순히 내가 급하게 빌릴 수 있는 모든 금액의 총량이어야 한다). 아무리 매력적인 물건이라도 금액이 당신의 가용금액한도의 2배를 넘어선다면, 수익률이 아무리 좋다고 해도, 그건 당신 물건이 아니니 맘을 접어야 한다.

왜일까?

항상 부동산 투자 수익률은 1금융권 예금 수익률보다 최대 2~3프로 높은 선에서 결정된다. 더 수익률이 높다면, 건물 호가가 높을 것이고, 더 낮다면 다른 개발호재나 신축건물이라는 점 등이 고려된 것일 것이다. 부동산 매매가 슈퍼 가서 아이스크림 하나 사 먹는 것처럼 대충 가격표 보고 성사되는 것이 아니라, 매도인과 매수인의 엄청난 조사와 고뇌 끝에 결정되는 것이라는 전제하에 보면 당신이 신용대출로 빌리는 금리를 커버할 정도의 수익률을 보장한다면 사기일 가능성이 높은 것이며, 이는 당신이 제대로 호구인증을 하고 있는 것이기 때문이다.

나의 경우에는 항상 어느 정도 범위까지는 쓰지는 않더라도 부동산담보대출을 마이너스 통장 식으로 준비해 두는 것을 선호한다. 안 쓰면 이자를 내지 않아 좋고, 맘에 드는 부동산이 나타나면 현금흐름에 큰 지장 없이 잡을 수 있게 되며, 부동산을 담보했기 때문에 금리는 담보대출 금리보다 조금 더 높은 수준이기 때문에(부동산을 담보했으니 금리는 담보대출 금리보다 조금 더 높은 수준이라) 부담이 덜하기 때문이다. 게다가 통장이 마이너스 상태가 되면 마음이 조급해져서 빨리 돈을 갚기 위해 절제하고 다른 소비를 더욱 더 줄이기 때문이며, 당연히 대출이자가 예금이자보다 높으므로 돈이 생길 때마다 갚으면, 더 높은 이자율을 줄임으로써 현금흐름에 도움을 얻기 때문이다.

이렇게 항상 내가 가용할 수 있는 금액이 얼마인지 알고 있는 사람은 이를 전제로 자신의 위치를 알고 있으므로 맹수에게 물릴 가능성이 조금 더 낮아진다. 내가 가용할 수 있는 범위를 넘어서면 들어가지 않게 되고, 그럼 허점을 노출할 가능성도 없기 때문이다. 하지만, 대충 계산해서 이 친구에게 얼마 정도 빌리고, 이 친척에서 얼마 빌리고 식의 셈으로 맞출 수 있을 것이란 안일한 생각을 가진 투자가와 2~3 금융권을 가까이하는 버릇을 가진 투자가는 필히 자신보다 훨씬 큰 공격력을 가진 투자가에게 당할 리스크가 커진다고 할 수 있다.

여기서 말하는 큰 공격력을 가진 맹수는 누구인가? 물론 다른 투자가이겠지만, 은행도 그 범주에 든다고 할 수 있다. 은행대출을 이용해서 부동산을 투자하는 방식은 현대에서 필요한 방법 중에 하나임을 부인하기 어렵지만, 항상 '폭탄을 쥐고 길을 가고 있는 것이다'라는 생각을 버려서는 안 된다. 오늘 미소를 지으며 친구 중의 친구처럼 보이는 은행과 나의 관계는 어떤 관계인가?

악어와 악어새의 관계이다.

기억하자. 우리 같은 작은 투자가들이 작은 수익을 내기 위해서 은행 문턱을 왔다 갔다 하는 것은 악어 입에서 알짱거리면서 식사를 하는 악어새의 역할임을…… 악어새의 맘이 바뀐다고 해도 달라질 것은 크게 없지만, 악어의 맘이 달라지면 입을 닫으면 그만인 것이다.

우리 같은 작은 투자가들은 항상 부자들의 역습에 대비해야 한다. 갑자기 은행이자율을 높이는 정부도, 대출연장을 하지 않겠다는 은행도, 갑자기 추심 들어 오는 기관들도 넓은 의미에서는 부자들이고, 이런 부자들은 소리 없이 공격을 하기 때문에 항상 내가 가진 것과 갚아야 할 것, 그리고 다음 계획에 대한 명쾌한 나만의 확신이 없다면 차라리 나아가지 말고 그 자리에 서 있는 것이 성공하는 길임을 알자.

부자들의 역습에 대비해서 당신은 과연 어떤 준비를 하고 있는가?

# 06.
# 부동산 투자의
# 함정

부동산 투자를 계획하고 실행함에 있어 가장 중요한 것은 자금의 동원력과 현금흐름이라 할 수 있다. 사람들은 보통 투자의 목적에 대해 '실주거용'이라는 용어로 얼버무리는 경우가 있는데, 통상적으로 경매시장이나 부동산 시장에서 실주거 목적이라는 용어는 낮은 수익률을 커버하기 위한 브로커들의 변명이라고 생각하면 될 것이다.

내가 직접 들어가 살던, 살지 않던 투자라는 행위에서 가장 중요한 것은 수익률일 것이며, 내가 들어가 사니, 나의 주거비용이 만회되기 때문에 낮은 월세라도 괜찮다는 논리는 나의 주거환경, 즉 근본적 가치를 투자와 혼합하여 낮추는, 소위 물타기와 같은 논리라는 생각을 하며, 역지사지의 생각으로 가장 근본적인 '왜 이 건물을 사야 하는가?'에 대해서 생각해 봐야 할 것이다.

부동산 투자를 결정함에 있어 사람들이 흔히 범하는 실수 중에 하나는 계산된 수식을 너무 의존하는 경우라고 할 수 있다. 공실이 없이 전부다 나갔을 때 얼마 식으로 계산되는 업자의 수식을 너무 믿는 경향이 있는데, 생각해 보면, 업자가 좋다고 홍보하는 그 모든 개발 호재든, 지리적이점은 모두 그 가격에 들어가 있는 것이고, 정작 중요한 것은 내가 이 건물을 살까 말까가 아니라, 이 건물로 어떻게 세를 받고, 나의 자산을 불리고, 어떻게 잘 팔고 나올 수 있을까 하는 것을 생각해 보는 것이라고 할 수 있다.

　건물을 사거나, 토지를 사는 등의 부동산 구매에서는 이것이 핵심이라 할 수 있다. 부동산은 사는 것이 중요한 것이 아니라, 수익률이 결정되고, 승패를 좌우하는 것은 팔 때이기 때문에 어떻게 살 것인가가 아니라, 어떻게 팔 것인가를 먼저 고민하고 결정을 해야 한다는 것이다. 그래서, 그냥 막연히 월세가 다 차면 이 수익률이 나오는구나 하는 생각보다는 어떻게 내가 이 호실들을 전부 임차인으로 채울 수 있는가 하는 고민을 해야 하고, 토지라면, 어떻게 내가 토지를 구획하고 정리하고, 혹은 얼마를 기다렸을 때 얼마 정도에는 팔 수 있겠다 하는 시세 정보나 자신만의 뜻이 서지 않은 상태에서 싸다고 무작정 부동산을 구매하면 안 된다. 부동산은 말 그대로 움직일 수 없는 것이기 때문에 한번 묶이면 매각 시까지 꼼짝없이 기다려야 하는 상황이 발생하기 때문이다.

　두 번째로 생각해 봐야 할 것이 대출과 관련된 레버리지 효과의 역습이다. 부동산을 구매할 때는 절대적인 부동산의 가격도 중요하지만, 현금흐름이 어떻게 될 것인지를 보수적으로 판단하는 것이 더욱더 중요하다 할 수 있을 것이다. 부동산 투자뿐만이 아니라 어떤 투자를 해도 마찬가지로 언제든 내가 생각하지 못했던 변수가 튀어나오기 마련이다. 따라서 단지 수익이 얼마가 나니, '이걸 내가 살 수 있을까'만 생각해야 하는 것이 아니라, 재산세, 건물 수리비, 공실이 났을 때와 같이 그 어떤 상황이 와도 내가 차고 나갈 수 있는 보수적인 계산을 기반으로 현금흐름을 생각해야 한다.

'집'은 당신에게 어떤 의미인가 라는 것에 대해서 생각해 보자. 집이 좋은 자산인가 나쁜 자산인가라는 질문에 대부분의 사람이 좋은 자산이라고 대답한다. 우리가 지나온 격동의 개발 시기에는 언제나 부동산 가격은 올랐고, 따라서 어지간한 부동산, 특히 주택을 가지고 있을 경우, 금액이 올랐기 때문에 습관적으로 우리는 집이라는 것에 대해서 막연히 긍정적인 생각을 가지고 있는 것이 사실이다. 또한 '다른 것은 몰라도 내 몸을 편히 뻗을 수 있는 집은 작은 거라도 하나 필요하다'라는 사람들의 말에 큰 공감을 할 것이다.

하지만, 집도 엄연한 부동산의 일부로, 그리고 부동산 투자의 일환으로 생각한다면 상황은 달라진다. 주택을 유지하기 위해서 우리가 내어야 하는 관리비, 수리비, 각종 세금, 그리고 보이지 않는 기회비용을 생각해 보면 결코 작은 금액이 아니기 때문이다. 따라서 집은 작으면 작을수록 좋은 것이다.

좋은 자산이냐 나쁜 자산이냐 하는 것에 너무 많은 고민을 할 필요는 없다. 한 달이 지나고, 두 달이 지났을 때 얼마라도 내 주머니에 들어오는 뭔가를 만들어 주는 자산이라면 좋은 자산이고, 내 주머니에서 돈을 빼내어 가는 자산이라면 나쁜 자산인 것이다. 세상의 부동산과 투자 목적물은 항상 그렇게 위치할 뿐, 처음부터 좋은 자산도 처음부터 나쁜 자산도 없다. 단지, 내가 어떤 방향성을 가지고 내 자산 포트폴리오를 구축하는가에 달려 있는 것이다.

그럼 누군가는 보이지 않는 자산 금액의 증가, 예를 들어 토지를 구매했는데, 당장은 현금이 나오지 않더라도 향후 팔 때는 오를 것을 충분히 예상한다든지 등의 이유를 들면서 이는 좋은 자산인가, 나쁜 자산인가를 물어볼 수 있는데, 내 기준에는 당연히 나쁜 자산이다. 앞서 본 것과 같이, 부동산이나 모든 투자는 매각을 했을 때 금액과 수익이 확정되는 것인데, 미래에 얼마가 될지 모르고, 또 확정되지 않은 자산을 기반으로 현재의 내 자산을 평가한다는 것은 어려운 일임을 알 수 있을 것이다.

이 의견에 반대하는 사람이 많을 줄 안다. 하지만, 내가 생각하는 투자의 기본 중 기본은 얼마를 벌 수 있는가에 목적성을 두는 것이 아니라, 어떻게 해야 지지 않을 것인가, 어떻게 해야 살아남을 것인가에 기반을 두기 때문에, 내가 여유가 있어서 조금의 나쁜 자산을 보유하는 것 자체에 대한 여부는 본인이 판단할 몫이겠으나, 나쁜 자산임은 분명하다.

내 주위에, 나를 둘러싼 자산 중에 나쁜 자산이 없다면, 그래서 내 자산은 항상 현금흐름을 증가시키는 자산으로 형성되어 있다면 이 사람의 미래는 어떻겠는가? 따라서, 나의 자산을 냉철히 평가해서 좋은 자산과 나쁜 자산으로 나누고, 나쁜 자산은 매각을 하거나, 성질을 돌려서 좋은 자산으로 바꾸는 노력을 해야 한다는 것이다. 예를 들어, 내가 깔고 앉아있던 아파트를 남에게 세를 주고 나는 작은 집으로 옮긴다면, 그만큼 현금흐름이 좋아지고, 한 달이 지나면서 이 아파트가 나에게 플러스를 주니, 좋은 자산으로 변형된다. 이렇게 내 주위의 모든 부동산들이 나를 위해 일하게 만드는 것이 부동산 투자의 핵심이라고 할 수 있다.


## 대출의 신중함

요즘 같은 초 저금리 시대에는 돈을 못 빌려 쓰면 그게 바보같이 보인다고 사람들은 얘기하지만, 대출은 상당히 신중해야 한다. 내가 가진 돈이 1

억인데, 무리한 대출을 끼고 물건을 바라보면 10억짜리가 눈에 들어오게 되고, 당연히 그 물건은 지금 내 수준에서 구매할 수 없는 높은 금액의 건물이니 마냥 좋아 보이겠으나, 정작 그 자산을 가진 사람이 냉철하게 분석해 보면, 그렇게 메리트가 없는 물건일 가능성이 농후하다. 이미 그 레벨에 올라간 사람과 올라가 보지 못한 사람의 시각차는 크기 때문이다. 높은 곳에서 보는 사람이 낮은 곳에서 보는 사람보다 넓게 멀리 볼 수 있는 것과 같이 투자의 세계에서는 움직일 수 있는 돈이 더 큰 사람이 그렇지 않은 사람보다 월등히 넓고 깊이 볼 수 있다고 할 수 있다. 따라서, 처음부터 무리한 대출을 끼고 투자를 할 계획을 잡는다면, 무리수가 되고, 눈은 이미 욕심에, 콩깍지가 끼이니, 현명한 판단을 할 수 없게 되는 것이다.

실무적으로 봤을 때, 어떤 수준까지 대출을 하면 되겠는가 하는 질문에 대한 답을 해 본다면, '1금융권을 벗어나지 않는 정도'라고 대답할 수 있을 것이다. 그나마 1금융권은 여러 규제 안에서 움직이고 있고, 이자율도 낮으며, 만약 문제가 생길 시에는 다음 단계 금융권이라는 하나의 백업 장치가 있기 때문에 최악의 상황을 대비할 수 있는 시간을 벌 수 있기 때문이다.


## 위치의 중요성

부동산 투자에서 가장 중요한 요소는 당연히 위치라고 할 수 있다. 부동산은 당연히 움직일 수 없기 때문에 첫째도 둘째도 위치가 가장 중요한 요소가 될 수밖에 없을 텐데 목적물마다 약간 선호하는 위치는 다를 것이다.

하나의 문장으로 정리한다면

'당신의 집을 사는 것이라면 신발에 흙이 묻는 곳이 좋고, 세를 받을 목적이라면 모든 사람들이 비싸다고 하는 곳에 집을 사라.'

당신이 깔고 앉을 집은 시간이 조금 걸려도 상관이 없고, 오래 견딜 생각으로 구매를 하는 것이니, 신발에 흙이 묻는, 즉 개발이 좀 덜 된 곳으로 가는 것이 좋다. 이런 곳은 시간이 지나면 개발이 되고 가격이 오르는데, 그 동안 나의 생활을 영위하면서 견딜 수 있어서 좋다. 하지만, 세를 받을 목적이라면 모두가 비싸다 생각하는 곳에 사는 곳이 좋다.

부동산이 비싼 데에는 다 그만한 이유가 있다. 이유 없이, 그냥 거품으로 사람들이 선호하는 것이 아니라는 얘기다. 그래서 사기를 당한 게 아니라면, 세를 받을 상업용 건물은 누가 봐도 좋아 보이는 그런 건물을 비싸게 사는 것이 답이다. 이런 위치여야 시간을 조금 참고 보낼 수 있는 수익과 여유가 생기기 때문이다.

대상이 토지라면 (정중동이론에선 선호되지 않지만)가장 예쁜 땅을 사는 것이 좋다. 여기서 예쁘다는 것은 구획을 해서 네모 반듯한 택지를 의미 하는 것이 아니라, 양지 바르고, 남향이고, 그나마 사각형에 가까우면서 길이 접하는 토지를 산다는 의미이다. 토지를 봄에 있어서 남향은 대단히 중요한데, 하다못해 막말로, 묫자리를 써도 남향에 쓰기 때문이다. 토지에 대해서는 「부동산 투자 편」에서 자세히 다룰 것이다.

결과적으로 부동산 투자는 다른 투자와 큰 차이가 없는 투자방법 중 하나이나, 유난히 부동산을 사랑하는 한국문화의 특성상 상당한 인기를 누리는 전통적인 투자 방법이다. 부동산 투자에서 가장 중요한 투자 원칙은 '잃지 않는다'라는 것과 '나갈 곳을 먼저 본다'라는 두 가지 원칙에 입각해서 보수적으로 계산하고, 투자를 결정한다면 큰 손해가 나지 않을 것이며, 부동산 투자는 큰 자금이 소요되는 큰 결정인 만큼 신중에 신중을 기해야 할 것이다.

# 07.
# 큰 배는 작은 파도에 흔들리지 않는다
# – 왜 투자하는가?

요즘 광고에 많이 쓰이는 말 중 하나를 빌려 쓰자면 나는 '단언컨대' 요즘은 한국에서 모든 투자시장이 과열이다. 그 목적이 주식이든, 경매이든, 부동산 투자이든 말이다. 부동산 경기가 떨어지고 있고, 주식이 폭등한 것도 아닌데 무슨 과열이냐 라는 반문을 하는 사람이 많을 것으로 안다. 폭발과 과열을 혼돈하여 생각하지 마라. 일반적인 투자가들이 '아 뭔가가 바뀌었구나, 변화가 있구나'라는 것을 알게 되는 시점은 과열되는 시점이 아니라, 이미 폭발하는 시점인 경우가 대부분이다. 과열이라는 의미는 이미 투자의 범위를 넘어서는 투기 등급의 목적들과 반응들이 나타난다는 뜻이다. 수중에 돈이 얼마가 있고, 혹은 부동산 가치가 지금 구매를 할 시기이냐 하는 논의들은 부차적으로 남겨 놓고, 흐름이 바뀌었고, 사람들이 움직이고 있다라는 정도의 뜻으로 해석하면 될 것이다.

당신은 왜 투자를 하는가?

당연히 보다 나은 삶을 살기 위해서, 우리가 살아가고 있는 이 자본주의 세상에서, 돈이 만들고, 돈이 이끌어가는 이 세상에서 낙오되지 않기 위해서, 혹은 나와 내 가족의 최소한의 행복과 안녕을 지키기 위해서 정도가 우리네 일반적인 답이 아닐까 하는 생각을 한다. 생뚱맞게 이런 원론적인 질문을 하는 이유는, 투자라는 것은 우리네 생활에서 밀착되어 있는 것이고, 일자리를 구하고 월급을 받기 위해 직장에 나가는 것과 같이, 내 일을 하는 것과 같이, 숨을 쉬는 것과 같이 계속되는, 일반적인 일이 아니겠는가 하는 것을 생각해 보자는 것이다. 따라서, 이 게임은 아주 속성으로 시작과 끝이 있는 단거리 질주가 아니라, 꾸준히, 어쩌면 당신이 숨이 멎는 그 순간까지 진행을 해야 할 게임이므로, 너무 단거리 결과에 집착하지 말라는 것이다. 이런 얘기는 나의 이전 글에서도 항상 나오는 내용 중 일부일 것이다.

이 글에서는 한국 사회 변화에 이은 투자 패턴 변형에 대해서 조금 논해보고자 한다. 소싯적(?) 서울에서 아마추어 아이스하키팀 활동을 한 적이 있다. 아이스하키는 보통 일인당 GDP 3만 불짜리 스포츠라고 얘기들을 하곤 했는데, 뭐 초기 투자금도 많이 들고, 운영비도 골프만큼은 아니지만, 링크 대관료에 장비 비용에 꽤 들어서 돈이 없는 나로서는 감당하기 벅찬 스포츠이기도 했다. 우리는 흔히, 스포츠를 보면서, 돈 많이 들고, 운영비 많이 드는 스포츠는 GDP가 어느 정도 받쳐 줘야 가능한 분야라고 얘기하곤 한다. 이는 절대적인 시장이 넓어져야, 저변 확대와 소비시장 증가로 이어지고, 이를 통해 시장이 만들어지기 때문이다.

투자 또한 그러하다. 단지 한국 사람들이 유별나서 요 근래 들어서 투자가 활성화되고, 직접 투자하고, 펀드 얘기가 나오고, 수익률이니 하는 용어에 목숨을 걸고 하는 것이 아니다. 다른 우리보다 먼저 갔던 나라들 또한 이미 한 번씩 겪었던 사항이고(물론 정도의 차이는 있겠지만), 많은 시행착오를 겪고 준비된 틀로서 정책, 규제화 되어 있는 것들이 벤치마킹을 통해 하나씩 한국에 전해지고 있는 것이다. 한국 경제 발전 정도와 일반 투자가들의 주머니 사정을 고려해서 말이다. 물론, 이는 시장상황을 보고 풀었다 조였다 하는 한국 관료의 선택이기도 하지만 말이다.

인터넷의 급격한 발달로 정보 장벽이 사라진 지금, 그 어느 때보다 조금의 정보 및 변동에서 크게 울렁거리는 한국 경제 지표를 보라. 놀랍지 않은가? 5년 전에, 혹은 10년 전에 미국 정부의 양적 완화 정책 축소가 어떤 의미인지, 그리고, 그에 따라 왜 우리나라 주식시장이 요동치는지, 일부 전문가 집단을 제외하고 요즘과 같이 광범위하게 대중들이 경제적 지식을 갖고 있었던 적이 있었는가? 이미 지식 장벽은 붕괴하고 있고, 소위 전문가 집단에서 거래되는 정보의 양과 질 정도는 대중화되고 있다. 이에 따라 조금씩 더 많은 비전문가들이 시장에 진입하고 있으며, 이에 따라 한국 투자 시장에도 큰 변화가 일어나고 있는 것이다.

부동산 시장을 보자. A가 집을 B에게 팔고 나면 A는 어디로 가나? 이민을 가지 않는다면 어떻게든 1채의 주택을 구매할 것이고, A 집에 이사온 B는 C에게 집을 팔아야 한다. 소위 도미노 현상이다. 이런 현상에 약간의 인터넷 정보망을 이용한 "썰"이 보태지고, 탕탕 하고 치는 이런 연쇄반응 속에서 시장의 진실을 왜곡하는 정보의 구축은 그렇게 엄청난 자금이 필요한 것이 아니다. 요즘 예로 대구와 같은 지역에서 일어나는 폭등과 비슷한 아파트 가격의 상승은 물론 수요와 공급의 실패라는 기본적인 시장 불균형의 이유도 있지만, 일부 자금의 조작으로 인한, 정보 왜곡 또한 상당하다고 생각한다.

물론, 건설사들이 주도하는 이런 왜곡 시장에서 시간이 지나도 그 가격을 떨어뜨리지 않는다면, 아니 못한다면, 그 가격이 용인되어 버리는 사회

현상도 생겨 온 것이 사실이다. 이렇듯, 시장은 계속 의도를 가진 누군가에 의해 새로운 방법으로 왜곡되고, 또 변화되면서 새로운 기회를 만들어낸다. 예전보다 훨씬 빠르고, 쉽게 말이다.

경매시장을 보자. 요즘 들어 참가인 수가 폭발적으로 늘고 있고, 낙찰률은 계속 오르고 있다. 무피 투자, 소액투자를 원하는 투자가로 인해, 특히 빌라나 소형아파트의 인기는 식을 줄 모른다. 왠지 내가 하지 않으면 손해일 것 같은 느낌이 드는 것은 나 뿐일까?

이유는 간단하다. 국민들 사이에서 이제 재테크를 하지 않으면 낙오자가 되는 세상이 되었고, 그렇기 때문에 모두들 눈을 부릅뜨고 정보를 찾아 헤매기 때문에 게임의 룰은 달라진 것이다. 한국 경제가 더 좋아져서, 사람들이 부자가 되어서, 그래서 투자하기가 더 어려워진 것이 아니라, 살기가 더 각박해지기에, 남편 월급만으로는 생활이 되지 않으니, 뭐라도 해서 가정 형편에 보탬이 되고자 나오는 우리네 어머니들이 있기에, 투자 시장은 더 과열되고 있는 것이다. 이미 시장에 유동성은 충분히 공급이 되고 있는데 소비가 살아나지 않는 이유? 간단하다. 돈이 없으니까. 주머니에 돈이 넘치는 사람이 과연 얼마나 될까? 상위 0.1프로를 빼곤 말이다.

감성론적인 투쟁가 사상은 뒤로하고, 현실로 돌아와 생각해 보자. 그럼 우리는 어떻게 하는 것이 가장 현명한 방법인가?

당신이 먼 곳을 바라본다면, 작은 파도에 연연하지 마라.

그래야 더 멀리, 먼 곳으로 나아갈 수 있다. 기본에 충실하게 보수적으로 자금을 운영하고, 답답한 사람이라고 주위에서 손가락질할지 몰라도 무식하고 계속적으로, 꾸준하게 나만의 총알을 모아라. 정보도 좋고, 기술도 좋고, 자금도 좋다. 어차피 이런 복잡한 세상에서 남과 나를 다르게 해주는 것, 이것이 중요한 것이지, 돈 1~2천만 원이 더 있다고 해서 될 일이 안 되고 안 될 일이 되는 세상은 지났다. 어차피, 개인투자자들의 입장에서 동원할 수 있는 자금의 양은 한정이 되어 있고, 다른 장벽 없이, 오로지 자금 양으로만 승부해야 하는 업종과 프로젝트에 당신이 투신한다면, 그건 자살행위나 진배없다. 세상은 그렇게 호락호락한 곳이 아니기 때문이다. 앞서 말한 대구의 사례와 같이 작은 규모로 정보의 차단, 왜곡을 통한 나만의 시장을 열어야 한다.

그리고 또 하나의 착각을 하는 경우가 있다.

당신이 이미 항해에 나섰다는 생각은 버려라. 아직 항해는 시작되지도 않았고, 지금은 먼저 배를 짓는 것이 우선이다. 보통 종자돈을 만들고 나면, 모든 준비가 되었기에 긴 여정을 떠난다고 생각하고 먼저 바다에 배를 내리는 사람이 많다. 하지만, 종자돈이 모였다는 것은 배가 완성되었다는 것이 아니라, 재료가 준비되었다는 것이기에, 뗏목을 만들 건지, 범선을 만들 것인지, 돛대는 몇 개를 만들 것이지, 구상해야 하는 것이 우선이다.

그럼 이와 비유했을 때 첫 창업하는 것은 어떤 것을 의미하는가? 이는 또한 바다로 나아가는 것이 아니라, 육지에서 완성된 배로 바람의 위치를 보며 연습하는 것이다. 본격적인 바다에 나아가기 전에 충분히 당신이 만든 배의 성능과 쓰임새를 모르는데, 어떻게 폭풍우를 뚫어 내겠는가? 다시 말해, 종자돈을 모으는 것은 재료를 준비하는 것, 처음 창업을 하는 것은 육지에서 완성된 배를 테스트 하는 것이다.

그럼, 본격적인 항해는 언제 시작해야 하는가? 창업이 어느 정도 인정을 받고, 시작한 첫 투자의 결과표를 받고, 내가 잘한 것과 못한 것에 대한 질타와 칭찬이 끝난 후, 그래서 한 사이클이 돈 다음에 본격적으로 시작하는 것이다. 내가 투자를 아직 모르는데, 전세금을 홀랑 빼서 주식을 사겠다, 혹은 경매 책 한두 권에 게시판 글 몇 개 보고, 경매의 매력에 빠져, 낙찰자가 되리라, 있는 모든 자금을 동원해 수표를 끊는 우를 범하지 말라는 것이다. 더욱이 요즘처럼 과열되는 시장에선 말이다.

내가 항상 부정적으로 글을 써서 그런가, 그럼 도대체 언제 투자를 하란 말이냐, 투자를 하지 말라는 말이냐 하는 분이 많은데 사실은 반대이다. 투자를 해야 한다. 앞서 말한 바와 같이 이미 한국 실정에서 개인투자는 숨을 쉬는 것과 마찬가지로 특수한 상황, 직종에 있는 일부를 제외하고 이미 필수가 된 것이기 때문이다. 다만, 하되, 충분히 준비되기 전에 본격적으로 하지 말고, 독서와 같은 간접 경험을 최대한 많이 하고, 충분히 연습이 되고 나면, 가장 준비하고 시작할 수 있는 작은 단위부터 시작을 해보자 하는 것이다. 왜? 아직 시간이 많이 남아 있기에.

아직 당신이 성공이라는 기회를 잡지 못했다고 해서, 걱정도, 절망도 실망하지도 마라. 신은 공평하고 아직 수만 번 기회는 남아 있고 더 올 것이다. 단지, 우리가 걱정해야 할 것은 기회가 왔을 때 그 기회를 한번에 잡을 수 있는 준비가 되어 있어야 한다는 것이다. 외교관이 꿈이던, 하지만 영어공부를 등한시했던 사람에게 누가 국제기구에서의 연설기회를 준다면, 그 기회를 그 사람이 잡을 수 있을까? 평소 체력단련을 하지 않았던 후보선수가 주요경기 주전의 부상에 이은 어쩔 수 없는 선택으로 나간 필드에서 자신의 진가를 보여줄 수 있을까?

지금 투자시장이 상승하면서 돈을 크게 번 사람, 당연히 있다. 주식이 올라서, 경락받은 집이 엄청 올라서, 돈 버는 사람, 당연히 있다. 그게 이치이지 않은가? 내가 그 상승장에 끼지 못해서, 내가 이익을 내지 못하고,

승자의 편에 설 수 없었다는 것이, 그래서 더욱 쓰라린 마음으로 다가오는 것이 현실이겠지만, 투자는 왜 하는 것인가 하는 질문을 다시 해 보라. 다시 말하지만, 이는 장기 레이스이다. 이번에 내가 승자가 되지 않았다고 해도, 그리고 승자가 되었다고 해도 달라질 것은 없다. 사람은 항상 위로만 보기에, 이 게임에서 유일하게 나갈 수 있는 방법은 은퇴를 하는 시점이기에, 일시적 승자가 된 사람은 조금 더 많은 자본으로 더 위를 볼 것이고, 손해를 본 당신은 조금 더 아래에서 조금 더 위를 보는 것일 뿐 게임의 룰은 누구에게나 동일한 것이다. 단편적이고 절대적인 액수에 너무 큰 의미를 부여하고 현실을 부정하지 말자. 지금 이 순간, 더 중요한 것은 왜 투자하는 것인가 하는 원론적인 질문에 대한 나만의 대답과 생각, 지론, 그리고 조금 더 냉정해지는 나의 모습이 필요한 때가 아닌가?

## 08.
# 보이는 것과 보이지 않는 것들에 대해서
# – 자신의 틀 안에서만 보려 하지 마라

요즘 부동산 경기나 세계경기 흐름, 그리고 각 지표들이 제각각 요동을 치면서 경제 흐름을 읽어 내기가 힘든 세상이 되어 가고 있다. 즉, 이전에 그렇게 해 왔고, 또 이럴 것이다라고 할 수 있는 기존의 법칙들이 맞지 않는다는 뜻으로 해석할 수 있을 것이다. 예로, 경기의 불확실성이 대두되던 시기에 금 가격은 항상 보완재의 역할, 그리고 울타리 역할을 다하며 안전자산으로 분류되었고, 달러화와 항상 그 흐름을 정반대로 그려 온 것이 사실이다. 그러하기에 일부 음모론자들을 비롯한 금 고가에 표를 던지는 사람은 금본위제 폐지 이후의 화폐 음모론을 내세우며 금을 구매할 것을 강력하게 주장한 것이 사실이다(이 음모론이나 주장이 맞냐 틀리냐는 나도 모른다. 나도 그런 고급정보를 판단할 수 있는 위치에 있지 않기 때문이다). 하지만, 지금까지의 상황으로 보면 달러의 약세가 이어지고 있는 대도 금값은 오히려 하락하는 현상이 나타나고 있다(현재 약 1300불 선). 이는 무엇을 의미할까?

이는 기존의 경제학 상식이 틀렸다는 것을 의미하는데 이게 왜 틀렸을까?

바로 시장의 게임 법칙이 바뀌었다는 것을 의미한다고 개인적으로 생각한다. 전 세계의 경제는 하나로 묶여 있다. 그리고 모든 사람들은 자신의 자산과 흐름을 가지고 제로섬 게임을 한다 라고 생각해 보자. 그럼 이전의 법칙이 만들어진 당시 상황과 지금의 상황이 같을 수 있는가? 한 국가의 경제규모와 경제수준이 성장하면, 어느 한 국가는 상대적으로나 절대적으로 역성장할 수밖에 없지 않겠는가? 결국, 세상은 이렇게 항상 하나의 고리에 다른 곳의 변수 하나가 연결되어 있는 구조라고 할 수 있다. 이런 생각을 해 본다면, 보이는 것과 보이지 않는 것들에 대한 시각을 생각해 볼 수 있을 것이다.

결론부터 얘기하면, 기존의 상식은 그냥 상식일 뿐이고, 내가 스스로 학습해서 얻은 이론에 대비하여 모든 투자 결정과 계획을 수립해야 그 결론이 비극으로 끝나지 않는다는 것이다.

앞서 얘기한 바와 같이 금값이 왜 떨어질까? 이런저런 정보로 일반인들이 앞다투어 금을 사려고 할 때 물리적인 옵션, 각종 상품 거래소에서 큰 자본이 옵션이나 선물로 금 하락에 배팅을 하고, 자금을 밀어 넣어 인위적인 조작이 불가능하다라고 생각을 한다면 아직 당신은 너무 순진한 것이다. 돈이라는 것은 피눈물도 없다. 오로지 이익…… 이 하나의 명제에 따라 움직이고 흐른다. 이것이 자본시장의 논리이다. 그 크기가 크고 작고는 아무런 상관이 없다. 항상 이렇게 될 것이라는 고전 경제학 이론을 사람들이 들먹일 때 빠른 두뇌회전을 하는 누군가는 또 그것을 역이용할 생각을 하고, 그런 사람의 수가 많아지면, 경제학 법칙 자체가 달라져 버린다는 것이다.

결국, 경제학이라는 것은 수학과 같이 정확한 법칙과 정의로 설명할 수 있는 것이 아닌, 계속 살아 움직이는 생물이기 때문에, 법칙을 공부하는 것이 중요한 것이 아니라, 변화한다는 그 사실을 인식하고 응용할 수 있는 능력을 갖추는 것이 중요하다고 할 수 있다.

2008년 세계 경기가 요동을 쳤고, 그 근본은 미국 주택시장의 구조적 문제에 있었다는 것은 모두가 아는 사실이다. 그런데 왜 그런 문제의 시작점인 미국의 부동산 경기 및 가격은 이전 수준을 넘어서서 상승하고 있고, 우리나라를 포함한 개도국들의 지표들은 모두 그 여파를 얻어맞아 몇 년째 계속 저성장의 기조에 빠져 있는 것일까? 이런 일련의 흐름들은 그저 우연에 의한 것이라고 생각하는가?

난 개인적으로 수많은 나라들을 여행하면서 하나의 사실에 주목할 필요가 있다는 점을 발견했다. 이는 글로벌화로 상징되는 자금의 이동과 자산가격의 증가, 그리고 부채의 증가 정도는 모두 일관성 있게 하나의 흐름 선상에서 나타난다는 것이다. 어차피, 화폐라는 것은 약속의 결과로 설립된 종이 조각이다. 지금처럼 계속 중앙은행들이 경쟁적으로 찍어낸다면 가치하락은 막을 수 없는 것이고, 그 대안으로 인플레이션에 대응할 수 있는 부동산과 같은 자산의 증가는 필연적인 것이다.

A라는 국가를 예로 들어보자. 내수도 받쳐 주고 인구도 적당히 있고, 기술도 수입해서 경제가 제법 돌아가기 시작하는 단계에서는 기업들이 태동하기 시작한다. 우리나라 50~60년대 정도로 생각하면 된다. 이때 자국 은행들은 국제적인 룰도 모르고, 신용도도 낮아 국제 자본 시장에서 그 존재감은 거의 0에 가깝다. 자국 정부가 열심히 진입장벽을 만들고 보증도 해 주면서 귀한 돈을 가지고 온다. 보통 달러화인 경우가 많은데, 달러의 진입 없는 자국 화폐의 통화량 증가는 당연히 자국 화폐 경쟁력 저하로 나타나기 때문에 조정은 할 것이겠으나, 결론적으로는 기업 활동에 모

든 국가 역량을 동원하는 단계이다. 이때 은행은 충분히 돈놀이할 곳이 많기 때문에 일반 가계 대출에는 신경 쓸 필요도 여력도 없다.

하지만, 경제 안정기에 접어들면? 한국의 80년 말, 90년 초의 상황과 같이 기업대출이 서서히 줄어들고 은행은 새로운 노예(?)가 필요하다. 일반 가계대출…… 그러면 은행은 계속 상품을 만들어낸다. 모기지 대출, 뭐 이런 걸로 포장을 잘 하면, 미래가치를 저당 잡히고 사람들은 기꺼이 대출을 받고 손에 돈을 쥐게 되는데, 이때 바로 부동산 자산의 폭등이 시작되는 것이다.

다시 A라는 사람이 월급이 10만 원 올랐다고 가정해보자. 뭐 큰 소득 증가는 아니다. 하지만, 이런 소득증가를 가지고, 20년 동안 모기지 대출 신청을 한다면 20년 동안의 벌이를 역산하는 것이기 때문에 대출가능 금액은 훨씬 높을 것이다. 이 A라는 사람은 자신이 벌게 될 미래 가치를 믿고, 지금 그 돈을 땅겨서 부동산을 구매한다. 뭐 당연히 오른다는 생각을 하니 말이다. 그러면 어찌하여 부동산 가격이 폭등하지 않겠는가? 이렇게 정부 정책의 흐름, 상황의 변화 등 보이지 않는, 누가 설명해 주지 않는 것에 대해서 인지할 수 있는 나만의 능력을 갖추어야 한다. 결국, 한국이라는 나라도 다른 나라가 진행했던 흐름을 답습할 것이므로 타국과의 비교를 통해 현재의 흐름을 이해할 수 있다.

결국 시장은 모두 다 '이럴 것이다'라고 생각하는 대로 움직인다면, 그 끝은 힘들다는 것을 알 수 있다. 소문 난 잔치에 먹을 것이 없다라는 말이 딱 들어 맞는 격이다. 그렇기에 결론적으로는 세상을 바라볼 때 보이는 것과 보이지 않는 것은 각 개인이 가지고 있는 정보량의 차이, 지식의 유무, 경험 등에 의해 좌우되기 때문에 계속적인 정보 수집과 관심이 필요하다고 할 수 있을 것이며, 이를 기반으로 나만의 법칙과 흐름을 만들 수 있어야 할 것이다.

## 보이지 않는 것들에 대해서 – 경제 법칙의 허구성

요즘 시시각각 변하는 사회구조와 쏟아지는 정보 등으로 인해 각 투자가들은 정확한 판단을 하기 힘든 상황이 지속되고 있다. 아니 어떻게 보면 정확한 판단이라는 용어가 틀린 것인지도 모른다. 결국, 투자나 프로젝트 진행에 있어, 정확한 판단이라는 것은 최종적으로 봤을 때 금전적 이득을 취할 수 있었는가 아닌가 하는 결과론적인 영역이기 때문이다.

요즘 들어 개인적으로 재미있게 보는 현상 중에 하나가 바로 금 가격의 하락과 일련의 현상들이다. 보통 금은 달러와 항상 정반대적인 행보를 가지는 대표적인 '안정자산'으로서 불경기에 그 가격이 상승하게 되는 전통적 특징이 있음에도 불구하고, 요즘 달러가 약세를 지속하는 가운데에도 동일하게 약세장을 기록하고 있어 특징적이라고 얘기할 수 있을 것이다. 물론, 최근 몇 년 사이에 폭등에 가까운 현상이 있었음을 포함하고 이해할 수 있는 부분이 있기도 하나(늦게 들어가서 지금까지 1조 3,000억 원의 손실을 기록하고 있는 므~찐 한국은행도 있다) 이 현상은 여러 가지 측면으로 볼 때 재미있다는 생각을 한다.

모두가 알고 있는 법칙은 게임법칙이 될 수 없다.

아마 금 가격이 달러와 항상 정반대 곡선을 그리던 과거에는 인터넷으로 대변되는 정보 통신 혁명이 없는 시기였기 때문에 나름 이런 경제 법칙 또한, 누구나 알고 있는 상식이 아니었을 것이며, 또한 이를 기반으로 투자를 했을 때 나름 성적이 괜찮았을 것이다(청개구리 출현 이전). 나는 시장과 반대되는 행동을 하는 투자가를 통칭해서 '청개구리'라 부른다. 하지만, 대다수가 알게 되는 때에 그 시장 플레이어가 알고 있다는 사실은 더 이상 힘을 발휘하기 힘들지만, 한 번 비틀어서 생각할 때 이런 청개구리가 생기는 것이고, 이들의 성공담은 다시 언론을 통해서 전해진다. 이런 일련의 과정을 통해 다시 수정된 법칙이 시장에서 받아들여지고, 통용이 되면, 다시 다른 청개구리가 나와서 법칙을 바꾸게 되는 것이다. 따라서 개인적으로 경제 법칙은 그냥 그 시기에 맞는 학자들의 뒷북 치기, 짜 맞추기 결론이라는 생각을 한다.

시장은 항상 변화를 선도한다. 시장은 냉정하다. 특히 돈이 모든 것을 결정하는 자본의 논리에서 과거에는 이런 패턴이었으므로 이러할 것이다라는 논리는 상당히 부정확하다. 이는 흡사, 카지노 바카라 도박에서(홀짝과 같은 게임이라고 생각하면 된다. 카드 2장씩 뽑아서 끝수 높은 쪽이 이기는데 Banker나 Player가 이긴다) 계속 플레이어가 이겼으니 또 이길 것이라는 생각으로 베팅하는 것과 동일하다.

뭐 카지노에서 맥주 한 잔에 천 원 베팅을 하는 것이라면 누가 뭐라 하겠는가, 하지만 실전에서, 투자라는 행위에는 내가 가진 거의 모든 자금, 거기다가 내 신용과 담보를 저당 잡힌 대출까지 모든 자금이 들어가는 큰 결정이므로 이런 부정확한 정보와 이전의 법칙을 믿고 투자한다는 것은 무모한 짓일 것이다.

항상 변화를 먼저 이끄는 것은 시장이다. 쉽게 생각해 보라. 책상에 앉아 세상을 바라보는 자와 밑바닥에서 땀이 나게 뛰면서 부딪치는 자, 누가 더 변화를 빨리 느끼겠는가? 이미 언론에서 다루어지는 현상이라면, 게임은 종반으로 치닫고 있다는 반증으로 생각하면 된다. 변화는 이미 내가 알기 전에 시작했고, 지금 순간에도 변화하고 있다. 따라서 이를 감지하는 센서가 필요한 것이다.

## 패턴을 연구하라

과거의 법칙보다 훨씬 중요한 데이터는 소위 "Big Data"라고 불리는 것들에 대한 연구라 생각한다. 인간의 행동 분석, 통계로 대변되는 숫자의 정확성은 날로 그 위력을 더하고 있다. 예로, 순대국밥집을 창업하고 싶은 사람이 그냥 잘되겠지 하는 생각으로 나름대로 혼자 상권 분석하고 들어간 것과 빅데이터를 통해 어떤 연령층에서, 어느 지역에서, 그리고 이면 상가의 어떤 부분에 위치한 곳이, 어떤 시간대에, 어떤 요일에 잘 팔리는지 등의 통계 패턴을 가지고 분석해서 들어간 것을 비교해 보면 그 결과는 당연히 어떻게 나타나겠는가?

따라서 과거의 법칙과 현상에 얽매이기보다는 지금 상황, 적어도 지난 6개월에서 1년 전, 비교적 최근 데이터를 기반으로 작성된 패턴 연구 자료를 참고하는 것이 훨씬 정확한 정보가 될 수 있을 것이다.

## 투자는 제로섬 게임이다

투자는 항상 양면성이다. 얻는 자가 있으면, 잃는 자가 있는 것이다. 내가 수주한 새로운 프로젝트 뒤에는 이를 놓친 그 사람이 있기 마련이고,

내가 오늘 판 주식을 산 누군가는 횡재를 했거나 손실을 볼 것이다.

그냥 '내가 이번 투자로 돈을 벌었네, 잃었네'라는 결론만을 보려 하지 말고, 과정을 읽는 연습을 하는 것이 중요하다. 또한 나만의 패턴과 방식을 정리하고 분석하는 습관을 들여서 나만의 법칙을 만드는 것이 무엇보다 중요할 것이다.

개인적으로 나는 많은 나라를 방문한 경험을 살려, 항상 방문하는 지역을 다른 지역과 비교해서, 어느 정도 성장을 했는가를 판단하는 기준을 만들려고 노력하고 있다. 예를 들면, 외국의 한 도시의 성장 정도를 보고 우리나라 몇 년대 정도의 상가구성과 인건비, 노동력, 소비 패턴을 가지는가 하는 것을 추측함으로써 그럼 다음에 어떤 산업이 성장할 것인가를 예측하는 것이다. 이는 모든 사람과 구성원의 요구와 욕망은 비슷하다는 전제로 그 패턴을 읽는 것을 의미한다. 결론적으로, 요즘과 같이 변동성이 큰 시기에는 과거 현상자체에 얽매이기보단, 현재 팩트에 의한 분석과 패턴을 읽어 투자에 적용하는 것이 바람직할 것이다.

# 09.
# 변수에 대처하는
# 방법

일을 기획하고 또, 투자를 하면서 우리는 당연히 항상 계획을 짤 것이다. 어떻게 자금을 동원할 것이고, 또 사람은 어떻게 배치할 것인지 등등에 대해서 말이다. 나름대로 준비한다고 했는데, 항상 업무를 진행하다 보면, 또 다른 환경에 처하게 되는 것이 일반적이다. 바로 '변수'가 생긴다는 얘기다. 간단하게 슈퍼마켓에 가서 제품을 구매하려고 해도, 가는 길에 교통체증이 일어나 '할인품목' 시간을 놓친다거나, 퇴근 길에 계획했던 운동이나 활동도 날씨, 혹은 선약 등등에 의해서 변하는 것이 다반사인데, 어떻게 보면 프로젝트를 진행하는데 아무런 어려움 없이 계획한 대로 움직인다는 것이 가능할 것인가? 그런 아무런 문제없이 일이 잘 진행될 것이라 믿는 것이야 말로 아마추어적인 발상일 것이며, 현실세계에서 그런 완벽함을 기대할 수는 없을 것이다.

그렇다면 어떤 방식으로 이런 변수에 대응해야 할 것인가? 어떻게 해야 실패하지 않는 진행을 할 수 있는가?

## 완벽함이라는 것은 존재하지 않는다

투자에서 완벽함이라는 것은 예시당초 존재하지 않는다. 사람과 사람이 부딪치고, 더 받고자 하는 하는 자와 덜 주고자 하는 자가 상응하며, 파는 자와 사는 자가 대결하는 투자시장에서, 완벽함이라는 것은 없으며, 단지 프로라고 하는 사람들은 경험으로 인해 발생하는 변수에 대해 미리 알 수 있고, 또 이에 대해서 준비를 하고 있다가 선수를 치거나, 더욱 더 자신이 유리한 방향으로 이끌 준비가 되어 있다는 것을 의미한다.

따라서 완벽함이라는 현실에서 이루어질 수 없는 가치에 대해 집착하면 집착할수록 투자는 어려워지고, 투자를 실행하기 위해 준비하는 한 발자국이 더욱 더 힘들어진다. 당연히 어느 정도 공부를 하고 학습을 했으면 투자시장에 들어갈 수 있다는 기준은 세상에 존재하지 않기 때문에 더욱 더 판단이 애매한 것도 사실이다. 책을 몇 권 읽으면 되는지, 학원에 얼마간 다니면 되는지, 말을 해 주는 사람이 없으니 말이다. 하지만, 돌이켜 생각해 보면, 개인투자시장에서 이런 어려움들, 처음 시작하는 사람들에게 적용되는 어려움은 시장의 진입장벽으로 작용하기도 하고, 또 다른 한편으로는 이런 공포심을 조장함으로 해서 소위 '전문가'라 자칭하는 브로커들의 업무 영역이 되기도 한다.

처음 투자를 하려는 사람은 완벽함을 생각해선 안 된다. 계속해서 생각해야 하는 것은 큰 틀에서의 잘못됨이고, 이를 하지 않기 위해서 내 행위를 살피고, 전후 사정을 고려하는 것이 중요하다. 하지만, 흔히 하는 작은 기술적 실수까지 하지 않으려 너무 노력하면, 자칫 더 큰 실수를 할 수 있기 때문에 작은 실수 정도는 할 수 있고, 또 나중에 고치면 된다는 생각으로 즐겁게 투자시장에 뛰어들면 된다.

그럼 언제가 실전투자를 할 수 있는 준비와 타이밍이 된 것인가?

혼자만의 시뮬레이션을 돌려서 80~90프로 이상 시장과 맞아 들어간 다면 지식적으로는 준비된 것이며, 투자하고자 하는 목적물을 충분히 커버할 만큼의 자금이 준비되어 있을 때이다. 주식을 하고자 한다면, 내가 기업을 나름대로 분석해서, 왜 그런지에 확실하게 답할 수 있고, 내가 원하는 타이밍에 들어갔다고 가정하고 노트에 적고 흐름을 보고 매도 타이밍을 잡았을 때 나쁘지 않은 흐름이 10번에 7~8번은 나왔을 때 준비가 되었다고 할 수 있다.

경매를 하고자 한다면, 내가 원하는 물건을 찾고, 정말 입찰할 마음으로 임장을 가고, 입찰가를 써서 비교를 했을 때, 낙찰이 되는 것이 아니라, 낙찰가와 중간 분위 정도에 위치할 때가 가장 좋다. 처음 썼는데, 낙찰가가 나왔다면 아직 준비가 덜 된 것이라 생각하고, 계속 더 학습하는 것이 좋다. 경매에 나쁜 물건은 없다. 어차피 가격을 재조정하는 단계의 물건들이기 때문에, 가장 최적화된 물건을 구매하는 것이 중요하지, 하나 빨리 사는 것이 중요한 것이 아니다,

그리고 자금이라는 것은 많이 준비하고, 다 내가 준비하면 좋겠으나, 현실적으로 어려운 만큼 경매나 부동산 투자의 경우에는 대출을 이용하는 것은 어쩔 수 없겠으나, 그 사용 범위가 50%를 넘어서는 성공하는 투자를 하기 힘들므로 눈높이를 낮추는 연습을 또한 해야 할 것이다.


## 있는 그대로를 바라보라

처음 투자를 성공하고, 세상의 건물과 돈이 다 내 것같이 느껴지는 시

간에는 계속 스토리를 물건에 대입해서 생각하는 경향이 있다. 유치권이 걸려있고, 통곡 소리가 나고 있는 원룸 건물이지만, 뭐 괜찮을 것 같다. 왜? 난 되는 사람이니까 하면서 덜커덕 구매를 하고, 문제가 발생해서 도움을 청하는 사람이 많은데, 가장 조심스러워야 하는 것이 자신이 목적물을 왜곡해서 바라보게 되는 것이다. 물건이나 주식은 그대로 있다. 그것을 바라보는 시각 차에 의해서 가격이 바뀌고, 또 가치가 달라지는 것이다. 절대적으로 객관적인 원칙이나 기준은 존재하지 않지만, 시장 원칙이라는 것이 있다.

예로, 400평짜리 규모의 건물이 엄청 낡았다면 기본적으로 페인트칠을 하고 보수를 하는 데 얼마 정도 든다는 견적이 있고, 곡 소리가 나는, 전세금을 다 떼인 전세세입자 10명이 포진하고 있는 건물에서 이사비를 주고 좋게 해결하기 위해서는 어느 정도의 시간과 노력, 자금이 드는지에 대한 대략적인 계산이 있으며, 건물의 연식만 봐도 배수관이 어느 정도이니 갈아야 할 것이라는 정도의 예상이 있다.

그런데, 나는 원래 되는 사람이니까, 내가 산 건물은 항상 괜찮았어 하는 식의 판단과 용기로 입찰에 참가하면 안 된다는 의미이다. 법원경매의 장점은 할인된 가격의 건물을 공신력 있는 프로세스로 구매할 수 있다는 것이겠으나, 다른 치명적인 단점은 바로 '하자보수'에 대해서 개런티가 없고 신경 쓰지 않으며, 모든 하자보수는 구매자의 몫이라는 것이다. 한두 푼 하는 아이스크림도 아니고, 뽑기도 아닌데, 문은 열리지 않고, 판단할 근거가 없으므로 단지, 나의 생각만으로 하는 것인데, 이때 가장 중요한 것은 있는 그대로의 객관적 사실에 근거해서 나름대로의 상상력으로 스토리를 완성하는 수밖에 없다는 것이다. 등기부 등본에 드러난 사실, 현황서 상의 내용 등 객관적이고 믿을 수 있는 사실만을 근거해서 생각을 하고, 유추를 하는 것이 중요한데, 흔히 하는 실수는, 이미 내 마음은 이 물건에 꽂혀 있기 때문에, 어떤 하자가 될 만한 내용이 있어도 '이건 내 물건이다. GO', 유치권이 걸려있어도 '100% 허위 유치권이야. GO', 곡 소리 나는 세입자가 있어도 '내가 가면 다 이해해 주고 비켜 줄 걸? GO'하는 것이다. 있는 그대로 사물을 바라보고 최대한 객관적으로 판단해라. 세상에 물건은 널렸다. 돈이 없을 뿐이지…… 서두를 필요 하나 없다.

## 감당할 수 있는 수준에서 사고를 쳐라

투자를 하면서 항상 어떻게 자로 잰 듯이 계산적으로 움직일 수 있겠는가? 앞서 말한 것과 같이 특히 경매 시장에서는 불확실성이 항상 존재하기 때문에 '들어가서 까 보는' 수밖에 없는 경우가 생길 수밖에 없고, 어느 정도의 모험이 필요한 것 또한 사실이다.

아이러니한 것은 큰 사고는 초보 투자가에게서 일어나지 않는다. 첫 투자는 걱정도 되고, 잘 모르니, 경험 쌓는 것에 주력을 하고 큰 수익률을 가지려 애를 쓰지 않기 때문이기도 한데, 보통 생각했던 것보다는 좋은 수익률을 얻는 것이 일반적이다. 도박판도 룰을 모르는 초보 베팅가가 제일 무서운 법이다.

당신 일생을 좌지우지할 규모의 투자는 보통 한두 번 투자에 성공을 해서 단맛에 취해 있는 그 순간 계획하게 되고, 이 계획은 다른 사람 시각으로 봤을 때 가장 무모해 보일 가능성이 크다. 이미 당신의 투자 계획은 가진 것 보다, 준비된 것보다 크게 부풀려져 있는데, 이미 성공을 해 본 그 한두 번의 경험치 금액을 굉장히 높이 잡은 까닭이다. 또한, 한두 번 성공을 해 보았으니, 이제 본격적으로 투자가의 길을 가야겠다는 당신은 조금 더 모험 있는 투자가 더 큰 수익이 된다는 나름의 확신을 가지고 있기도 하며, 주위에서 한두 번의 성공으로 칭찬과 부러움을 한 몸에 받은 사실에 근거, 나는 제법 성공할 사람이라는 생각 또한 가지게 된다.

이때가 가장 위험한 순간이라고 할 수 있는데, 사고도 수습할 수 있는 수준으로 쳐야 한다.

매달 현금흐름이 300만 원 정도 이익이 남는 사람이, 4~5억 선의 대출을 일으켜 상가주택을 샀는데, 공실이 계속 발생한다면 버틸 수 있겠는가? 그리고 계속 옆에, 옆에 끊임없이 다른 주택이 지어지고 있다면 말이다. 그런데 택지지구에서 이런 일은 의외로 굉장히 많이 발생을 한다. 처음 투자를 시작할 때 했던 초심이나 맹세는 어디 가고, 그냥 멋진 외모의 건물, 호재 뉴스밖에 없는 택지, 번듯한 토지, 무조건 되는 수익표를 가져와서 침 튀기며 열변을 토하는 부동산업자님의 언변에, 그냥 사인을 하고 지옥의 구렁으로 들어가는 것이다. 멋진 건물의 외관은 나중에 지어질 그 수많은 택지지구의 건물 중에 가장 오래된 것이 되며, 호재밖에 없는 뉴스는 이미 다 가격이 반영이 되었으며, 번듯한 토지 만드는 데 드는 돈은 몇 배로 해서 LH공사 아저씨들이 가져갔으며, 그렇게 수익률이 높은 건물을 왜 안 사시고 다른 사람에 양보하는 업자님인지 다시 한 번 생각을 해 보라는 것이다.

보통 개인투자가들이 원하는 목표는 크지 않다. 내가 지금 월급 받는 것보다 조금 많은 수준으로 안정적으로 투자물에서 나와 준다면 세상살이가 훨씬 편해질 텐데, 정도이지, 갑부가 되는 것을 목표하는 경우는 많지 않다. 이런 목표를 위해서는, 하지만 한방에 크게 가는 건물 투자가 답이 될 수는 없다. 작은 것 같고, 느린 것 같지만, 자신의 역량 안에서 경험을 쌓으면서 조금씩 전진할 때 그 목표가 더 빨리 다가오는 것을 잊지 말자.

# 10.
# 두려움을
# 직시하라

재테크의 가장 큰 어려움이 무엇인가라는 질문에 내가 즐겨 쓰는 용어가 '공포'와 '두려움'이다. 특히 일반인의 부동산 투자는 상당한 용기를 필요로 하는 것이 사실이다. 내가 가진 자산 전부에 거의 대부분이 은행에서의 대출까지 합산, 내가 준비할 수 있는 거의 모든 자산을 한방에 집어넣는 것이 부동산 구매이기 때문에 더욱 그럴 것이다. 따라서 오늘도 여기저기에서 이런 투자가 어떤가요, 혹은 투자해도 될까요? 아님, 나처럼 해봐라 '이렇게!!' 등의 글이 난무하고 있다. 이런 수많은 정보들은 더욱더 우리의 혼란을 가중시키는 것이 사실이다. 그럼 어떻게 해야 부동산 투자를 성공할 수 있는가?

## 아니다 라고 할 때가 들어갈 때이다

이 세상의 자본주의는 전체적으로 제로섬게임이라고 이전 글에서 설명했다. 내가 돈을 번다면 누군가는 잃는 것이 또한 세상의 이치이다. 따라서 전부가 아니라고 할 때가 내가 들어가야 할 때이다. 청개구리 전략이라고 할 수 있는데, 그게 어디 말처럼 쉽겠는가? 맞는 말이다. 게다가 내 모든 자산이 투자되어야 하는 부동산이라면 더욱 더 그럴 것이다. 이런 때는 세상의 지표를 수집하고 나만의 신념과 분석으로 생각을 해 보고 냉정히 판단하는 것이 중요하다. 즉, 미국이 그냥 양적 완화를 계속 한다고 하니까 증권이 그대로 있는 거고 하는 식의 전문가 말을 조금만 비틀어서 생각해 보라. 미국의 금리가 올라가면, 내려가면 하는 가정에서 전문가들이 떠드는 것과 현실을 비교하면서 나만의 답을 만들자.

나의 경우를 보자면, 해운사들이 다들 어렵다는 리포트가 쏟아질 때 해운사 주식을 구매했고, 얼마 뒤 20프로 정도의 수익을 보고 전량 매각 처리했다. 매각시점에서 오히려 더욱 더 오를 것이라는 전망이 우세한 가운데 전량 매각한 것은, 내가 생각한 수익률을 넘어섰고, 다들 오를 것이라는 생각이 있다면, 뭐 더 오를 수도 있겠지만, '이 이상은 신의 영역이다(?)'라고 판단을 하기 때문이다.

이처럼, 내 생각이 확고하다면 주위의 시선을 의식하지 않고 나만의 방법을 만들 수 있다. 그럼 내 생각을 어떻게 확고하게 하는가? 그냥 고집을 피우면 그건 그냥 고집이고 아집이다. 나름대로 경제 분석을 해 보고, 모든 지표를 수집해서 내 기준을 만들고 분석하는 법을 고안하는 것이 자신만의 생각을 확정하는 데 도움이 될 것이다. 결국은 끊임없이 내가 노력해서 학습해야 한다는 것이다.


## 두려움을 즐기라

모두가 두려운 것은 마찬가지이다. 내가 신중히 계속 생각을 해 온 것이고, 내 뜻이 섰다면 그 두려움을 즐기면 되는 것이다.

전쟁을 준비할 때는 천천히 해야 한다. 가능한 모든 변수를 생각하고 대응방안을 준비하고, 대응해야 한다. 하지만 막상 전쟁이 시작되면 어떻게 해야 하는가? 모든 총력을 동원해서 최대한 단기간에 승부를 내어야 한다. 이것이, 그렇게 빨리 단기간에 모든 것을 끝내는 것이 재테크에서도 가장 중요한 것이다.

무엇을 두려워하는가? 충분히 준비가 되었다면 사람들이 내세우는 그럴듯한 사실에 대해서 그리 공감할 필요도, 또 그에 따라 좌지우지될 필요도 없게 되는 것이다. 요즘 들어, 지금이 부동산 가격이 바닥인가, 아닌가. 그래서 아파트를 분양 받아야 하나요? 원룸을 지어 볼까 하는데 어떨까요? 하는 물음이 많다.  이는 무엇을 의미할까? 개인적으로 난 이것이 두려움의 반증이고, 이런 두려움이 퍼질 때가 투자의 적기라고 생각한다.

내 소신에 자신이 있고, 뜻이 세워지면 전술적인 부분은 크게 문제가 되지 않는다. 내가 모르는 것은 도움을 받으면 되고, 또 스스로 공부하면 되는 것이기 때문이다. 하지만 행동이 중요하다. 내가 가만히 있는데, 그냥 맘만 가지고 있는데, 그냥 수익과 소스를 가져다 주는 사람이 있을까? 스스로의 차이점을 만들어 내고, 또 모르는 길은 먼저 방향을 정한 다음에야, 전문가를 찾아가고 공부를 해야 하는 것 아니겠는가?

경매에 대해서 조금 더 얘기를 하자면, 경매는 부동산 가치를 시장기준에서 재평가하게 하는 긍정적인 수단이며, 또 훌륭한 재테크 수단인 것은 명백한 사실이나, 기술적인 주의가 상당히 필요하고 법적인 부분에 대한 충분한 고려가 선행되어야 하는 것이다. 이 글은 경매 초보를 위한 실무적인 내용을 담고 있지 않다. 그런 실무적인 내용은 서점에 가서 책 서너 권만 사 보면 유치권, 가등기, 소멸기준 등등 필요한 상식은 알게 되니 제외하고 마음가짐에 대해서만 생각해 보면,

## 1) 욕심은 만병의 근원이다.

한번 물건에 대해서 욕심이 동하면 앞뒤가 보이지 않는다. 그냥 전국 부동산이 다 내 것 같고, 저건 무조건 잡아야 한다는 생각이 든다. 저런 걸 안 잡으면 내가 병신이지 라는 생각이 드는 순간, 그 전투는 영광뿐인 상처로 얼룩진다는 것을 알아야 한다. 내 눈에 좋아 보이면 남에 눈에도 좋아 보인다. 그걸 굳이 잡겠다고 높은 금액을 써 내면 수익률이 없다. 시간은 아직 많고, 물건은 널렸다. 하루에 수백 건씩 올라오는 물건을 보라. 그냥 쓸 만큼 쓰고 아님 그냥 넘겨라

## 2) 남의 병은 나의 약이다

난 개인적으로 유치권, 선 순위 임차인이 걸린 복잡한 물건을 아주 좋아한다. 소문난 잔치에 먹을 게 없다. 남들이 쳐다보지 않는 물건, 관심이 없는 물건을 조용히 잡는 게 수익률에는 큰 도움이 된다. 그럼 그런 물건들을 어떻게 판별하는가? 복잡한 물건을 계속 분석해 보고 공부하고, 공부해야 눈이 생긴다.

## 3) 반 전문가를 믿어라

여기서 반 전문가라는 말은 업으로 하고 있지는 않으나 경매 경험이 많은 사람을 따르라는 얘기다. 꾼을 따라다녀 봐야 이용만 당하고 호구 인증만 할 뿐이다. 먹다 남은 찌꺼기를 던져 주니 말이다. 우선 내가 충분히 공

부를 하고, 다음에 믿을 만한 훈수꾼 하나 정도 끼면 팀 조합이 된 것이다.

### 4) 돈은 충분히

경매에서 돈을 못 버는 사람의 특징 중 하나는 돈이 적다는 것이다. 맨날 '실수요자'라는 명분을 내세우면서 1~2억 들고 왔다 갔다 하지 마라. 그런 돈으로 배부르게 먹을 만한 물건이 그때까지 남아 있을 확률은 없다. 최소 낙찰금액 5억 이상의 물건을 주의 깊게 살펴본 사람은 알 것이다. 1~2억짜리 아파트 하나에 20~30명 모일 때 6~7억짜리 상가 건물은 2~3명이 경쟁한다. 어떤 곳에 더 돈이 있겠는가?

누가 그걸 몰라서 그런 줄 알아? 돈이 없어서 그렇지 라고 얘기하는 사람이 있을 것이다. 맞다. 그러니 당신은 준비가 안 된 것이고 아직 판에 낄 준비가 안되었으니 더 공부하고 돈을 모으고 와도 늦지 않다는 얘기를 하는 것이다. 내 경험으로 비추어 볼 때, 낮은 금액의 건물을 사서 폭등으로 재미를 보던 시기는 지났으며, 돈을 뭉쳐서 규모화에 성공할 때 보다 큰 수익률을 기대할 수 있다고 생각한다.

### 5) 대출은 최대한(?)

부동산을 사면서 내 돈만 가지고 시작하면, 위로 올라가는 시간이 너무 늦다. 1금융권 기준에 맞추어 최대한 짜내서 맥스로 배팅하라. 그런 다음에 못 막으면? 2금융권으로 가서 1년만 대출한 다음, 대환대출로 갈아타면 된다.

단 이 룰은 그 목적 부동산이 수익형일 때(상가나 다가구 등등)에 전제하는 것이다. 깔고 앉아 있는 부동산을 낙찰받으면서 대출을 무리하게 끼는 것은 자살행위이다.

지금까지 보수적으로 대출을 하지 말라 하더니, 갑자기 무슨 말이냐는 하는 독자가 있을 줄로 아는데, 대출을 최대한 하라는 것은 현금흐름에서 플러스가 될 때의 애기이다. 그리고 2금융권을 백업으로 둔 상태에서, 무리하지 않는 범위 내에서의 대출은 항상 필요하다. 또한 건물의 규모가 커질수록 대출은 매각의 용이함에 큰 도움을 준다. 예를 들면, 10억짜리 건물을 현금 매수하려는 매수인보다, 7억 대출을 끼고 3억 차액을 보상하는 선에서 거래가 훨씬 쉬워진다는 것인데, 이런 현실을 고려하더라도 1순위 근저당권자에 1금융 은행을 넣어 두는 것이 좋다는 것이다.

### 6) 내 지역 주위를 보라

반 풍수가 사람 잡는다고 지도 한두 번 쳐다보고 분석하고 경매에 들어가는 우를 범하지 말고, 내가 사는 지역, 잘 아는 지역에서 물건을 찾아라. 특히나 자금이 적을 때는 더욱 그러하다. 어설프게 개발 호재니, 이런 것에 현혹되어서 모르는 곳에 가지 마라.

### 7) 입장 바꿔 생각해 보라

당신이 땅을 하나 가지고 있는데 가치가 8억인데, 3억을 못 갚아서 뺏기게 생겼다, 그럼 땡 빚이 아니라 일수라도 돌려서 막고 싶지 않겠는가? 경매가 그런 것이다. 경매 진행이 된다는 얘기는 감정가는 8억이라도 3억만큼의 가치가 없으니 주인이 던지는 것이 아니겠는가? 감정서만 믿고 순진한 생각하지 말고, 경매시장은 정글임을 명심하고 현장조사를 하고, 고민에 또 고민해 보라. 왜 주인이 버리는 건물인지, 왜 못 막는 것인지를 생각하고, 내가 받았을 때 활용처를 생각해야지 외관만, 지역만 보고 자신의 감정에 휘둘려 무작정 입찰에 나서는 우를 범하지 말자.

### 8) 화장은 시키면 된다.

건물이 오래되고 낡아서 못쓰겠다? 그럼 당신은 돈 벌 기회가 없다. 오래된 건물이, 그런 지역이 오래 되었기 때문에 상권이 성숙했을 수 있고, 오래 되었기 때문에 학군이 좋은 것이다. 건물이 오래되고 낡아서 그런 것이라면 소위 화장시키면 된다. 앞에 드라이 비트 떼어 내고 대리석 붙이고 페인트 칠하는 데 얼마 안 든다. 그럼 그 가치는 얼마가 되겠는가? 눈에 보이는 것만 보지 말고 위치를 보라

### 9) 혼자 해라

'내 돈만 해서는 적으니, 형제 가족, 지인들의 돈을 모아서 좀 판을 크게 키워 볼까?'하는 생각이 드는 것은 이해할 수 있으나, 죽더라도 혼자 죽어라. 당신이 1억이 있다면 1억짜리 눈을 가지고 있다. 판을 키워 5억짜리 들어가면 욕심도 5배라 5억 가진 사람이 거들떠보지 않는 물건에 혼자 배팅하고 단독 입찰에 어깨춤을 추지만 법정에서 보는 사람들 한탄을 듣게 될 것이다.

누구나 자신의 돈에 맞는 눈이 있다. 1억을 가진 사람에게는 당연히 5억짜리가 1억짜리보다 좋아 보인다. 그러니 너무 올려보지 말고 분수에 맞게 준비해라.

결론적으로 보면 경매는 하나의 재미있는 게임이다. 내가 가진 것에 대

출까지 엎어서 하는 도박성이 될 수도 있지만 말이다. 큰 기회를 제공하지만, 그만큼 큰 위험을 내포하고 있는 것 또한 사실이다. 그렇기에 더욱 더 신중히 접근해야 하고, 대충 간을 보고 나도 경매해 봐야겠다는 생각이 드는 사람이라면, 십중팔구 먹이가 될 가능성이 농후한 사람이니, 더욱더 공부해 보시고 들어가길 충고 드린다.

그리고 아울러 '누가 얼마 벌었고, 또 이런저런 정보 있다' 그런 글에 연락을 하고 나도! 나도! 그런 일은 하지 않길 바란다. 돈 되는 방법은 공개해도 찍어 주는 사람은 없다. 자신이 스스로 찾고 공부해 나가는 것이지, 쉽게 얻어지는 돈은 없기 마련이기 때문이다. 경매는 빨리 하고 싶고, 방법은 모르겠고, 그러니 컨설팅이나 찾아가 보자? 딱 한강 다리 올라가기 좋은 사람이다. 그러니, 스스로 구하고, 궁하면 더 적극적으로 찾고, 우직이 자신의 길을 가기 바란다. 기억하자

세상에 공짜는 없다.

# 11.
# 배수진은 아무 때나
# 치는 것이 아니다

일을 시작하고, 또 전개하다 보면 조급함이 계속 찾아온다. 나의 사업은, 내 일은 늘 그대로인 것 같은데, 세상은 점점 더 빨리 변하고 있는 것 같고, 오늘 뭔가를 하지 않으면 내일 당장 뭔 다른 일이 생길 것 같은 불안감이 엄습해 올 때가 있다. 사업이라는 것은 항상 제한된 자본을 가지고 하다 보니, 조금 더 있으면 훨씬 더 빨리 벌 수 있는 길이 보이는 것 같고, 남이 하는 사업은 항상 잘되고, 누구는 얼마를 벌었다는데, 난 그렇지 않다는 사실에 절망하고, 두려워하고, 조급해한다.

하지만, 당신의 일은, 사업은 오늘도 쳇바퀴를 돈 것이 아니다. 다만 진일보한 당신의 사업과 일을 온당히 당신이 못 보았을 뿐이다. 늘 제자리를 도는 것이 때로는 얼마나 다행인지, 사람들은 모를 때가 많다 어떻게 보면, 그렇게 의미가 없을 것 같은 하루하루가 모여서 일주일이 되고, 한 달이 되어, 시간이 지나감에 따라 전통이 생겨나고 역사가 되기 때문에 결과적으로 오늘 보낸 하루는 결코 무의미한 시간이 아니었다는 말이다.

딸아이 쿠키를 사 주다가 현지에서 우연히 봉지를 보니, 그 쿠키회사가 460년째 동일한 과자를 만들고 있다는 것을 알게 되었을 때 놀람보다는 쇼킹에 가까웠다. 460년 동안 안 망한 것도 대단하지만, 그렇게 못 큰 것도 대단하다는 농담을 주위에 하곤 했는데, 자본주의 역사 60~70년 만에 이렇게 성장한 한국을 비교해 볼 때 그렇다고 할 수 있을 것이다. 하지만, 다른 한편으로는 이렇게 생각해 볼 수 있다. 그 쿠키회사가 재무적으로나 인적구성으로나, 회사역량적인 측면에서 정말 작은 회사일까? 400년이 축적된 회사 잉여금이 얼마나 되겠는가? 모르긴 몰라도 결코 망하지 않겠다는 생각은 할 수 있을 것이다.

이 글에서 말하고자 하는 것은 바로 이 쿠키회사의 스타일처럼, 답답하지만 안전하게 가는 법에 대한 것이다. 나도 한국사람이지만, 한국사람들은 참 성격이 급하다. 그래서 오늘은 어제와 달라야 하고, 또 내일은 더 벌고, 더 성장해야 한다는 강박관념에 가까운 믿음과 생각이 있기 때문에 자연스레 찾아오는 불황이나 슬럼프는 절대 인정할 수 없는, 있어서는 안되는 것들로 취급하는 경향이 있다. 하지만, 바꾸어 생각해 보면, 당신이 이 일을 할 수 있었던 이유는 누군가 그 일을 내려놓았기 때문이고, 그 사업의 쇠함이 있었기 때문이다. 누구도 원하지는 않지만, 흥하는 사업은 언젠가 쇠하게 되어 있고, 종국에는 그것이 멸하게 되는 사이클의 자연스러움 속에서 당신만의 일이 생겨났고, 또 그것으로 인해 사회가 조금 변하게 되었던 것이다.

또 다른 생각을 해보자. 한 사업가가 20년 동안 200억 정도의 자산을 가졌다고 가정한다면, 그 사람은 20년 동안 200억, 그러니까 1년에 따박따박 10억이라는 돈을 벌었던 것일까? 아니다. 그 사람도 처음 시작은 정말 작은 수익을 얻었을 것이다. 회사가 안정기에 접어들고 본격적인 성장이 지속되면서 많은 수익을 얻는 것이지, 처음부터 모든 수익을 얻지는 못

했을 것이다.

사업이라는 것은 처음 창업기에는 보이지 않는 수많은 수업료를 내어야 하기 때문이고, 시장 또한 내가 원하는 대로 흐르지 않기 때문에, 큰 수익을 낼 수는 없지만, 안정기에 접어들면서 비용은 계속 내려가고 매출은 늘기 때문에 수익이 극대화되는 방향으로 흐른다. 일반적으로 사업에 큰 문제가 발생하는 것은 불황이 오면서부터라고 할 수 있다. 불황이 오면 사람들은 지레 겁을 먹게 되고, 내가 하는 사업이 곤두박질치기 전에 다른 일을 해야 한다는 조급증, 그리고, 절망감을 동시에 느끼게 된다. 하지만, 앞서 말한 것과 같이 불황이란 어떤 것인가? 지나가는 것이다. 어려움을 겪게 되는 사람들을 보면 공통적으로 나타나는 현상이 있는데, 조급증을 못 이기고 불황기에 새로운 사업에 투자를 하게 되는 것이다. 불황이 와서 여러 가지 변수들에 의해 사업에 영향이 생기면, 그 사업 아이템 자체에 문제가 많은 것으로 착각을 하고, 다른 외부 사업을 통해 그 손실을 만회하려는 경향이 커진다. 옆의 다른 사람이 하는 사업은 다 잘되는 것 같아서 그냥 열기만 하면 일이 쏟아질 것 같고, 대단한 자신감도 커져서 내가 감당할 수 있는 크기보다 더 큰 투자를 진행하기도 한다.

십 년 전쯤 우연하게 알게 된 벤처기업 사장님과 카카오톡이라는 신기술의 등장으로 다시 연락이 되었는데, 신사업으로 '고깃집'을 준비하신다는 말을 듣고 아니다라는 말이 목구멍까지 올라왔지만, 오래간만에 연락하신 분에게 예의가 아닌 것 같아 잘 준비하시고, 건승하시라는 덕담으로 대화를 끝낸 경험이 있다. 물에 빠지면 지푸라기라도 잡고 싶은 심정이라고 한다. 절박함에 몰리면, 나는 아니겠지, 그래 아닐 거야, 나는 잘 될 거란 환상에 빠져 누가 봐도 아닌 길을 선택하게 된다.

교세라 창업자인 이나모리 가즈오 회장이 했던 말과 같이 가장자리에서 싸우기 때문이다. 사람들은 대개 절박함, 혹은 코너에 몰리면 큰 기술을 써서 한번에 만회하려는 특성을 가지게 된다. 도박을 지면 질수록 더 크게 배팅하고 주식이 내려가면 더 물타기를 하려는 성향을 얘기하는 것이다. 하지만, 실제 세계에서는 이런 큰 기술, 혹은 마지막 배팅이 성공하는 경우는 없다. 확률적으로 희박하고, 무모한 도전임에도 불구하고 절박하기 때문에 미화되는 것이다.

그럼, 이런 일을 겪지 않으려면 어떻게 해야 하겠는가? 결론은 간단하다. 보수적으로 살면 된다.

여기서 질문.

당신은 당신의 지출 1년만큼을 은행통장에 보관하고 있는가?

당신의 집은 현재 당신의 전체 자산 중 10% 미만으로 유지되고 있는가?

당신의 차는 현재 당신의 전체 자산 중 1% 미만으로 유지되고 있는가?

내가 가정생활을 하면서 지켜 가고 있는 사항들이다. 너무 낮게 잡았다고 얘기할 수 있는 사람도 있겠지만, 불확실한 세상을 살아가는 우리들에게는 보수적인 성향이 필요하지 않을까? 내가 하고 있는 모든 일이 갑작스런 변화로 인해 모두 망할 경우, 최소한 내 생각에 1년정도면 어떤 일이든지 준비하고 시작할 수 있고, 최악의 경우에는 다른 자리를 찾아서 들어가지 않을까 하는 생각을 했고, 내가 깔고 앉아있는 집에 10%이상의 자산을 투입한다는 것은 너무 낭비라는 생각을 했다. 또한 기동성에 기여하는 자동차를 더 돈을 주고 산다는 것이 필요한가 라는 생각을 했는데, 다른 한편으로는 다른 이들처럼 포르쉐를 타고 싶으면 차량가격의 100배만큼 자산을 만들면 된다는 도전의식도 제공하는 덤도 있다.

본론으로 돌아가서, 일을 하거나 프로젝트를 준비할 때 우리는 흔히 배수진을 친다라는 표현을 쓰곤 하는데 이는 굉장히 위험한 발상이다. 배수진은 아무 때나 치는 것이 아니다. 세상의 흐름과 승리의 기운이 나에게 있다라는 확신과 세를 얻었을 때, 따라서 절대 질 수 없다는 확신이 들었을 때 치는 것이 배수진이지 무모하게 처음 일을 벌이면서, 시장도 모르면서, 이거 안 되면 나 죽는다는 식으로 덤비는 것은 진정한 의미의 배수진이 아니다. 그건 그냥 무모한 거다. 그런 무모함이 있다면, 시간을 더욱 더 가지고, 안정된 상태를 만든 다음에 경쟁자와의 전쟁을 피하고 시간을 번 다음에 되는 일부터, 작지만 수익을 낼 수 있는 작은 프로젝트부터 시작해서 안정을 찾은 다음에 조금씩 더 큰 일을 도모하면서 옆으로 돌아 치는 것이 현명하다.

대세 하락장에서 나만 주식을 산다고 해서 주가가 반전되겠는가? 별세계 회사와 맞짱을 뜨겠다며 제품을 들고 나오는 벤처나 몽구스 자동차 회사와 대적하겠다며 나온 전기차 회사가 성공하였는가?

세상은 이렇게 냉정한 거다. 내가 아무리 소리를 쳐도, 결국은 실력으로, 시장 지배력은 만들어지고, 철저히 승자의 논리를 따른다.

애국심에 호소했지만, 결국은 사라진 815콜라를 보라. 삼각모양 MP3는 다 어디 갔는가? 내가 확신을 가지는 제품도, 최고라고 자부하는 상품도 결국은 세를 만나지 못하면 뜻을 이루지 못하기에, 보이지 않는 곳, 나만이 아는 곳에서 조용히 때를 기다리면서 힘을 기르는 것이 우선이다. 이것이 보수적으로 사는 것이고, 내가 생각하는 현명하게 살아가는 법이다.

자고로 배수진은 함부로 치는 것이 아니다. 나중에 떠밀려 어쩔 수 없이 강물에 뛰어들고 나서야 후회하지 말고, 항상 돌아 나올 수 있는 퇴로를 열어 놓고 일을 벌이고 또, 시작하며, 마무리를 해야 한다.

내가 산 아파트는 오른다는 확신으로 모든 돈을 집어넣지 말고, 내가 산 땅에 집만 지으면 무조건 공실률 제로의 노다지 임대 사업자가 될 수 있을 것이라는 확신을 하지 말고, 왜 아직까지 그곳이 개발되지 않았는가, 왜 값이 비싸지 않는가를 한 번 더 생각하고, 그래도 되겠다는 확신이 들면 내가 가용할 수 있는 돈의 60% 안에서 끝낼 수 있을 때만 프로젝트를 구축하라.

돈이 안 된다면? 아직 준비가 안 된 것이다. 기회는 나중에도 얼마든지 있으니 딱 눈 감고 돌아서서 돈을 더 모아라. 기회는 언제고 또 온다. 당신이 그 땅을, 그 아파트를 지금 사지 않아도 나중에 더 좋은 것은 얼마든지 널렸다. 내가 산 주식은 무조건 오를 것이라는 환상을 버리고, 회사의 경영수익을 면밀히 검토해 보고, 시장상황도 나름 유추해 보고, 필요하다면 주식담당자에게 전화도 해 보고, 그래도 확신이 서면 50~60%만 주식을 사고 나머지는 남겨 두어라. 이후 10프로 넘겨 빠지면, 그래도 될 것 같으면 물타기를 할 수 있을 것이고, 오른다면 더 말할 나위 없이 좋은 것 아닌가……

세상일은 다 내 맘 같지 않기 때문에 항상 여유를 남겨 놓고 생각해야 큰 실패 없이 나아갈 수 있는 법이다. 항상 보수적으로 계산하고 답답하겠지만 담담히, 하지만 꾸준히 앞으로 나아간다면, 성공이란 타이틀은 누구에게나 허락될 것이다.

# 12.
# 계속해서 실패하라
# – 이는 성공에 이르는 길이다

지금 글을 쓰며 보내는 한국에서의 한 주는 격동의 연속이다. 회계자료는 나오지 않고, 수익성 검증은 왜 이리 늦은 것인지, 새로운 지시는 수행되지 않고, 경리 담당자는 매일 돈이 없다고 울상인, 내 기준에 따르면, 아기법인 징크스가 시작되고 있다.

남이 보기엔 멀쩡하고 성공의 길을 가고 있는 것 같은 회사도 내부에는 많은 어려움과 난관들이 항상 존재한다. 내가 이런 사항들을 보면서도 여유 있을 수 있는 이유는, 이미 수십 차례 경험한 것이고, 또 다음에 어떤 사안이 대두될지 예상할 수 있기 때문이며, 이는 결국 자금의 문제일 가능성이 90프로 이상이므로(나머지 10프로는 인사), 자금 출자를 준비하면 되기 때문일 것이다.

성공에 이르는 수준이 있다면, 그 수준에 이르는 길목에서 만나는 변수는 실로 엄청난 수이고 이는 말로 할 수 없는, 결국은 본인이 직접 경험할 수밖에 없는 것들이다. 아기가 일어서고, 걷기 위해서 쓰러질 때마다 마음속으로는 안타깝지만 결국 부모가 할 수 있는 일은 기다려 주는 일밖에 없는 것과 같이 투자의 세계에서 어느 정도, 기반이 잡히고, 시야가 확보

되려면, 결국 본인이 경험을 할 수밖에 없다.


## 모든 것을 경험하라

규모가 최대한 작게 모든 것을 경험해 보는 것이 다양한 시각을 가지고 투자할 수 있는 최선의 방법이라고 생각한다. 주식만 하고, 부동산 투자만 하고, 한 가지 특정 분야에, 그리고 내가 가장 좋아하는 것에 집중하는 것은 좋지만, 지나치게 편중해서 한 가지에만 특정하게 된다면 큰 시야를 가지기는 힘들 것이다. 또한 보통 투자 목적성을 가진, 투자물들은 서로 다른 성질과 영역을 가지고 있기 때문에 하나가 내리면 다른 하나는 상대적으로 오르는(경제 위기 같은 변수만 없다면) 성질을 가지고 있어 포트폴리오를 확보하는 차원에서라도 투자를 여러 가지로 경험해 보는 것이 중요할 것이다.

특히나, 경험이 많지 않은 투자가일수록 더욱 그러한데, 내가 가진 모든 역량을 총동원해서 한번에, 처음 프로젝트 하나로 성공의 길로 이를 것이란 생각을 하게 된다면, 그만큼 어리석고, 번복이 힘든 결정이 없을 것이다. 내가 아직 시장을 잘 모르고, 방법을 정확하게 이해하지 못했으니 이길 수 있는 게임을 할 수 없으며, 따라서, 사기꾼들이 가장 원하고 좋아하는 부류도, 군인과 공무원, 교사와 같이 제한된 조직에서 오랜 시간 머물러서 다양한 경험을 하지 못하고 제한된 시야를 가진 사람들이다.

내가 상대적으로 작게, 그래서 혹시나 실패해도 내 인생에 타격을 입지 않을 만큼, 아니 빠져나갈 수 있는 퇴로를 확보한 상태에서 시작을 한다면, 실패를 해도 한 번 더 생각할 여유가 있다. 조금만 더 가면 되니, 남은 돈을 더 넣어서라도 끌고 갈 것인가, 아니면 퇴로를 통해서 빠져나갈 것인가 말이다. 하지만, 모든 것을 동원해서 한번에 강력한 투자를 한 경우라면, 남들이 다 아니라고 할 때에도, 나는 맞다 라는 고집을 피우면서 끌고가는 우를 범할 수밖에 없는데, 손실을 피하고 싶은 마음에서 기인한 것이며, 내가 틀렸음을 인정하게 되는 순간 내 인생의 모든 것이 날아가는 것을 알기 때문에 확률이 낮은 잘못된 선택을 계속 끌고 가는 사람이 의외로 많다.

제한된 손실을 확정하고 인정할 수 있으려면, 나 자신이 우선, 모든 것을 걸지 않는 도박판 같은 투자를 하지 말아야 하며, 최대한 작게, 작은 규모로 시작해서 시장을 살피고, 나의 실력을 쌓을 시간을 벌고, 동시에 시작과 끝까지 한 사이클의 모든 변수를 경험해 봄으로써 실패 확률을 줄일 수 있게 된다.


## 사후검증

착공식을 크게 화려하게 하면서 언론플레이를 하더라도 기공식은 크게 하지 않는 것이 한국문화이다. 한국사회에서는 어디에 길이 나고, 공사를 시작하는 것이 중요하지, 그 마무리가 중요하게 대두되지 않기 때문이다. 백 리를 가는 사람에게는 8할을 가야 반을 갔다 라고 하는 중국문화와 비교해보면 '시작이 반'인 한국 문화이다. 따라서 가장 대박인 제품은 미국인이 기획하고, 한국인이 제작하며, 일본인이 검수한 제품이라는 우스갯소리가 나오는 것이다.

투자에서 성공을 하건, 실패를 하건, 사후검증은 대단히 중요하다. 사람은 신이 아니기 때문에 당연히 실수를 하고 문제를 일으킨다. 하지만, 더 중요한 것은 내가 만든 이 문제들을 동일한 변수에 의하여 또다시 반복을 하게 된다면, 쌓이는 것이 없고, 배움이 없다는 것을 의미하므로 심각하게 받아들여야 하는 것이다.

사후검증은 어떻게 할 수 있겠는가?

보통 사람들은 자기 합리화를 하기 마련이기 때문에, 개인적으로 나는 숫자 이외의 그 어떤 변명을 듣지 않는 편이다. 조직원들에게, 동업자에게, 충분한 기회와 방법을 제공하는 것, 물론 중요하다. 하지만, 진정한 투자가라는 타이틀을 얻기 위해서는 그런 개인적 사유, 인맥 같은 모든 감정적 요소는 배제를 하고, 오직 결과와 과정을 숫자화하여 분석할 수 있는 능력이 필요하다. 생긴 것은 왕 서방이요, 덩치는 논을 매다 온 것같이 생긴 나에게 사람들이 불려 와서 가장 심하게 당할 때가 수치가 틀릴 때와 숫자가 맞지 않을 때이다. 프로젝트를 성공했건, 실패했건, 더욱 중요한 것은 교훈이다. 내가 이번 투자에 성공을 했다면, 어떤 점이 주효했는지, 왜 잘된 것인지를 분석하고, 실패를 했다면, 뭘 잘못했는지, 꼼꼼히 기록하고 문서화해서 다음에는 같은 잘못된 오류는 피하고, 잘된 과정은 다시 따라하는, 방식이 절대적으로 필요하다.


## 사람은 믿되 말은 믿지 말고, 숫자는 신뢰하되 맹신하지 말라

모든 경영상, 프로젝트의 숫자는 대단히 중요하다. 경영과 비행기를 비교해 본다면 날아가는 비행기(기업활동)에서 조종사(경영자/투자가)에게 전달되는 수치는 레이더와 계기판, 나침반같이 절대적으로 필요한 정보를 기반으로 작성된 정확한 정보여야 한다. 이 정보를 신뢰할 수 없는 상황이 발생한다면, 조종사는 자신의 위치와 모든 계기상의 수치를 믿을 수 없어 혼란에 빠질 것이고, 결국 선택하는 항로와 방법은 실패할 가능성이 높아지게 되는데, 프로젝트 또한 그러하다는 것이다. 물론 숫자만을 의지하는 것도 바람직한 방법은 아니다. 그 안에 사람이 있기 때문이다. 내가 젊은 날 했던 많은 실수가 오로지 숫자만을 믿고 사람의 힘을 무시했기 때문인데, 숫자는 신뢰를 해야 하지만, 그것만으로 모든 것을 좌지우지해서는 안 된다. 또한 사람들은 항상 희망을 얘기하고, 목표치만을 얘기하지만, 월급쟁이는 어쩔 수 없이 떨어지는 실적에 대해서는 변명을 하고, 최악의 경우에는 그냥 어깨 한번 들썩이고, 사표를 내면 모든 것이 끝난다. 기억하자. 프로젝트가 실패하면, 월급쟁이는 그냥 나가면 끝이지만, 투자가는 모든 책임을 져야 한다. 결국, 숫자와 사람을 중요시하면서 자신만의 룰을 만들어 가는 연습을 해야 한다.

잘된 운영을 위해서는 사람과 감정이라는 주관적 요소와 숫자로 대변되는 객관적 자료를 잘 배합해서 밸런스를 맞추는 것이 필요하다. 너무 한쪽으로 치우치면 어떤 일이든 좋지 않다. 중도사상과 같이 항상 갈대처럼 바람이 불면 누워 피하고, 적절하게 환경에 따라 변하는 지혜가 필요하다.

사람의 속은 당연히 알 수 없기 때문에, 많은 실패가 사람 사이에서 일어난다. 희망과 목표만을 설정해 놓고 조금 어려움이 오면, 도망가는 비겁한 사람부터, 겉과 속이 달라서 이중행동을 보이는 사람이 있는 반면에, 처음과 끝이 한결같아 도움이 되는 사람도 있는데, 이는 어쩔 수 없이 경험하고, 부딪치고, 많은 비용을 지불하면서 얻는 수밖에 없다. 결국은 그렇게 경험을 하면서 내 사람을, 내 조직을 만들어야 하는 것이다.

나는 개인적으로 사람고용을 쉽게 결정하는 편이다. 그래서 한두 번 보고 맘에 들면 우선은 같이 일하는 편인데, 안 될 사람이 오래 있으면서 많은 손해를 내기도 한다. 내 경험상 우수한 내 사람 1명을 얻으려면 7명 정도의 비용을 치러야 하는 것으로 생각한다. 어차피 우수한 인재 1명이 일으키는 이익은 7명의 손해를 만회하기 때문에, 위에서 얘기한 것과 같이 작게 시작해서 버틸 수만 있고, 최소한의 여유를 가지고 있다면 시간이 가면서 이 또한 옥석이 가려지고, 안정이 되므로 안정적인 수익을 창출하는 기반이 된다. 사람을 구하는 것도 수차례의 실패를 통해 제 갈 길을 스스로 찾아가는 것이다.

결국, 성공에 이르는 길은 많은 실패를 할 수밖에 없는 구조임을 알 수 있는데, 실패를 하면 할수록 더 단단해지고, 지혜로워지기 때문에 많은 실패를 해 볼 필요가 있다. 하지만, 너무 크게 실패를 한다면, 그래서 다시 일어설 수 없다면, 더 이상의 일을 할 수 없기 때문에 계속적으로 나의 상황을 체크하면서 나의 재정상태, 지금 상태를 확인하고, 보수적으로 여분을 남겨 놓는 노력이 필요하다. 또한, 내가 모든 것을 할 수 없기에 처음에는 비용으로 인해 그럴 수 없겠지만, 계속적으로 살아남으면서 나의 조직, 나의 사람을 만드는 것이 중요하다. 버티고 버티면서 시간을 보내면 안정이 되기 때문이다. 처음에는 100매출에 100비용이라 아무런 수익이 나지 않는 것처럼 보이던 일도, 시간이 지나면 100이라는 비용이 90 혹은 80으로 줄어들면서 그만큼 이익이 되는 것이 보통, 시장의 룰이기 때문이다. 지금 수익이 나지 않고, 비용이 높고, 사람은 믿을 수 없고…… 너무나 많은 문제에 직면해 있을 것이다. 이런 때는 단 하나, 지금 내가 돈을 벌고 있는가, 없는가만 생각하고, 이익이 남지 않는다면 바로 중단하고 빠져나갈 것만을 생각하고, 이익이 조금이라도 나고 있다면 버텨라. 그럼 시간이 지나면 자연스레 안정이 되면서 또 다른 길이 열릴 것이다.

계속하여 감당할 수 있을 만큼의 실패를 경험하라. 그것이 성공에 이르는 길이다. 영국의 스티브 잡스라는 별명을 가진 다이슨 사의 다이슨 아저씨가 즐겨 쓰는 말이라는데, 개인적으로 직접 만나보지 못해, 진짜인지는 모르겠으나, 멋있는 말이라 타이틀로 썼다. 실패를 한 만큼 성공이 보인다고 할 것이다. 따라서 실패하는 것을 두려워할 필요는 없으며, 잘 실패하는 방법을 찾는 것이 중요하다.

# CHAPTER 2.

# 투자란 무엇인가?

# 01.
# 투자란
# 무엇인가?

    당신에게 투자란 어떤 의미인가? 투자란 과연 무엇인가? 자본주의를 살아가는 우리들에게 가장 가깝게 들리면서도 어렵게 느껴지는 단어 중 하나가 '투자'라는 단어일 것이다. 투자란 쉽게 내가 낚시를 함에 있어 낚싯대를 던지는 것과 같다. 아직 결과를 알 수 없고, 뭔가 준비되는 과정이라고 할 수 있는데, 인내심을 요한다는 것은 낚시와 같은 것이라 할 수 있을 것이고, 투자는 결국, 나의 자본과 무형의 자산 등등 내가 가진 것을 하나의 목적물에 던져서 가치를 높이기 위해 행하는 모든 일을 의미한다고 할 수 있다. 하지만, 요즘 사람들이 말하는 투자라 함은, 주식 투자와 부동산 투자, 펀드 투자와 같은 것을 의미한다.

    투자의 진정한 의미를 확인하기 위해서는 투여되는 대상, 즉 자본에 대해서 알아야 할 것이다. 투자론에서의 자본은 단순히 돈을 의미하지 않는다. 돈 중에서도 내가 가진 돈, 그 중에서도 내가 가용할 수 있는 돈이라는 의미로 해석할 수 있다. 즉, 투자 자본의 특성은 두 가지로 해석할 수 있는데, 내가 가용할 수 있어야 하는 점과 시기적으로 내가 쓸 수 있는 돈이어야 한다는 뜻이다. 가용할 수 있다는 의미는 대출이 되었건, 지인에게 빌린 돈이 되었건, 내가 원하는 방향으로 사용할 수 있어야 한다는 의미로, 상당한 자유성을 의미한다고 할 수 있고, 시기적으로 내가 쓰기 위해서는 나의 재정 상황이 되었든 계약이 되었든, 일정 시기 동안 내가, 내가 원하는 방향으로 투여할 수 있는 상황이 되어야 한다는 것이다.

즉, 투자 자본이라 함은 내가 원하는 방향으로, 원하는 시기까지 사용할 수 있는 자금을 의미한다. 투자라는 것은 그래서 이 자금을 가장 효율적으로 분배하여 내가 원하는 목적으로 던진다는 것을 의미할 것이다. 그것이 어떤 분야, 어떤 종목이 되었건 간에 말이다.

투자를 한다는 것은 올림픽 종목 중 투창 종목에 비유할 수 있을 것이다. 투창은 선수가 모든 힘을 다해서 뛰어온 다음에 선을 넘지 않는 범위 내에서 자신의 모든 힘을 다해 창을 앞으로 던지는 것으로 요약할 수 있을 것이다. 투자 또한 마찬가지이다. 창을 던지기까지 플레이어는 방향을 정할 수도, 어떤 높이로 던질 것인지도 마음대로 정할 수 있을 뿐만 아니라, 언제 시작할 것인가를 자유롭게 결정할 수 있지만, 우선 시작이 되고 나면, 최대한 빨리 뛰어와서 선 앞에서 전력으로 창을 던지는 것과 같이 투자를 하게 되는 것이다. 선수가 전력질주를 하는 것을 종자돈을 모으고, 준비를 하는 것으로 비유할 수 있는데, 선수를 자세히 보면, 무작정 달리지는 않고, 고개를 들고 자세를 준비한 다음 시작을 하는 것을 볼 수 있다. 이와 같이 투자 또한 무작정 돈만 모아서 하는 것이 아니라, 방향을 보고, 준비를 하면서 앞으로 천천히 나오다가 어느 시점이 되면 속도를 더 빠르게 해서 가다가 선을 넘지 않은 범위 내에서 힘껏 프로젝트를 시작하는 것이다.

투창 선수의 창이 날아가는 것을 보라. 누군가는 30미터를 날아가고,

누군가는 50미터를 날아갈 것이다. 왜 차이가 나는가? 그것은 도움닫기와 근력, 자세, 방향, 바람의 세기 등등 모든 변수를 합쳐서 나오는 결과라고 할 수 있을 것이다. 투자 또한 그러하다. 내가 원하는 방향으로 준비를 하고 힘껏 던지지만, 그 결과는 나와 봐야 알 수 있고, 생각보다 잘 나올 수도 또 실격할 수도 있는 것이 이 게임이다.

투자는 이와 같다. 투자의 세계에는 여러 가지 종목이 있고, 또 여러 가지 방법이 있다. 사람들은 내가 경험하고, 자신이 있는 분야에 대해서만 얘기하는 것을 좋아하고, 또 자신이 아는 것이 모든 것이라 착각한다. 하지만, 자본주의를 살아가는 우리에게 이 세상은 한 사람의 시각으로 바라보기엔 너무나 큰 세상이기 때문에 다양한 사람들이 다양한 방법으로 돈을 벌고 성공을 하며, 개개인의 시각으로 그것을 모두 경험하고 이해하기는 힘들다. 다만, 내가 관심이 있고, 자신이 있는 분야에 대해서 파고들고, 자본주의에 종속되지 않겠다는 마음가짐으로 나만의 틀을 만들고자 노력한다면 그 수고에 의해 결과는 얼마든지 바뀔 수 있게 되는 것이다.

투자라는 것은 당연히 수익을 그 목적으로 한다. 돈을 투자하는 사람이 아무것도 얻지 않기 위해 투자를 하는 경우는 없다. 당연히 금전적 이득을 목적으로 투자를 하게 되고, 또 프로젝트를 실행한다. 그래서 투자자는 필수적으로 수익률과 이 투자가 나에게 줄 금전적 이득 혹은 향후 내 인생에서 바뀔 만한 영향을 사전에 필수적으로 검증하고 계산을 해야 한다.

## 어떤 투자가 바람직한 투자인가?

결론은 당연히 금전적 이득을 안정적으로 많이 올리게 해 주는, 성공한 투자를 하는 것이 모든 투자가가 바라는 시나리오일 것이다. 그런 성공을 위해서는 성공요소가 필요할 것인데, 기술이 될 수도 있고, 자본이 될 수도 있고, 인맥이 될 수도 있을 것이다. 대부분의 성공을 한 투자들은 높은 진입장벽을 가지고 있다고 생각할 수 있다. 어차피 필연적으로 경쟁을 수반하는 것이 투자인데, 다른 경쟁자가 그 시장에 진입을 하지 못하게 하는 요소를 진입장벽이라 부른다. 예를 들면, 내가 아무리 돈이 있어도, 기술력이 없다면, 애플의 제품과 같이 혁신적인 IT제품을 생산할 수 없을 것이므로 하이테크 분야에서는 기술력과 인력이 진입장벽이 되고, 중화학 공업을 시작하려면 큰 투자금이 필요해 아무나 시작할 수 없기 때문에, 중화학공업의 진입장벽은 거대 자본이 된다. 작은 음식점이라고 하지만, 너무 맛이 있어서 장사가 잘되는 집은 그 분야에서 가장 높은 맛이라는 진입장벽을 철저히 쌓음으로써 다른 경쟁자들의 진입을 막고 있는 것으로 볼 수 있다. 이렇게 진입장벽이 높아지면 높아질수록 오랫동안 나의 사업은 안정성을 유지할 수 있고, 큰 이익을 낼 수 있는 기반이 된다고 할 수 있을 것이다. 따라서 어떤 투자를 하더라도, 내가 투자를 하고자 하는 것, 방법이나 목적이 얼마나 다른 요소, 즉 진입장벽을 유지하는가를 체크하는 것은 대단히 중요한 일이라고 할 수 있다. 보통 약간의 기술력만 요하는 사업이나, 식당, 카페와 같이 큰 자본력 없이 쉽게 시작하는 사업들은 대게 그 진입장벽이 낮은 편이라서 장사가 조금만 잘되어도 바로 옆에 모방을 한 식당이 쉽게 생기고, 박리다매로 경쟁이 옮겨 붙으면서 공멸하는 경우를 많이 봤을 것이다. 이런 상황이라면, 너무 진입장벽이 낮기 때문에 어떤 요소를 도입함으로써 그 장벽을 더 높일 것인가를 고민해야 할 것이다.

그런데, 재미있는 것은 이런 진입장벽이 별 것 아닌 데서 상대적으로 높이 쌓여지는 경우도 많다는 것이다. 즉, 식당과 카페와 같이 많이 시작했다, 많이 실패하는 그런 업종에서 오래 살아남는 경우를 보면, 큰 요소가 아닌데- 가령 인사를 잘 한다든지, 교류를 잘 한다든지, 메뉴가 조금 참신하다는 정도?- 그 요소가 상대적으로 큰 힘을 발휘해서 손님을 끌고, 오랫동안 안정적인 수익을 안겨 주는 경우도 있다. 따라서 모든 프로젝트에 정확한 정답이 있는 것은 아니며, 내가 계속 방향을 수정하면서 항로를 체크하는 것이 가장 중요하다고 할 것이다.

투자에서 성공하려면, 내가 알고 있는 분야의 것을 선택하는 것이 대단히 중요하다고 할 수 있고, 내가 그 분야를 잘 모른다면, 작게 경험해 보는 것을 중시하고 작게 시작하는 것이 중요하다. 세상의 일이라는 것은 항상 내가 몰랐던 어떤 새로운 변수가 튀어나오고, 돌출됨으로써 또 전체적인 구도가 변화하게 되는데, 내가 너무 무리를 해서, 여유가 없는 상황으로 내 자금을 끌고 가면 약간의 변수에 의해서 큰 충격을 받을 수 있기 때문에 위험하다. 또한, 처음 시작하는 일이라면, 내가 원하고 생각했던 방향대로 절대 흐르지 않기 때문에, 내가 생각하는 스케줄과 계획보다 항상 보수적으로, 자금은 더 준비하고, 시간은 더 넉넉하게 하며, 일은 더 천천히 하는 것이 바람직하다.

일을 열심히 하는 것도 중요하지만, 방향을 잃지 않는 것은 더욱 중요한데, 한번 방향을 놓치고 나면 열심히 앞으로 나아간 것이 오히려 다시 돌아와야 하는 반대 방향이 되므로 처음부터 놓치지 않고, 조금 늦더라도 정확하게 짚고 넘어가는 투자의 자세가 큰 실수를 막아줄 것이다.


## 그럼 그냥 투자를 하지 않고 사는 삶은 어떨까?

투자를 전혀 하지 않고 사는 삶은 나의 주관을 포기하고 사회의 구조 안에서 자본주의의 노예로 살겠다는 것과 동일한 얘기라고 할 수 있다. 나는 공무원인데, 혹은 대기업에 다니는데 할 수 있겠지만, 결국 월급이라 는 것은 자본가가 노예에게 한 달에 한 번씩 주는 마약에 지나지 않는 것 이며, 그런 월급과 약간의 저축으로는 큰 틀에서 말하는 자본주의의 노예 제도의 순환을 끊고, 박차고 나올 수 있는 동력이 생기지 않을 것이므로 그 사람은 진정한 자유를 누릴 수 없게 될 것이다. 그래서 자본주의를 살 아가는 우리에게 투자라는 것은 내가 숨 쉬는 것과 같은 의미로 받아들여 야 할 것이다. 내가 주도적으로 인간다운 삶을 살기 위해서, 투자라는 것 은 필수적으로 이루어져야 하고, 그것이 용기가 나지 않아, 주저하는 사람 은 결코 앞으로 나아갈 수 없다. 그러므로 끊임없이 새로운 것에 대해서 탐험하고 앞으로 나감에 주저함이 없어야 하나, 또 동시에 보수적인 접근 으로 절대 실패하지 않는 방법과 모습으로 나의 자산의 모형을 구축하는 것이 중요하다.

실패하면 어떻게 할 것인가?

투자를 함에 있어 투자실패를 걱정하고 준비하는 것은 당연한 수순이 되겠으나, 실패를 경험하지 않고, 성공을 하겠다는 것은 밥을 먹지 않고, 배가 불렀으면 좋겠다고 하는 것과 동일한 표현이라고 할 수 있다. 처음부 터 성공하는 사람은 절대로 없다. 첫 프로젝트를 성공하는 사람이 있을 수는 있겠으나, 그 사람은 그러면 다음 번에는 실패하게 될 것이요, 1, 2번째를 다 성공한 사람은 세 번째에 실패를 경험하게 될 것이다.

성공했다는 사람의 특성자체가 실패에서 나의 잘못을 배우고, 그런 경험을 통해 사람이 성장을 하지 간접경험만으로 성공에 이르는 사람은 없다 할 것이다. 결국, 크건 작건 성공을 하기 위해서는 그만큼 또 실패를 해야 하는 것이 세상의 이치인 것이다. 그런데, 실패를 하더라도, 하는 방법과 구성에는 많은 차이가 있다고 할 수 있다.

실패에도 두 종류가 있어서 치명적인 실수와 일어날 수 있는 실패가 있다고 나는 생각한다. 치명적인 실수는 정말 내가 다시 복귀하기 힘든 상황을 만드는 실패로 보통의 한국 경영자들이 많이 맞이하는 성질의 것이다. 내가 다시 일어서지 못할 만큼 실패를 하는 것은 객관적으로 나의 상황을 살피지 못하고, 너무 주관적이고, 감정적으로 상황을 판단하고 하나의 프로젝트에 올인(ALL-IN)을 하는 상황이 발생할 때 나타나는 현상이다. 이런 치명적인 실수가 오기 전에는 최소 4~5번 이상의 전조가 나타나고, 본인 또한, 느낌이 있고, 아차 하는 생각이 들게 된다. 하지만 대개 사람들은 너무 안일한 생각만 가지고, 나는 되는 놈이니까, 혹은 그저 그냥 잘되겠지, 그래야만 돼 하는 생각으로 시간을 버리거나, 때를 놓치는 경우가 발생하므로 결국 치명상을 입게 되는 것이다.

권총의 손잡이에, 그리고 방아쇠에 손가락을 걸 수도 있고, 여러 가지 행동을 할 수 있다. 하지만, 그 한 번, 방아쇠를 당기는 그 요소 하나가 더해지면, 상황은 걷잡을 수 없이 심각해지고, 치명타를 입게 된다.

따라서, 실패를 하는 것은 너무나 자연스러운 일이고, 또 부정해서는 안 될 일이다. 내가 오늘 실패를 했다면, 내일은 성공할 일만 남는 것이므로 실패를 담담히 받아들이면 된다는 것이다. 하지만, 내가 담담히 이 실패를 받아들일 수 있으려면, 내일 내가 다시 일어설 기회가 있어야 하고, 이 실패에서 경험한 것을 거울삼아 다시 시작할 수 있는 여건이 있어야 하는데, 모든 것을 걸고, 주사위를 던져서 답을 받은 사람에게는 더 이상의 무엇이 남아 있을 수가 없기에, 다시 일어설 수 없게 된다. 이런 실패를 기획해서는 절대 안 된다. 그럼 어떤 실패를 해야 할 것인가?

당연히 처음 일을 시작하면서 실패를 하기 위해 일을 시작하는 사람은 없을 것이다. 하지만, 실패하는 프로젝트가 될지라도 내가 다시 일어서기 위해서는 얼마나 버퍼를 가지고 일을 준비하는가에 대해서 생각을 해 보면 가능한 실패라는 전제에 대해서 답안을 찾을 수 있을 것이다.

투자를 처음 시작하면서, 나의 모든 현금흐름을 없애고, 가용할 수 있는 모든 자금을 동원해서, 이전에 해 보지 않았던 일을 시작하는 것은 전자에 말한 치명상을 입는 실패를 부르기 딱 좋은 상황이라 할 수 있다.

내가 경험을 해 보지 않았으니, 약간의 현금만으로, 부족한 부분은 나의 노력으로 채우고, 혹시 모를 실패를 대비해서 나의 본업은 그대로 가져가면서 투자를 하는 것은 실패를 하더라도, 다시 일어설 수 있는 실패를 맞이할 수 있는 환경이 되는 것이다.

기억하라.

내가 투자를 한다는 것은 초반에는 경비절감과 경험을 위해서 어쩔 수 없겠지만, 향후, 결과론적으로 봤을 때는 나의 노동력 투입이 없는 상태가 되는 것이 투자의 순수목적이라고 할 수 있다. 따라서 처음부터 내가 나의 모든 시간과 노력을 투입하지 않고, 나는 내 본분과 본업을 지키면서, 나의 자금으로 나의 투자를 경험해 보면, 자연스레 나의 시간과 노동 없이 돌아가는 시스템을 만들기 위해 노력할 것이므로 장기적으로는 완벽한 시스템을 만들 수 있게 되는 것이다.

투자는 돈이 돈을 데리고 오게 하는 것이다.

투자의 가장 큰 요소 중 하나는 바로 앞서 말한 것과 같이 자본이 자본을 이끌어 오게 만드는 것이다. 쉽게 설명하자면, 자본주의의 꽃이라고 하는 주식회사 주식과 같이, 내가 가진 자본을 투입해서, 이 자본이 어떤 식으로 돌아, 그 결과로 나에게 더 큰 수익을 가져오게 하는 것을 투자라고 하는 것인데, 속된 말로 '돈이 돈을 벌게 하는 것'이라 할 수 있다. 이런 목적을 위해서 사람들은 주식을 사고, 부동산을 구매하고, 가치 변화를 통해서 수익을 얻으려고 하는 것이다.

여기서 우리가 생각해 봐야 할 것 중 하나가 돈의 습성이다. 돈은 한번 구르기 시작하면 돈이 붙는 속도가 점점 빨라지고, 한번 그 탄력이 죽으면 바로 서 버린다. 시끄러운 곳을 싫어하고 자신을 반겨 주는 사람에게 더 잘하는 성향이 있고, 한번 모신 주인은 계속 주인으로 모시고, 한번 머슴으로 여긴 사람은 어지간해서는 주인으로 모시려고 하지 않는 성향이 있다. 따라서, 투자라는 것은 이 돈의 습성을 이해하고, 자본주의의 승리자로서, 주인으로서 나의 삶을 포지셔닝(POSITIONING)하려는 그 모든 행위를 다 포함한다고 할 수 있을 것이다.

# 02.
# 최저 자본으로 시작한다
## – 종자돈에 대해서

흔히들 돈이 없어서 사업을 못 한다는 말을 한다. 반은 맞고 반은 틀린 말이라고 나는 생각한다. 사업/재테크를 영위하는데 돈, 소위 말해서 밑천, 자본금, 종자돈이라는 것은 가장 중요한 요소 중에 하나임이 분명하지만, 절대적인 위치를 차지하는 것이 아니기 때문이다.

그럼 종자돈의 성격을 어떻게 정의할 것인가?

자본금이라는 것은 보통 하나의 사업을 시작하기 위한 최소한의 도구, 자본을 의미할 것이다. 이는 다분히 상대적인 개념으로 모든 이에게 동일하게 적용될 수 없다. 같은 일을 하더라도 A와 B가 동일한 자본이 있어야 사업을 시작할 수 있는 것은 아니기 때문이다. A라는 사람이 자본가 출신이기 때문에 흔한 말로 '돈지랄'을 하면서 수십억 원을 들여 시작하는 사업일지라도 동일하게, 하지만 작게 B라는 전문가는 자신의 능력을 이용해서 시작할 수도 있기 때문이다.

하지만, 당연히 자본금은 보통 진입장벽 역할을 하기도 한다. 엄청난 자본이 필요한 장치산업, 대표적으로 정유화학 사업이나 철강 산업 등등은 1~2억을 들고 날고 기는 사람이 와도 할 수 없다. 또한 아무리 좋은 물건이라고 해도 법정 입찰금을 준비할 수 없는 사람에게 큰 빌딩은 그림의 떡이다. 그래서 나는 사업을 처음 시작하려는 사람들에게 자본금의 정의를 보통 다음과 같이 조언한다.

"6개월 놀고 먹고, 수입이 없다고 가정했을 때 날려도 죽지 않을 만큼의 자금+사업이 잘될 때 흑자부도 나지 않을 만큼의 자금이 합쳐진 것이 최소 자본금이다. 이 정도의 자금이 충분히 준비되지 않았다면 아직 시기가 아니니 시작할 생각도 하지 마라." 사업을 처음 하는 사람이라면 으레 엄청난 압박감을 가지고 사업을 시작하게 된다. 친지들, 지인들, 가족 돈을 빌렸거나 혹은 내가 그동안 모은 돈, 혹은 결혼자금 등등, 이유 없는 돈은 이 세상에 없기 때문에 그 피 같은 돈으로 시작하는 마당에 배수진을 치는 마음으로 현장에 나가지만, 실패에 대한 두려움, 막막함은 어쩔 수 없는 것이기 때문이다.

사람들은 항상 시작할 때 최소한의 필요 금액을 최대로 짜내서 시작하는데, 이건 대단히 잘못된 방법이다. 사업이라는 것이, 재테크라는 것이 오늘 내가 문을 열면 고객이 기다렸다는 듯이 쏟아지고, 내가 사면 기다렸다는 듯이 가격이 천정부지로 뛰는 것은 모든 권력을 쥔, 적어도 드라마에서는 신과 같은 작가님의 상상력이 도와주는 드라마에서나 있는 얘기이기 때문이다. 자신이 인지하던 하지 않던, 혹은 애써 부정하는 수많은 경쟁업체와 가게, 그리고 호시탐탐 걸려들기만을 기다리고 있는 선발주자의 파괴력, 그리고 그들의 사다리차기 등이 일상화된 자본주의에서 자신이 동원할 수 있는 모든 자본을 짜내어서, 그것도 사업을 하기 위해 최소한의 금액밖에 안 되는 금액을 들고, 일을 시작한다는 것은 무모하지 않는가?

사업이 기반을 잡고 어느 정도 돌아가려면 무조건 시간이 필요하다. 나 또한 급하기로는 두 번째라면 서러운 사람이라, 한번 필이 꽂혀서 해야 되겠다는 사업이 생기면 앞뒤 안 가리고 뛰어들어서 많은 실패를 한 경험이 있다. 그런데 재미있는 것은 지금까지 밥벌이라도 하고 유지가 되는 사업들은 처음부터 잘된 아이템이 아니었다는 것이다. 분명히 된다는 신념으로 밀어붙여 시작한 사업은 지지부진한데, 처음에는 큰 자금 없이 밥벌이나 할까 싶지만 로컬사무실에서 진행하겠다고 해서 그러라고 한 사업은 생각보다 빨리 자리를 잡는 경험을 했었다.

이는 어떻게 보면, 의욕과 투자, 시간과의 경쟁우위를 얘기하는 것일 수도 있다고 생각을 한다. 큰돈이 투자되고 나의 모든 돈이 집중되면 여유가 없어지기 때문에 오늘 당장, 내일 결과를 도출하고 싶어 하게 되는데, 이는 사업을 하는 사람이 가장 경계 헤야 할 조급함을 불러올 수밖에 없다. 그래서 나는 지금도 최소 1년이라고 생각은 하지만, 시작하는 사람들에게 최소 6개월간은 아무런 벌이가 없어도 될 만큼의 운영비용이 필요하다고 조언을 한다.

그럼 두 번째, 운영자금에 대한 부분은 어떤 것을 의미하는가?

사업이 부도가 나는 것이 꼭 장사가 안될 때만은 아니다. 오히려 사업이 잘되어서 부도가 나는 경우가 더 많다.

왜일까?

기업이 보통 창업을 해서 자리를 잡기 시작하면 경영자의 맘은 바빠진다. 머릿속에는 이미 삼성, 현대가 있는데, 내 조직은 아직 5~6명을 벗어나지 않고 항상 뭔가 빠진 듯한 느낌이고 맘처럼 매출이 확확 오르지 않는다. 내가 데리고 있는 직원은 맨날 월급 도둑인 것 같고, 세상은 내가 원하는 대로 확확 돌아가지 않는다. 이런 인고의 시간을 잘 버티고 나면 조금씩 향상이 되면서 이젠 여기저기서 일이 들어온다. 세상이 내 것 같다. 세상에 돈 버는 일이 이렇게 쉬운가 하는 생각이 들 정도의 매출이 확확 올라오다 보면 세상의 돈이 다 내 돈 같다.

이때 관리를 잘 못하면 한방에 가는 것이다.

예를 들어 10만 원 매출을 위해서 8만 원에 구매해서 10만 원에 팔았다면 내 수익은 얼마인가?

간단하다. 2만 원이다. 그럼 다음 번 더 큰 매출을 위해서 내가 준비할 수 있는 자금은 얼마인가? 원래 돌던 금액 8만 원에 이익이 2만 원이니 10만 원이 될 것이라고 생각하면 오산이다. 산업마다 회계가 다르고 정산방식이 다르기 때문에 반드시 '그렇다'라고 말할 수 없지만 그 2만 원에서 직원들 월급도 줘야 하고 사무실 운영비를 내고 하면 순익은 2만 원보다 작다. 하지만, 거래처에서 더 큰 매출을 일으킬 수 있는 오더가 들어오면 욕심이 커진다. 내가 할 수 있는 사업규모, 매출규모보다 오버를 하게 되고 잘되어서 그렇게 되면 아무 문제가 없겠으나, 세상 일이 그렇게 쉬운가? 중간에 급전이 없고, 라인이 서고, 유통망이 무너지는 악순환이 시작되는 것이다. 생각보다 사업이 커질 때는 필요한 자금이 엄청나게 커지고, 블랙홀처럼 자금이 빨려 들어가게 된다.

보통 기업의 운영비는 매출의 2~3배의 축적이 필요하다고 생각한다. 원자재&서비스를 사서 제공하고 인보이스 끊어서 기다렸다 페이를 받는 기업의 경우 매출이 10만 원일 때 운영자금은 최소 25만 원에서 30만 원이 있어야 한다. 자신의 돈이든, 은행 대출이든 어떤 식으로든 말이다. 그런데 처음 창업을 할 때 그 정도의 자금을 들고 시작하는 경우는 없다. 그럼 어떻게 해야 하나?

욕심을 줄여야 한다. 아무리 좋은 사업거리라도, 매출이 크게 나와도 내가 할 수 없는 규모의 사업이라면 과감히 포기해야 한다는 것이 내 생각이다.

물론 어렵다. 돈이 보이는데 상인이 그 가능성을 포기한다는 것은 대단히 힘든 결정임에 분명하다. 하지만, 더 중요한 것은 보수적인 접근이다. 될 것 같아 사업을 차리는 것도 쉽게 할 수 있는 것은 아니지만, 안 되는 것을 과감하게 접고 자신의 잘못을 시인할 수 있는 것도 훌륭한 경영자의 모습이기 때문이다.

자본금얘기로 돌아가서 그럼 자본금의 준비는 어떻게 해야 하는지를 생각해 보자. 흔히 하는 얘기로 이런 경험이 있을 것이다. 강남을 지나면서 "야…… 한 100억 있으면 저 건물 같은 거 하나 사면 평생 먹고 살 걱정이 없을 텐데" 혹은 "한 100억 있으면 이런 사업해서 되는 건데 돈이 없어서……" 하는 말 말이다.

이는 틀린 말이다.

100억 있는 사람이 탈탈 털어서 그런 건물을 살 일이 없을뿐더러, 당신이 정말 100억이 있다면 그런 사업을 하지 않는다. 그건 그냥 시간 보내기용 망상일 뿐이다. "기가 막힌 사업 아이템이 있는데 돈이 없어서……" 아직까지 아이디어로 사업이 된다고 보는가? 그건 그냥 하늘 위 구름 잡기이다. 물론 꿈은 위대하지만, 실천 없는 뜬구름잡기 망상은 일 년에 한 번 정도로 족한 것 아닌가. 세상 사업 중에 아이디어는 성공에 10프로 미만의 영향을 준다고 생각한다. 당신이 한 생각이라면 다른 누구는 왜 못 했을까? 그 사람은 왜 그 사업을 하지 않을까?

사업계획은 구체적이어야 하고 자본금은 충분히 준비되어야 한다. 원론적인 얘기다. 그럼 자본금이 없으면 어떻게 해야 하나. 모아라. 모이지 않았다면 당신이 지금 생각하는 최고의 타이밍이 지금이라도, '아니다'라고 포기하고 월급쟁이가 되건, 알바를 하건 돈을 모아라. 당신은 돈이 없어서 사업을 못 하는 것이 아니다. 신용이 없기 때문이다. 은행은 돈을 못 빌려줘서 안달이고, 투자가들은 사업거리를 찾아 오늘도 헤매고 있다. 당신에게 사람들이 관심을 가지지 않는 것은 투자금을 100프로 돌려받을 수 있다는 확신을 당신이 못 주기 때문이고 그 사업에 적격인 전문가라는 것을 어필하지 못하기 때문이다. 아무런 구체적인 계산 없이 막연하게 사업을 하겠다는 의지만으로 일을 벌이지 말라. 그냥 조용히 돈이나 더 모으면서 세상을 객관적으로 바라볼 수 있게 노력해라.

나의 첫 번째 사업은 유통이었다. 괜찮았다. 젊었고, 세상 사람들은 못 보는 벤치마켓을 내가 보는, 그런 나는 대단한 놈인 줄 알았다. 한국에서 제품을 떼다 동남아의 가게에 내려놓자마자 사람들이 신기해하는 모습을 보고 뿌듯했다. "그래 니네 같은 촌놈들이 이런 IT강국에서 온 제품을 알 리가 있나. 신기하지? 사라……"

처음 한 달은 좋았다. 뭐 그럭저럭 운영비는 빼고 내 월급 정도는 챙겼는데, 그 다음부터 곤두박질치기 시작했다. 재고를 쌓고 여유 제품을 쌓아야 하는데 자금이 없는 것이다. 계약은 받았고, 제품은 없고, 그러니 어떻게??? 항공으로 받을 수밖에. 나름 신용이 생명이라는 신념으로 눈물을 머금고 한국에서 항공으로 날라서 막을 수밖에 없었다.

그런데, 문제는 더욱 더 커지기 시작했다.

낙후된 금융시스템, 체크를 하는데 90일짜리 어음을 주지 않나 이걸 가지고 깡을 하러 갔더니 은행에서 요구하는 수수료가 10프로가 넘었다. 돈이 없으니 한국기업에서도 이젠 항공으로 나가니 더 불안해져서 제품을 못 주겠다고 하니, 수금을 해야 하는데 수금하러 다녀봐야 하루에 2~3곳. 돈이 없어서 월급을 못 주게 되자 이젠 현지 직원들까지 들고 일어나니 뭐 대책이 없었다.

물류를 생각해서 컨테이너 1~2개 정도를 운영할 수 있는 자금, 그리고 운영비가 있었다면 그렇게 허망하게 무너질 사업이 아니었다고 지금까지도 생각하고 있다. 현지 은행시스템, 문화를 모른 상태에서 금전적 여유에 대한 깊은 고민 없이 지른 사업의 결말은 그렇게 허무하게 끝났다.

보수적으로 계산해서 더욱더 치밀하게 자금 운영을 계산해야 하고 자본금을 생각해야 한다. 충분한 만큼의 자본금이 없다면 아직은 때가 아닌 것이다. 이번 기회를 놓치고 나도 다음에 더욱 좋은 경험이 생겨난다. 걱정 말고 기다려라. 우리가 사는 곳은 항상 매일매일 더 살기 좋은 곳으로 변하고 있고, 돈 벌 거리는 무지하게 생겨나고 있다. 곧, 바로 지금, 이것을 하지 않으면 평생 후회할 것 같아도 그냥 때가 아니라면 잊는 것이다. 시간이 지나면 곧 그 건은 쓸데없는 기우였고, 잡으면 끊어졌을 썩은 동아줄이라는 것을 알게 될 것이다.

신용도 없고, 사람도 없고, 내 주위에는 뭐 딱히 얘기할 만한 놈들이 없다. 다 그렇다. 모든 사람이 다 그렇다. 그러니 어쩔 수 없이 내 팔자야 하고 내가 직접 돈을 모아야 한다면? 축복이라 생각하자. 준비 없이 시작해서 망하는 연습 안 해서 좋고, 신불자 안 되어서 좋고, 게다가 다음에 돈이 모이면 시작할 수 있는 여유가 있어서 좋으니 말이다.

인생은 우리가 생각하는 것보다 길다.

KFC할아버지는 그 나이에 치킨 튀겨 보겠다고 솥을 매고 다녔다지 않는가? 포드 아저씨는 뭐 젊어서부터 자동차 왕국을 만들었나? 열심히 인내하고 하나씩 모아 가는 것도 성공으로 가는 과정의 큰 부분 일 것이다. 목표가 생겼다면 내가 하고 싶은 투자, 사업, 재테크에 얼마가 있어야 되겠다는 확신이 서면, 그날부터 무조건 모으는 것이다. 동원할 수 있는 모든 능력을 동원해서 가용할 수 있는 충분한 자금이 모일 때까지는 옆을 보지 말고 그냥 나아가야 한다.

# 03.
# 종자돈은 어떻게 마련할 것인가?
# – 할 수 있는 투자/준비하는 투자

종자돈이란 무엇인가?

경험해보지 않는 것, 막연한 것에 대한 상상은 쉽다. 그러므로 나도 돈이 있으면 뭘 하고 싶다, 뭘 할 수 있겠다는, 계획보다는 망상에 가까운 생각들을 우리는 항상 하면서 살아간다. 투자를 하기 위해서는 당연히 돈이 필요하다. 투자라는 것이 결국 나를 대신하여 자본이라는 매개체가 투입되어 가치를 창출하게 되는 것인데, 들어갈 그 무언가는 항상 자본이 될 수 없겠지만, 투자에서는 자본이 가장 큰 도구가 된다.

그럼 이런 종자돈을 어떻게 모을 것인가가 투자자가 되기 위한 가장 첫 질문이 될 것이다. 물론, 운 좋게 부자 부모를 만나거나 로또 당첨과 같은 일확천금을 벌 수 있는 확률 등등은 없다고 말하기 힘들겠지만, 보통 사람들의 삶에 나타나기 힘든 현상일 것이다. 그럼 결국 답은 하나밖에 없다.

내가, 본인이 만들어야 하는 것이다. 어떤 기준과 방법으로 종자돈을 모을 것인가 하는 질문에는 정답이 없다. 사람마다 다르고 필요한 자본의 양이 틀리기 때문에 하나의 룰을 가지고 제단을 하기가 힘들다는 얘기다.

하지만, 굳이 나이를 기준으로 정의를 해 달라는 독자가 있다면, 한국 상황을 맞추어 본다면, 나의 경험에 의해 30살에 1억이라는 기준을 제시하겠다. 이 기준은 내가 항상 마음속에 최소한의 기준으로 제시했던 나의 원칙 중 하나이다.

우선 1억이라는 돈은 큰돈이지만 현실적으로 직장인들 눈에 보이는 금액이다. 내가 처음 병역특례로 벤처기업에 입사했을 때(21세) 월급 수령액은 2001년 기준 150만 원 수준이었는데, 이 월급을 잘 모아서 작은 투자 사이클을 경험한다면 30살이면 10년이 남았으니 1억을 만들 수 있겠다는 확신이 들었었다. 또한 왜 기준을 만들었냐면 30살에 1억을 모은 사람이 40살에 10억을 모을 확률이 그렇지 않은 사람보다 7배나 높다는 기사를 어디선가 본 기억이 있기 때문이다(16년이 지난 지금, 세상의 원리를 조금 더 알게 된 상황에서 기억해 보면, 그 기사는 아주 당연한 내용을 담고 있는 듯하다. 30살에 1억을 모은 젊은이가 40살에 10억을 모으지 못할 확률은 10억을 모을 확률보다 낮은 것이다!!). 돈은 복리로 계속 불어나고 어린 나이에 그런 돈을 모을 정도의 재주와 능력, 기회를 잡는 능력이 있다면, 40살이 되었을 때, 이 수준에 이르지 못할 이유가 없다는 것이다.

나는 대학도 졸업하지 않은 채로 군대를 대신해서 사회생활을 시작했으니 조금 특이한 케이스라고 하고, 보통 한국의 남자가 군대를 갔다 와서 대학을 졸업하고 직장생활을 시작하는 나이가 26~27세 전·후반이라고 생각해 본다면 정말 만만치 않은 기준임은 확실하다. 그럼에도 불구하고 이 기준을 내가 제시하는 이유는 그만큼 절박하게 자금을 준비하고 모아야 한다는 것을 강조하기 위함이다.

"남들이 쌀밥을 먹을 때 너도 아무 생각 없이 따라 쌀밥을 먹는다면 거지생활을 못 면한다. 내가 없을 때는 남들이 뭐라고 하든, 손톱 여물을 썰어서 먹는다는 생각으로 아끼고 아껴야 돈이 모이고, 모인 돈이 얼마 정도는 있어야 호떡 장사라도 할 수 있을 것이 아니냐?"

나의 어머니께서 항상 하시던 말씀이다. 돈이라는 것은 이렇게 절박하게, 때로는 극단적으로라도 나의 비용을 줄임으로써 만들어진다는 것을 의미한다. 그리고 왜 30세가 중요한가를 생각해 본다면 아직 한국문화에 남아있는 사회비용이 적은 나이이기 때문이다. 사회비용이란 그 사회의 일원으로 최소한의 사회적 계급을 유지, 보존하기 위해 드는 비용을 의미한다고 생각해 볼 수 있다.

쉽게 생각해 보자.

당신이 A대기업의 부장으로 일하고 있다면 나이는 40살 중반 전후에 연봉은 세전 1억 내외를 받을 가능성이 있다. 연봉 1억이라는 돈은 한국 사회 기준에서 결코 작은 돈이 아니지만, 당신의 형편은 크게 나아지지 않음을 스스로 느끼게 될 것이다. 왜냐? 한국사회에서 대기업 구조의 기업 관리자급의 직장인이라면, 서울시내, 수도권 지역에 30평형 아파트 정도에 거주하면서 최소 2000cc 이상의 중급 승용차를 탈 것이고, 아이들은 최소 학원을 3~4개 보내야 하고, 기 죽이지 않으려면 일 년에 한 번 정도는 해외로 가족여행을 가야 하는데다가, 밑의 직원들을 회식이라도 있는 날에는 그나마 모아 두었던 비상금을 깨서라도 회식은 그럴싸하게 시켜 줘야 그래도 우리 부장님이라는 말을 들을 수 있게 되기 때문이다. 이 상황에서 나는 재테크가 중요하므로 극단적으로 나의 비용을 줄여야겠다는 생각으로 월세로 옮기고, 경차를 타고 다니고 아이들 학원을 중단시킨다면, 비난과 힐책을 면하기 어려울 것이다. 혼자 일하는 전문직이야 그나마 낫다고 하겠지만, 이런 조직생활을 하는 사람이 이런 형태의 생활태도를 보인다면 그건 아마 사회생활을 하지 않겠다는 의도로 오해하는 사람이 있을 수도 있을 것이다.

한국사회에는 아직 그 나이에는, 그 지위에는, 그 상황에는 이러이러해야 한다는 문화가 남아 있고, 이것은 완전히 무시하기 어려운 것이 사실이다. 하지만, 아직 젊고 사회 초년생인 30대 초반의 나이에 있는 사람에게는 이런 excuse가 통한다. 조금 허름한 옷을 입어도 젊음이라는 좋은 화장이 있기 때문에 괜찮고, 조금 찌질해 보여도 괜찮다. 젊고 조금의 실수는 충분히 허락되는 나이이기 때문이다. 그렇기 때문에 이런 사회비용이 낮은 나이에 빨리 돈을 모으는 것이 중요하다. 더군다나 결혼을 하고 아이가 생기면 지출은 더욱 더 커지게 되고 이때까지 안정적 자금을 운영할 수 있는 기반이 모이지 않는다면, 남들보다 상황이 나빠지게 된다. '신혼 3년의 생활이 남은 30년간의 결혼생활을 결정한다'라는 재테크 격언이 있는데, 나는 이를 조금 더 확장해서 '30대 초·중반이 남은 인생 전부를 결정한다'라고 수정하고 싶다.

또한 복리의 효과에 대해서 생각을 해 보아야 한다. 30대의 1억과 60대의 1억은 같은 의미일 수 없을 것이다. 점점 나의 소득이 늘어나는 30대의 경우에 모은 1억은 아직 충분히 남은 사회생활 시간과 함께 복리의 마법을 만들어 갈 수 있지만, 60대의 경우에는 그렇지 못할 것이며, 60대의 1억은 보다 공격적인 투자로 이어질 수 없기 때문에 확장성이 떨어진다. 1억을 기준으로 연 15프로씩 30년을 계산해 보라. 최소 5.5억 이상의 자금이 된다. 게다가 내가 더하는 가치까지 포함한다면 이 사람은 부자로 살 확률이 남들보다 높아진다.

그럼 어떻게 1억이라는 돈을 모을 수 있을까요? 라는 질문을 하는 독자가 있을 줄로 안다. 1억이라는 돈을 모으기 위해서 우선 모인 1천만 원으로 예금을 해야 하는지, 펀드를 들어야 하는지, 주식을 투자해야 하는지, 땅을 사야 하는 것인지를 모르겠다는 것인데 우선 내가 생각하는 원칙을 한번 같이 생각해 보자.

## 투자는 내가 하는 것이다

투자는 누가 대신 해줄 수 있는 성질의 것이 아니다. 그런 의미에서 투자상품인 펀드와 같은 금융상품은 잊어버리는 것이 현명하다. 보통 펀드의 수익률은 그저 그런 수준을 유지하는데, 당연하다고 생각한다. 펀드매니저의 목적이 무엇이겠는가? 당신의 돈을 불려 주기 위해서? 아니다. 당신의 돈은 그냥 미끼일 뿐이다. 그들은 자신의 명성을 높이고, 몸값을 높이고, 그래서 보다 안정적이고 높은 월급을 받고 싶어 하는 평범한 직장인일 뿐이다. 따라서 관심사는 어떻게 해야 펀드 수익률을 높여서 윗사람들에게, 투자자들에게 잘 보일까 하는 생각을 물론 하겠지만, 나의 고용회사인 증권회사에게, 수탁회사에게 어떻게 잘 보일까도 중요하다. 그래서 미친 듯이 사고판다. 펀드 설정금액을 100으로 볼 때 심한 경우에는 한 달에 수십 번 내 돈으로 샀다 팔았다 하는 것인데, 이건 심한 말로 개나 소가 해도, 그 정도의 수익률은 나온다.

또한 생각해 보라. 펀드매니저라고 함은, 대학에서 경제학을 전공하거나 상대를 나온 사람일 뿐, 어떻게 수많은 업종의 업체들의 속살까지 샅샅이 알겠는가? 그들이 의존하는 정보는 뭐 그리 대단하겠는가? 당신이 시간을 내어서 하나하나 살펴본 그 업체의 내용이 펀드매니저들의 내용보다 더 정확하다는 말이다. 왜 나의 소중한 돈을 다른 사람에게 내어주고, 잘 되면 수수료를 나누어 주고, 잘못되면 내가 혼자 손해 보는 이상한 게임에 가입을 하려고 하는가?

그럼 당신은 펀드를 하지 않는가? 하지 않는다. 나의 주요 투자자산에서 펀드는 아예 고려대상이 아니며, 원한다면 직접 주식투자를 하는데, 결국 투자라는 것은 내가 집행하고, 이익이 나도, 손해가 나도 내가 책임지는 것이기 때문에 모두가 그렇게 해야 한다는 생각을 한다.

참 세상에는 이해되지 않는 것들이 많은데 이해관계집단의 로비에 의해 그럴듯한 명분을 내세워 장난들을 치는 것들이 많다. 이런 금융기관을 나는 극도로 혐오하는데, 그 중 최고가 보험회사와 증권회사들이다. 한국에서 서구 시스템을 따라 퇴직금 제도를 없애고 퇴직연금으로 전환한다는데, 퇴직금을 확보한다는 그럴듯한 명분으로 포장은 되어있지만, 안의 내용은 간단하다. 퇴직연금을 그래서 회사 밖으로 끄집어내서 운용하는 주체는 누구인가? 각종 보험, 증권, 금융기관들이다. 그런데 누가 그들에게 그 막대한 자금을 운영할 수 있게 허락하였는가? 그들은 그만큼 준비가 되어있는가? 그럼 수익률은 어떠한가? 바닥이다. 이런 시스템을 서구의, 나은 시스템이라고 포장해서 국민을 우롱하는 것들은 강력하게 처벌해야 한다고 생각한다. 사적 연금이니, DB, DC형이니 하는 포장껍데기를 만들어서 결국, 국민의 주머니 속의 돈을 증권/채권 시장으로 끄집어내려는 금융기관의 시도가 가소롭게 느껴진다. 이런 금융 마피아들에게 당하지 않는 원칙은 단 하나, '나의 투자는 내가 한다'라는 원칙을 지키는 것이다.

## 돈을 묻지는 마라

아직 당신의 자금은 완성된 자금이 아니라, 준비되고 있는 자금이다. 따라서 현금화가 잘 되는 방향에서 조금 보수적으로 운영이 되어야 한다는 의미이다. '모인 돈을 땅 같은 곳에 묻어라'라는 재테크 책 속의 내용은 잊어버려라. 어차피 얼마 안 되는 지금 단계의 돈을 가지고, 묻어 봐야 이상한 데 묻을 수밖에 없고, 그럼 얼마 되지 않는 돈이 쌓여야 할 때 쌓이지 못해 뭉쳐지지가 않게 된다. 돈을 묻는 것은 좋은 방법이나 지금은 아니라는 의미이다.

이런 단계, 즉 종자돈을 준비하는 단계의 초기 투자자들은 어떻게든 내가 빨리 현금화할 수 있는 방법의 투자만을 해야 하는 것이 바람직하다. 돈은 뭉쳐질수록 강력한 힘을 발휘하기 때문에, 내가 더 가치를 더해 돈을 만들 때 같이 넣을 수 있도록 준비가 되어야 한다는 의미이다. 따라서 부동산 투자 중에 가장 현금성이 떨어지는 토지 투자는 자동적으로 배제된다. 그리고 연금보험이니 하는 쓰레기 같은 금융상품에 대한 가입도 하지 말 것을 권한다. 앞서 얘기한 것과 같이 보험회사의 기본 마인드는 '관리비 떼고'이기 때문에 내가 필요할 때 돈을 찾아 쓸 수가 없고, 내가 넣은 돈을 내가 더 높은 이자로 대출을 하는 완전 웃긴 코미디 같은 상황이 연출될 수 있으며, 중간에 해약을 하면 큰 손해가 나기 때문에 발목이 잡힌다. 기억하라. 보험은 철저히 있는 자, 부자들만이 관심을 가질 수 있는 상품들이라는 것을. 따라서 각종 연금, 보험 상품 가입 또한 이 원칙에 의해 배제함이 바람직하다.

## 모르는 것을 쫓으려 하지 마라

지금 당신은 사회생활에서 조금씩 안정을 찾아 가고 있고, 지금 상황에서 당신은 조금 더 자신의 일에 집중을 하고 경력을 쌓으면서 본격적인 사회 구성원이 되려고 노력하는 젊은이일 수 있고, 중년의 가장일 수도 있겠지만, 초기 상태의 재테크에서, 종자돈이 아직 마련되지 않은 상황에서 내가 하는 일이 아닌 다른 일에 큰 신경과 부담을 느낄 수 있는 투자를 행하는 것은 바람직하지 않다. 나의 일에서 기반이 잡히지 않았는데, 다른 일을 또 할 수 없다는 의미이다. 내가 지금 절박감을 느끼다 보면 확률이 낮고, 남들이 볼 때 영 아닌 프로젝트에 관심이 갈 가능성이 높아진다. 내가 우선 힘들기 때문에 아닌 것에 나는 맞다 하고 싶은 마음이 눈을 흐리기 때문이다. 이런 상태에서, 얼마 되지 않는 나의 자금을 털어서 신경도 많이 써야 하고 관리도 많이 해야 하는 프로젝트나 투자를 진행한다는 것은 자살행위라고 개인적으로 생각한다.

이 단계에서 당신이 크게 실패를 한다면, 그 실패는 돈에 국한되는 것이 아니다. 한참 피치를 높여서 더 큰 종자돈을 모아야 할 시기에 적자를 보고 그 돈을 잃어버린다면, 돈뿐만이 아니라 시간까지 놓치게 되고, 다시 처음부터 시작해야 하기 때문에 이중으로 손해를 보게 되는 것이다. 따라서 이 원칙에 의해서 창업과 같이 리스크가 크고, 확정되지 않은 손실이 있는 투자는 자동적으로 배제될 것이다. 또한 모르는 회사, 처음 시작하는 회사에의 투자, 동업과 같은 투자 또한 배제가 될 것이다.

그럼 종자돈을 모으기 위해서 어떤 투자를 하는 것이 현명한 것인가?

## 정중동 총액관리 주식 투자 기법에 대해서

나는 지금까지 한 번도 주식에서 손해를 본 적이 없는데, 내가 신이라서 혹은 촉이 좋아서가 아니라, 남들과 다르게 계산하기 때문이다. 이름 붙여 '정중동 총액관리 주식투자기법'이라는 방법은 인디언의 기우제와 방법이 유사하다.

비가 올 때까지 춤을 추는 인디언과 같이 수익이 날 때까지 기다리는 방법이다. 거기에 조금의 기법이 더 첨가가 된다.

당신의 투자금이 100원이라면 우선 내가 생각하는 가장 좋은 주식 5개를 선택해서 구매를 한다. 보통 나는 20프로씩 균등 배분해서 구매를 한다. 그럼 다음 투자의 수익률을 정한다. 나는 보통 한 사이클에 7퍼센트의 이익을 보면 그 사이클을 종료한다.

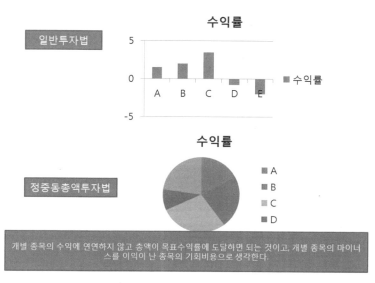

개별 종목의 수익에 연연하지 않고 총액이 목표수익률에 도달하면 되는 것이고, 개별 종목의 마이너스를 이익이 난 종목의 기회비용으로 생각한다.

표 1

한번에 큰 증가를 기다리는 것이 아니라 회전율 자체를 높이
는 것에 목적을 둠.

그림 1

보통 사람들은 5개의 주식 중에 2개가 오르고 3개가 내렸다면 오른 2
개는 팔고, 내린 3개는 오를 때 잡고 있는 우를 범하게 되는데, 앞에 오른
2개를 팔 때는 이익이 난 것 같지만, 내린 종목이 더 내리게 되면, 손해를
보게 되고, 확정되지 않은 손실 때문에 결국 손해가 나는, 앞에서는 남고,
뒤로는 밑지는 상황이 생기게 되는 것이다.

나는 5개의 종목을 보면서 오로지 총액만을 본다. 그림 1과 같이 개별
종목이 각각 얼마를 올랐는지는 상관하지 말고 내가 투자한 전체 총액의
금액이 107이 되는 순간, 모든 종목을 일괄적으로 하루 만에 모두 매도를
하는 방법을 쓰는 것이다. 이렇게 한 번 구매하고 파는 사이클이 끝나고
하면 1회차가 끝난 것으로 보는데 많을 때는 일 년에 30차 이상의 자금을
돌릴 때가 있다. 이는 즉, 주식투자를 함에 있어, 전체 자금을 나만의 펀
드로 생각을 하는 것인데, 다른 펀드와 달리 수수료도 낼 필요가 없고, 내
가 모든 것을 선택하고 집행할 수 있다는 장점이 생긴다.

하루 만에 모든 것을 일괄적으로 매도하는 것은 두 가지 의미가 있다.
투자 수익률을 확정한다는 것과 미래의 잠정적인, 그리고 확정되지 않은

위험성을 제거한다는 것이다. 쉽게 생각을 해 보면, 내가 신이 아닌 이상 선택한 종목이 이익이 날 수도 있고, 손해가 날 수도 있는데, 손해가 난 종목을 그냥 손해로 인식하는 것이 아니라, 이익이 난 종목의 재료가 되었다고 생각하고 모든 것의 이익을 일괄적이고 포괄적으로 삽입하여 수익률을 확정하는 것이 애매한 투자종목을 들고 있는 것보다 훨씬 효과적이라는 의미이다. 사람들은 보통 투자를 할 때 큰 수익을 한 번에 내려는 경향이 있는데, 나는 반대로 생각한다. 많은 사이클, 경험을 하면 할수록 보다 시야가 넓어지고, 경험이 쌓이면서 다양성에 대한 대비가 되기 때문에 어떤 투자이건 내가 선택하고, 집중한 것이 맞았는지 검증하고, 결론을 보는 연습을 많이 하면 할수록 더 많은 것을 볼 수 있다고 생각한다.

워렌 버핏의 장기투자를 찬성하는 사람에게는 나의 방법이 이상하게 보이고, 괴설처럼 보일 수 있을 것이다. 하지만, 한 종목에서의 큰 이익보다는 작은 수익성이지만, 회전율을 극대화시키는 나의 투자기법에 대해서는 내가 경험을 했고, 또 나름대로 검증을 했기 때문에 적어도 한국주식시장에서는 더 적합하다는 생각을 한다. 개인적으로 내가 생각하는 한국주식투자시장은 우선 오너의 극단적인 독단이 심하고, 회계가 정확하지 않기 때문에 워렌 버핏과 같은 현명한 투자가의 할아버지가 온다고 해도, 해당 대기업의 내일을 예측하기 어렵다고 생각한다. 내 손에 쥐어져 있는 경영지표와 투자보고서가 정확하지 않은데 그것을 기반으로 예측되고, 판단된 결론이 정확할 수 있겠는가?

투자에서 성공하는 방법에서 가장 중요한 것 중 하나는 자금의 회전율을 높이는 것에 그 해답이 있을 것이다. 아무리 한 번에 내는 수익이 크지 않아도 수십 회전이 되면 큰 이익이 복리효과에 의해 만들어지는데 이 원칙을 기반으로 만들어진 기법이다. 독자들도 테스트해 보기 바란다.


## 예금·적금은 잊어버려라

은행에 가서 조금이라도 더, 0.5%라도 더 높은 이자를 받기 위해서 저축은행을 찾아 다니는 바보 같은 짓은 하지 마라. 어차피 당신이 가진 1~2천만 원이라는 돈을 1년 동안 예금을 맡길 때, 그 이자율의 차이가 얼마나 많은 돈을 줄 수 있는가? 저축은행을 찾아가는 수고비와 교통비도 나오지 않을 짓을 하고 있는 것이다. 초 저금리 기조를 이어가는 지금의 한국 상황에서 예금, 적금에 기대어 부자가 될 수 있는 방법은 없다. 그냥 은행이 내 돈을 잘 지켜 주고, 내가 원할 때 주는 것으로 은행의 기능은 다 한 것이라 생각하라(나처럼 한 달에 1만 원이 넘는 금액을 유럽은행에 수수료를 내는 사람에 비하면 당신은 행운이다. 게다가 유럽 내 나의 자유출입금 통장의 이율은 1년에 0.0125%이다!!).

돈을 더 뭉치겠다는 생각으로 돈을 안전하게 은행에 보관하는 것, 물론 필요하다. 하지만, 돈은 돌고 돌아 돈인 것과 같이 항상 돌면서 가치를 더할 때 그 의미가 빛나는 것이고, 그렇게 하는 것이 우리 투자가들의 몫이다. 아직 준비가 되지 않았다는 생각이라면 힘들게 이곳 저곳 다니지 말고, 내 주거래 은행 통장에 언제라도 찾아서 쓸 수 있도록 준비해 놓고 이자 조금 더 준다는 식의 광고는 잊어버려라.

돈은 항상 그렇게 준비가 되어있어야 한다. 기회는 언제나 불쑥 찾아오므로……

## 아파트, 빌라, 주택 소액 투자

이런저런 방법의 투자에 대해 내가 항상 부정적인 시각을 얘기하면 듣던 사람들 중에 일부는 이렇게 반문한다.

"그럼 도대체 어떤 투자를 하라는 것입니까? 어떤 투자가 좋은 투자입니까?"

세상에 좋고 나쁜 투자는 없다. 단지 내 상황과 주위 환경에 잘 맞는 투자인가 그렇지 않은 투자인가, 성공한 투자인가 실패한 투자인가, 그리고 돈을 벌게 한 투자였는가 아니면 돈을 잃게 만든 투자였는가만 있을 뿐이다. 누군가에게는 실패한 투자가 상황에 따라서는 다른 사람에게는 성공하는 투자가 될 수 있는 이유는 사람마다 처한 현실과 상황에 따라 기대하는 수익률이 다르고, 시각이 다르기에, 성공도 실패도 결국 종이 한 장의 차이라고 할 수 있는 것이다.

어차피 투자의 세계에 들어서기로 한 당신에게 앞서 말한 바와 같이 많은 경험을 해 보는 것은 대단히 중요하다. 그런 의미에서 한국 부동산 시장에서 가장 쉽게 할 수 있는 경험은 아파트, 빌라, 주택에 대한 소액투자라고 할 수 있을 것이다. 1~2천만 원으로 무슨 투자를 할 수 있겠냐는 비아냥은 할 필요가 없다. 물론 있는 사람에게 돈 천만 원은 하루 저녁 술값일 수 있겠으나, 투자 가치에 쓰려는 의도를 가진 사람이라면 충분히 의미 있게 쓸 수 있는 돈이 된다. 물론, 1~2천만 원만으로 직접적으로 할 수 있는 프로젝트는 크게 없으므로 개개인의 신용도와 직업 등에 따라 운용할 수 있는 자금의 총량은 완전히 달라진다. 하지만, 경매시장을 봐도 인천 쪽이나 수도권 변두리의 작은 세대 아파트나 빌라라면 5천만 원 내외에서 낙찰받을 수 있고, 큰 수익이 나지는 않겠지만, 그냥 묵히는 것보다는 경험도 쌓고, 조금 더 큰 수익을 낼 수 있으니 일석이조가 될 수 있을 것이라는 생각을 한다.

그럼 '왜 주택인가'라고 생각해 볼 수 있는데, 주택은 상가와 달리 범용적이고 넓은 토지에 입지할 수 있으며, 수요층이 두텁고, 현금화가 그나마 빠른 속성이 있기 때문이다(다른 부동산 형태와 비교할 때). 특히나 아파트라면, 가격이 인터넷에 형성이 되어 있기 때문에, 가격에 대한 심리적인 부담이 적은 관계로 내가 급매를 통해 현금화를 하고 싶을 때 가격 저항이 크지 않고, 쉽게 팔 수 있다는 장점이 있다. 이 작은 투자는 어차피 끝이 아니기 때문에 일정 시간이 지나면 당연히 다시 팔아서 현금화하고 그동안 모인 돈을 합쳐서 더욱 더 큰 물건을 잡아야 하기 때문에, 매각이 그래서 더욱 중요하다.

개인적으로 작은 규모의 투자는 권하지 않는다. 작은 규모의 투자는 그 위험성에 비해, 수익은 낮고, 경쟁은 치열하며, 심리적 저항선이 크기 때문에 노력에 비해 큰 이익을 볼 수 없기 때문이다. 하지만, 경험을 쌓는다는 차원에서의 접근이라면 얘기는 달라질 것이다.


## 버는 것을 자랑하려 하지 말고, 쓰는 것을 자랑하라

결론적으로 종자돈을 만들기까지는 모으는 데 주력을 해야 할 것이고, 투자를 한다면 주식투자, 부동산 소액투자 등의 경험을 통해 종자돈을 만드는데 주력을 해야 할 것이다. 하지만, 종자돈을 모으는 데에 더욱 중요한 것은 생활습관이다.

사람들은 보통 그 사람의 벌이에 더 큰 관심을 둔다. 연봉이 얼마고, 어떻게 돈을 벌었는지에 관심이 많다는 말이다. 하지만, 중요한 것은 소비이다. 아무리 돈을 많이 버는 사람이라고 해도 모든 것을 소비한다면, 그래서 잉여가 남지 않는다면 돈을 많이 번다고 해도 결국 돈을 모을 수 없고, 따라서 부자가 될 투자를 할 총알이 마련되지 않기 때문이다.

돈이 없다고 얘기하는 사람들의 소비행태를 보면 이런 고려가 더욱 더 합당한 것임을 알 수 있다. 돈이 없다고 하면서, 아기의 유모차는 스웨덴제 고급 유모차에, 외제 승용차를 끌고 다니고, 마트에서 장 보면 매번 20만 원이 넘고, 남들 하는 외식이라며 맛집을 찾아다니고, 해외여행 한 번씩은 다녀와야 스트레스도 풀린다는 사람 치고 투자를 잘하는 사람 못 봤다. 돈은 쓸수록 맛이 아니라, 모아서 그런 자잘한 데가 아닌 큰 데 넣는 것의 재미를 빨리 알아야 좋은 투자가 될 수 있는 것이다.

그렇다고 항상 힘들게 살아야 된다는 말은 아니다. 남들보다 조금 더 일찍, 부지런을 떨면 훨씬 작은 비용으로 충분히 행복하게 살아갈 수 있다. 내가 어릴 때, 나의 부모님은 다른 주위사람들보다 훨씬 교육열이 강하셨던 분이라 과학자를 꿈꾸는 첫째 아들을 위해서 93년 엑스포가 처음 열릴 때, 입장권을 사서, 개장 첫날부터 아이들을 데리고 가서 신문물을 보여 주길 원하셨는데, 새벽 4시에 일어나 대전으로 달리고, 모든 식사, 간식은 철저히 싸서만 다녔고, 무박으로 무조건 집에 들어와서 잔다는 원칙이 있었다. 아버지는 공무원으로 어머니는 전업주부로 살았던 일반적인 가정에서 해야 할 일은 하되, 비용을 절감할 수 있는 부분은 극단적으로 줄여서 여행을 다녔기 때문에, 비용을 절감하면서 소기의 성과를 낼 수 있었다. 또한 초반에 어느 정도 돈이 모일 때까지 극단적으로 비용을 줄였기 때문에 점점 시간이 지남에 따라 굴리는 돈의 규모도 계속 커져서 시골 동네에서 큰 아들은 서울로, 작은 아들은 호주로 유학을 갔음에도 대출과 빚 없이 학업을 유지시키고, 생활을 가능하게 하는 종자돈을 만들 수 있었다고 회상하시는데, 이와 같이 종자돈을 만드는 데에는 정확한 해답이 있을 수 없다. 아끼고 아껴서 내가 원하는 수준까지 도달하는 방법이 가장 빠른 방법이다.

지금까지 낭비된 시간과 과정은 잊어라. 어차피 지나간 것이고, 회상하고 아쉬워해 봐야 달라질 것은 없다. 지금부터 나의 습관을 다시 한 번 체크하고 비용을 통제해서 돈을 모으는 것이 중요하다.

# 04.
# 투자의 적
# – 공포심과 투자의 전제

## 모든 투자의 시작은 대중의 공포를 기반으로 한다

오늘도 여전히 세상은 빨리 돌아가고 정보는 쏟아지는데 당신은 안녕한가? 통신의 발달이라는, 이제는 쓰기도 진부한 표현의 인터넷의 요술로 인해 내가 아는 지식은 바로 다음날 모두가 아는 지식이 되는 지금, 그럼에도 불구하고 누구는 투자에 성공하고 누구는 실패하는 이유에 대해서 궁금해진 터라, 조금 책을 찾아 보다 공포라는 주제에 대해 집중한 리포트 몇 개를 본 적이 있다.

투자라는 것이 무엇인가? 돈이라는 것은 자본주의라는 시스템의 피 혹은 물과 같은 것인데, 이것의 흐름을 내 쪽으로 가져오기 위해 소위 '삽질'을 해서 방향을 내 쪽으로 돌리는 행위 아니겠는가? 그렇다면 투자라는 것을 하기 위해 자본주의라는 큰 강둑 옆에 수도 없이 서 있는 투자가라는 사람들 사이에서 다른 이들이 하는 방식과 다른 방식, 혹은 반대 방향으로 물길을 트는 것, 이것을 역발상 투자라고 하는 것 아니겠는가?

보통 우리네 인간들은 동조 현상을 다들 가지고 있다. 뭐 쉽게 말하면 친구 따라 장에 간다는 것이다. 내가 하는 하나의 행위가 그릇된 것이지는 않은지, 잘못된 것이 아닌지, 걱정되고 궁금해서 인터넷 카페에 "이런 투자는 어떤가요? 괜찮을까요?" 하는 질문을 남기는 것 아니겠는가?

보통 사람들은 나의 행위가 보통 사람들이 생각하는 그것의 범주를 넘지 않기를 원한다. 일탈이라는 것은, 소위, 문제가 될 수 있다는 것을 경험으로 얻었기 때문일 것이다. 하지만, 내 경험상 자신만 꾸준히 준비가 되어 있다면, 시장을 나의 시선에서 바라볼 수 있는 연습이 되어 있다면, 대중의 공포와 걱정을 역으로 이용해서 더 큰 수익을 얻을 수 있는 길이 있다고 생각한다.

태국의 한 시골에 갔을 때, 인터넷 연결 상태가 좋지 않은 것을 보고, PC방을 하면 되겠다 싶어, 생각하면 바로 실행하는 내 성격에 이것저것 알아보지도 않고 무턱대고 밀어붙였는데, 지금은 어떤지 모르겠으나 14년 전 태국 논타부리라는 지역의 인터넷 망은 엉망인데다 연결선을 끌어오는 데에는 당시로서는 말이 안 되는 금액을 요구했다. 당연히 모두들 안 되는 것이라고들 했는데, 항상 모든 것을 내가 좋은 쪽으로, 초 절정 긍정을 가진 나는 반대로 생각해 보았다. 끌어오는 데 그런 돈이 든다면, 나 말곤 못 한다는 것 아니겠는가? 그 자체로 진입장벽이구먼…… 당시 태국에 유일한 통신사였던 신바트라 통신(?)(수상하다 쫓겨나서 지금도 태국을 시끄럽게 만드는 탁신 형님의 회사. 당시 태국 통신 독점권을 가지고 있었음)에 얘기해서 기업 망을 제외하고 일반 다른 사용자에겐 T1 회선을 그 마을에선 제공하지 않는다는 약속을 받고 PC방을 오픈했다.

방콕보다 못사는 지역이다 – 그러니 더욱 더 작은 자금으로 내가 장사할 수 있는 거지.

소득이 많지 않다. – 그러니 더 인터넷이 귀하니 내 PC방에 오겠지.

차라리 방콕에서 해라 – 방콕은 이미 많다. 방콕이랑 어차피 붙어 있는 지역이니 이래저래 외국 물도 먹은 애도 많을 것이고, 이래저래 통신이 많이 필요할 것이다.

누가 인터넷이 필요하겠냐? – 태국 애들도 밖에 나가 있는 친척이 의외로 많으니까 더 싼 인터넷 전화 같은 걸 이용하려고 올 거다.

인터넷 전화 사업은 나중에 신바트라 통신의 방해로 실패했지만, 결과적으로는 대 성공이었다. 18개월 만에 원금회수가 끝났고, 2년 뒤에 태국 철수를 결심할 때, 세 배 정도의 차익을 남기고 매도했는데, 작년 출장 때가 보니 아직 성업 중인데다가 사장이 확장에 성공해서 지역에선 나름 유명한 곳이 되어 있었다.

모든 투자에는 공포와 문제가 있는 것이 당연하다. 게다가 보통 투자라는 것이 내가 가진 자산 중 거의 대부분을 한번에 집행하는 것이기 때문에 더욱 더 많은 걱정과 공포심을 가지는 것은 당연하겠으나, 자신의 판단과 눈을 믿고 그대로 밀어붙일 수 있는 용기 또한 필요하다.

나의 경험담으로 시작하는 이번 글의 주제는 공포심과 관련된 것이다. 누구나 투자를 하고 나면 공포심이 생기는 것은 당연한 것이다. 내가 산 주식이 갑자기 가격이 내리지는 않을는지, 그리고 그 개발호재라는 것이 정말 실체가 있는 것인지 등등, 많은 고민과 걱정을 하게 되고 경우에 따라서는 그런 중압감을 떨쳐 내지 못하고 그냥 조금의 마진, 웃돈을 주겠다는 사람에게 넘기곤 한다.

물론, 치고 빠지는 것과, 손실을 인정하고 받아들이는 것, 필요하다. 하지만, 바람직한 투자가가 되기 위해서는 여전히 이런 공포심을 넘어서야 한다. 어떻게 해야 공포심을 없앨 수 있을까?


## 준비된 자

여기서 준비라 함은 자금을 의미한다. 아무리 올바른 투자를 했다고 해도 버틸 수 없다면 오래갈 수 없으므로 성공을 할 수 없을 것이고, 아무리 좋은 아이템을 가지고 일을 시작했다고 하더라도, 이를 받쳐 줄 만한 자금이 없다면 남에게 좋은 아이디어만을 주고 망하게 된다. 게다가 자금이 부족하면 시장이 새로운 나의 제품, 서비스에 대해 판단하고, 반응을 해 줄 만큼 기다려 줄 수도 없다. 내가 항상 창업을 하려는 사람에게 준비해야 할 자금의 중요성에 대해 경고하는 이유인데, 준비되지 않은 사람은 어떠한 기회와 아무리 좋은 아이템이 있어도 이를 성공으로 이끌 수 없게 된다. 따라서 항상 자금의 여유와 현금흐름만을 생각하면서, 돈이 묶이거나, 분산되거나, 흐트러짐을 주의해야 한다.

내가 투자를 하려고 할 때도 마찬가지이다. 무리하게 대출로서 좋은 부동산을 구매함으로써 나오는 결과, 월세로 은행 대출을 커버하고 차고 나갈 수 있다는 막연한 자신감은 버려야 한다. 아무리 좋은 물건이라도 내게 맞지 않는 옷이라면 어울리지 않는 것이다. 구체적인 예를 든다면, 현 한국의 상황에서 1금융권을 벗어나는 정도의 대출규모는 무조건 하지 않는 것이 올바른 판단일 것이다. 이를 넘어가는 대출은 무리요, 욕심이므로 내가 밤잠을 설치지 않을 정도의 대출이 적당할 것이다.

## 공부한 자

내가 한번씩 여는 모임에 나오는 사람들 중에는 돈이 없는 사람은 없는 것 같다. 모두들 목이 마르듯, 정보를 쫓아다니고 모임을 쫓아다닌다. 돈은 길거리에 오늘도 이리저리 날아다니는데 말이다. 공부를 하지 않는 사람이 그저 한 번 운이 좋아 돈을 벌 수 있는 가능성이 많다는 것에 대해서는 동의한다. 특히나, 개발기에 있던 한국의 경제상황에서는 큰 부담과 고민 없이 대충 서울에 있는 아파트를 청약을 통해 구매만 했을 뿐인데, 제법 큰 부자가 된 사람도 있었던 것이 예전의 사실이었다. 하지만, 지금은 어떠한가?

경매면 경매, 공매면 공매, 분양시장에 신축 시장, 주식시장, 채권시장 할 것 없이 소위 투자가라는 사람이 넘쳐난다. 복지의 그물망이 너무도 넓은(?) 한국의 특성상, 한 번의 실패는 인생의 좌절을 넘어 가족의 붕괴로 이어지는 현실에서 누구나 재테크에 목을 매는 현상에 대해 모르는바 아니지만, 이럴 때일수록 더욱 더 내가 그 분야에 대해 공부를 해야 할 것이다. 내가 세상에서 일어나는 현상을 나의 상식과 지식으로 판단하고 대처할 수준이 안 되는데, 그런 일차적 현상을 기반으로 투자를 해서 수익과 손실을 결정하는 자본시장에서 어떻게 승리할 수 있겠는가?


## 만족할 줄 아는 자

좋은 대학을 나오고, 좋은 직장을 잡고, 그래서 좋은 조건의 배우자를 만나고…… 여기서 좋다는 것은 어떤 것을 의미하는가? 내가 가진 것이 얼마이고, 배운 학력과 간판이 어떻고, 지금 내가 어떤 사람인지를 떠나서 한 가지에만 집중하자. 지금 그래서 당신은 행복한가?

행복의 조건이 무엇일까 라는 생각을 해 본 적이 있다. 안정적인 직장, 재테크의 목적이라고 사람들이 말하는, 경제적 자유를 주는 부, 가족 등등, 사람이 살아가면서 정서적으로나 물질적으로 어느 선을 만족해야 행복을 느낄 것인지에 대한 고민을 한 끝에 내가 내린 결론은 '자신의 통제'만이 행복을 줄 수 있다는 것이었다.

물질적인 부라는 것은 상대적인 것이기 때문에 내가 비교를 하면 할수록, 많이 가지려 노력하면 노력할수록 자신만이 불행해지며, 정신적 교감이나 사랑과 같은 정서적인 갈구 또한, 잴 수 없는, 주관적 기준에 기인하므로 내가 만족을 하지 못하는 한 의미가 없는 것이기 때문이다.

행복한가를 물어보는 설문의 답으로 행복한 나라를 뽑는 국가 순위에서 흔히 우리가 생각하는 부자 나라들이 순서대로 열거되지 못하고 남미의 국가들이 행복한 나라로 이름을 올리는 것을 보면, 최소한 행복하기 위해서 물질적 부는 절대적 기준은 되지 못하고 있음을 알 수 있다.

간단한 예로 예전에 우리네 TV에서 비추어지는 드라마의 대다수 가정은 그냥 평범한 집안이었다. 뭐 대발이 아버지가 나오던 그런 시절의 TV에서 부자는 좀 특별한 몇몇의 모습이었지만, 지금 TV를 켜서 보면 20대 중반의 멋진 남자, 여자 주인공은 이유 없이 벤츠를 몰고, 주상복합 60평짜리에서 이유 없이 멀쩡한 물에 탄산을 넣어서 먹는 버릇을 가진, 미국 하와이로 귀향을 가는 정도의 부를 가진 부류로 그려진다. 이런 트렌드에 익숙해졌는지 몰라도 사회적으로 원하는 기준들은 계속해서 올라가고 있다. 아파트 몇 평에 자동차는 뭐 수준이 아니라, 인생의 전반을 통틀어 나는 위험에 노출되고 싶지 않다는 의미로 젊은 나이의 사람들부터가 직장 안정성을, 그리고, 재테크에 관심을 가지게 된다는 것이다. 하지만, 왜 계속 우리네 삶은 피폐해지고, 행복한 삶은 오지 않는가?

한국의 사회구조는 기본적으로 국민에게 마땅히 국가가 해 주어야 하는 것을 최소화하는 데 그 초점이 있다고 할 수 있다. 물론 요즘에는 복지가 화두가 되고 있지만, 아직 한국의 복지수준은 유럽 국가들의 그것과는 차이가 있고, 또 그것을 따라가려 해서도 안 된다. 안타까운 일이지만, 인구수가 크고 부양인구수가 기하급수적으로 늘면서 노령화 사회가 되어가는 한국의 실정으로 볼 때 복지를 그만큼 늘린다는 것은 재앙에 가까운 재정적자를 의미하기 때문에 미래 세대들에게 더욱 더 큰 짐을 안기는 꼴이 될 것이다.

그럼, 이런 사회안전망이 작동하지 않는 고경쟁의 사회인 한국사회에서 당신이 숨을 만한 곳이 어디에 있겠는가 라는 질문에 대해서 대다수의 투자가들은 '부동산'이라고 대답을 하고 있는 듯하다. 역시 '전쟁이 나도 땅은 남는다'라는 격언에서 배운 학습효과는 대단하다. 그런 월세를 받을 수 있는 건물 한두 채를 가지고 있다는 것이, 그래서 행복한 삶의 전제가 될 수 있다고 생각하는가?

행복한 국가라는 것은 있을 수 없을 것이다. 모든 국민이 행복해진다는 것은 그야말로 슬로건에만 있는 언어유희에 불과한 것일 것이고, 개별단위로 생각하는 행복한 개인은 어떻게 해야 만들어질 수 있을 것인가?

## 주거생활안정 비용의 충분한 습득

우선 개인이 행복하기 위해서는 가장 기본이라는 의식주 문제에서만큼
은 해결을 보아야 할 것이다. 내가 먹을 것이없고, 내 새끼가 굶고 있는데,
여유를 부릴 수 있는 부모는 많지 않을 것이다. 그러므로 당연히 내가 먹
고 입고, 자는, 인간으로서 누려야 하는 보편타당한 사항에 대한 공급이
충분히 이루어져야 하는데, 국가에서 제공을 하지 않으니, 재테크라는 보
완재를 도입하여 내 생활수준에서는 이런 것들이 공급되는 데 문제가 없
도록 해야 행복의 조건을 갖추었다고 할 수 있을 것이다.


## 사회 보장 안전망에 대한 개인적 준비

안전하다는 말은 두 가지로 해석이 가능하다. 물리적으로 안전하다는
것은 범죄가 없고, 공권력이 개인을 안전하게 보호해 줄 수 있으며, 전쟁
과 같은 물리적 충돌상황이 발생하지 않는다는 전제가 우선되어야 한다.
한국의 경우 정전상태라고는 하나 정전상태가 60년 이상 지속되었고 남
북의 차이를 볼 때 전쟁의 위협은 상당히 해소되었다고 보고, 사회 치안
도 양호한 수준이라고 할 수 있다.

다른 한가지의 안전하다는 의미는 사회구조적인 안전을 의미한다. 내가
지금은 현금흐름을 가지고 있고, 여유 있는 삶을 누리고 있지만, 사회가
미래를 보장하지 못하고, 나의 직업 안정성이 나의 미래를 책임져 주지 못
한다면 나의 인생이 행복해질 수 없고, 이런 나를 부모로 두고 있는 아이
들의 미래가 행복할 수는 없을 것이다. 따라서 진정한 행복을 느낄 수 있

기 위해서는 미래의 내가, 적어도 지금보다는 훨씬 나은 생활을 할 수 있다는 믿음, 가능성이 충분히 개인에게 전달되어야 하고 받아들여져야 하는 상황이 되어야 할 것이다. 국가에서 당연히 이런 부분에 대해서 확신을 가지도록 해 주지 못하므로 개인적으로 준비를 해서, 답을 낼 수 있도록 해야 하며, 그럼으로써 행복을 느낄 수 있을 것이다.

## 인간으로서의 존엄성을 느낄 것

인간이 살아가는 데 돈만으로, 물질적 풍요만으로 행복이라는 단어가 완성되지는 않는다. 사람이 사람다워지기 위해서는 조직에 속한 소속감을 느끼면서 공유감을 가질 수 있어야 하고(가족, 직업 군, 계모임, 친목단체), 직업 이외에 내가 하고 싶은 것, 욕망을 채울 수 있는 행위를 (법적 범위 안에서)자유롭게 할 수 있어야 정서상의 행복을 느낄 수 있다.

누구나 인간으로 태어났다는 것은 이렇게 행복한 삶을 누릴 수 있는 보편적인 권리가 있는 것이다.

그런데 사회에서 그렇게 지원을 하지 못하므로 개인이 직접 행복을 챙길 수밖에 없게 되었는데, 이제는 어떻게 해야 행복한 삶을 누릴 수 있는지를 생각해 보자.

## 비교하지 않는다

비교를 하는 순간 불행은 찾아온다. 저 사람은 저 아파트에 사는데 나는 왜 아니지, 저 사람은 저렇게 좋은 차를 타는데, 왜 난 아니지? 나보다 못난 사람들은 잘사는데 나는 왜 아니지 라는 생각을 하는 순간, 모든 것이 불행해지는 것이다. 단순히 물질적으로 비교할 수는 없겠으나, 한국의 중산층인 당신 뒤에 적어도 20~30억 명은 있다는 것을 항상 잊지 마라. 비교하는 순간, 지금까지 내가 만들어, 쌓아 온 것이 무너질 것이고, 나의 목표는 더 이상 진지한 실천적 목표가 아닌, 허상이 될 가능성이 높아진다.

## 남들이 만들어 놓은 길이 안전한 길이라 착각하지 마라

남이 수익형 부동산이라고 얘기하니 나의 정답도 거기에 있을 것이란 착각을 하지 말라는 말이다. 누군가 먼저 가서 만들어 놓은 길은 평범한 길은 될 수 있을지언정 대박의 길은 절대 되지 못한다. 당신은 결코 먼저 간 사람을 넘을 수 없기 때문이다.

진정한 행복을 누리기 위해서는 남이 가지 않은 나의 길을 가면서 성취하는 기쁨을 만끽하는 것도 아주 좋은 일임을 알아야 한다. 남이 만들어 놓은, 그래서 사회적으로 '좋고, 좋다, 좋다더라'로 통용되는 그 방법은 이미 당신에게 큰 행복을 줄 수 없을 가능성이 높다.

## 나를 믿어라

당신은 태어나기 전부터 엄청난 확률의 경쟁을 통해 사람이 된(?) 소위 말해 난 놈이다. 따라서 지금은 내가 사회적으로 인정을 못 받고 있을 수는 있겠으나, 내가 행복하기 위해서는 나를 믿고 되는 나를 만들어 가는 수밖에 없다. 나를 믿지 못하면 어쩔 수 없이 자신만의 길을 찾을 수 없고, 남의 의견과 말에 휘둘릴 수밖에 없는 상황이 된다. 나는 왜 이렇게 자신감이 없는지, 잘 안 되는지를 생각하는 사람이라면 착각하는 것이 있다. 그것은 나 스스로 자신감이 없는 것이 아니라, 나에 대한 과대망상을 가지고 있기 때문에 현실의 나와 내 안의 나와의 괴리감만큼, 내가 인정할 수 없는 나가 되어 가기 때문에, 더욱 더 현실감이 없어지는 것이다. 내가 나를 믿지 않는데, 어떻게 남이 나를 믿겠는가? 내가 하는 일은 무조건 된다는 강한 신념을 바탕으로 꾸준히 내 일을 한다면 어떤 일을 해도 성공할 것이요, 행복할 것이다.

## 절제미

행복한 삶을 위한 투자는 결국 나의 절제에 의해 만들어지는 것이 통상이다. 절제라 함은 물리적인 아낌은 물론이거니와 정서적인 것까지 포함한다. 나만의 길이 있는데, 그것을 무시하고, 무조건 남을 따라가려 하거나, 나의 비용을 효율적으로 통제하지 못한다면 결코 경제적으로 행복해질 수 없을 것이다.

행복한 삶이라는 것이 따로 있는 것은 아니라고 믿는다. 내가 나의 위치에 만족하고, 현실에 만족하며, 지금 내가 처한 상황을 바라볼 수 있는 여유를 가질 수 있는 상황을 만드는 것을 의미할 것이다. 따라서 행복한 삶은 멀리 있는 것이 아니라, 지금 내가 행복하지 않으면, 미래에 행복한 삶이 올 것이라는 것은 공허한 울림에 그칠 뿐이다. 내가 지금 행복하지 않은데, 나의 가족이 행복할 수 없을 것이요, 내가 지금 행복하지 않은데, 나중에 돈이 더 생긴다고 해서 행복해 지지는 않는다.

　너무 돈, 돈, 돈, 투자, 투자, 투자 하면서 멀리, 결승점에 있는, 남들이 모두 성공한 사람이라 인정할 만한 목표를 가지기 위해 뛰는 당신이, 그 큰 행복을 가지기 위해서 지금 발 밑에 무수히 지나고 있는 작은 행복을 그냥 지나쳐가고 있지 않은지…… 고민해 보라.

# 05.
# 왜 투자에서
# 실패하는가?

매일 경제 뉴스를 다루는 프로그램에서는 '달인'을 얘기하고, 서점에는 이렇게 저렇게 해서 수억, 수십억을 벌었다 하는 책으로 넘쳐나는데 정작 왜 당신은 투자에 성공하지 못하고, 부자가 되지 못하는가에 대한 본질적인 물음을 가져 본 적이 있는가?

성공한 사람도, 실패한 사람도 결국, 시작점에서는 큰 차이가 없었을 것이고, 소위 말하는 '사람이 하는 일'이라 그리 큰 차이도 없는데, 누구는 성공하고, 누구는 실패하는 이유는 무엇이라고 생각하는가?

누구나 엄청난 대박을 꿈꾸지도 않았다. 우리네 보통 사람들이 원하는 것은 내가 아쉬운 소리 하지 않고 먹고 살면서 자녀 교육시키고, 밖에 나가서 돈 빌리러 다닐 필요 없는, 딱 그 정도의 수준만을 원할 뿐인데, 그리고 그 목표가 책들이 제시하는 그런 수십억의 돈도 아닌데, 왜 성공하지 못하는 사람이 항상 넘쳐나고, 투자의 핵심을 벗어나는 것일까?

## 조작된 정보를 맹신하는 것

'사다리 걷어차기'라는 말이 있다. 누구나 자신이 올라온 길, 내가 경험하고 만들어 온 성공의 사다리를 아무에게나 얘기해 주지 않는다. 오히려 그것을 감추기 위해 노력하고 다른 곳으로 시선을 돌리려 노력한다. 맛집으로 소문난 식당에서 레시피를 만천하에 공개하는 것을 본 적이 있는가?

그럼 시중에서 떠도는 책이나 정보, 이래서 저래서, 저 땅을 사서 부자가 되었다는 것은 무엇을 의미하겠는가? 당신이 그 정보를 믿고 어떤 행동을 함으로 해서 이득을 얻는 조직이나 사람- 부동산 업자나 판매자-들이 일부, 혹은 전부를 조작한 정보일 가능성이 크다는 것이다.

또한 사람들은 정보를 조작하기 위해서 많은 노력을 기울여 당신을 기망하기 위해 노력한다. 그냥 판매자가 좋은 정보라고 하면 믿지 않기에 'S대 교수'를 등장시켜서 그 권위로 누르기도 하고, 인터넷에서 제법 유명한 필명, 베스트 글로 게시되는 글로 낚아서 늘린 회원 수의 카페장의 권위를 빌려 오기도 하며, 일반인들이 이해하기 어려운 이상한 그래프를 가지고 와서 시장 20년 붕괴론이니 뭐니 하는 이론을 들먹이면서 자신이 의도한 상황을 만들기 위해 노력한다는 것이다.

투자라는 것이 어떤 결정에 의해 진행이 되는 것인데, 그 결정이라는 음식을 하기 위해 준비한 재료(정보)가 다 썩었거나 잘못된 것이라면 결과물인 음식이 맛이 있겠는가? 당신이 투자를 결정하기 위해 얻는 정보는 날아가는 비행기의 나침반과 속도계와 같은 것처럼 중요한 것이다. 내가 현재 있는 곳, 위치, 고도, 방향을 모르는데 어떻게 목적지까지 날아갈 수 있겠는가? 그러므로 더욱더 제3자의 입장에서 신중하게 검증하고 검증해서, 내가 확신할 수 있는 정보만을 정보만으로 인정하고 써야 한다.

전문가라는 사람들이 나와서 서울 어느 지역에 길이 뚫리고 시 정책상 이러이러하니, 여기 아파트는 상당히 유망하다는 말을 하는 것을 자주 들었을 것이다. 이런 정보는 무시하는 것이 좋다. 그 정보를 당신이 얻을 때 다른 사람도 같이 얻었다. 그러므로 그 아파트의 가격은 그 모든 사람이 그 정보를 알고 있을 것이라는 전제하에 만들어진 것이다. 그렇지 않은가? 그런 모든 사람이 알고, 내가 알고 남이 아는 정보를 전제로 투자한 프로젝트가 대박을 치고, 성공할 가능성이 높다고 생각하는가?

예전 경매가 일반화되지 않은 시점에 한 사람들은 좋은 수익을 얻었다. 예전에 설비가 귀하던 시절에 주유소 한 사람들은 좋은 수익을 얻었다. 상가주택이 귀하던 시절에는 원룸 지은 사람이 좋은 수익을 얻었다. 하지만 지금은 아니다. 모두가 아는 그저 그런 정보가 귀한 것이 아니라는 것이다. 그러므로 찌라시에 너무 많은 정을 주어서는 성공할 수 없다.


## 조급하면 진다

부동산을 제대로 매각하려면 2년은 기다려야 한다는 것이 나의 생각이다. 내가 원하는 가격을 정해 놓고 계속 기다리다 보면 결국은 임자가 나타나는 것이 세상의 이치인 것이다. 그런데, 내 몸을 무겁게 하고, 내가 움직일 수 없게 스스로를 옭아매면, 나의 문제로 인해 기다릴 수 없게 되고 그럼 투자에 성공하지 못하게 된다.

보통 토지 투자는 가장 호흡이 긴 투자이기 때문에, 그리고 스스로 돈을 찍어 내지 못하기 때문에 가장 나중에 해도 되는 투자라고 생각한다 (초보 투자가들에게는 아무래도 매달 돈을 찍어 내고 현금이 도는 주택,

상가 투자가 훨씬 매력적이다). 그런데, 자신의 현금흐름은 생각하지 않고, 좋은 땅, 곧 가격이 오를 땅이라고 생각해서 무리해서 구매를 한다면, 내가 생각한 시간 안에 임자를 만나지 못했을 때, 바로 돈이 묶여 버리기 때문에 내 몸이 무거워지는 것이다. 그런 상황에서 잘 해결이 되면 되겠으나, 작은 변수에 의해 내 현금흐름이 막히거나 문제가 되면, 결국 나는 그 땅을 헐값이라도 빨리 넘겨야 하는 상황을 만나게 된다. 이런 상황이 바로 부자들이 누구보다 반기면서 기다리는 상황인 것이다.

반대로, 부동산을 구매할 때도 마찬가지이다. 내가 뭔가를 빨리 사야겠다는 조급함을 가지는 순간, 모든 물건이 좋아 보이고, 모든 물건이 내 것처럼 보이는 신기한 현상을 경험하게 되는데, 이때가 가장 불안한 상황에 노출되기 쉬운 때이다. 부동산을 구매할 때는 내가 팔 때를 다시 생각하고, 또 나의 자금사정과 현금흐름을 봐야 하는 것인데, 조급함이 생긴 상태에서는 지금 사지 않으면 지구가 멸망할 것처럼 설명하는 브로커의 말이 신기하게도 정말 그럴싸하게 들리는 것이다. 도장만 찍으면 연간 15% 이상의 수익이 보장되고, 모든 대출은 인수하면 되고, 인수금액이 얼마 되지 않는. 그래서 참 좋은 물건인데, 당신은 운이 좋아 나를 만나 그렇다는 설명이 그럴싸하게 들린다면 곧 지옥불을 경험할 준비를 해야 하는 것이다.

살 때도, 팔 때도 결코 조급해서는 이길 수 없다. 이런 조급함은 나의 현금흐름의 문제에 의해서 야기되는 만큼, 항상 나의 투자를 보수적으로 가지고 가는 것만으로도 조급증을 없앨 수 있다. 세상에 땅은 많고, 좋은 물건은 널렸다는 격언을 믿어라. 조급하지만 않으면 성공할 수 있다.

## 공부하지 않는 것

투자에 실패하는 사람들의 공통점 중 하나는 투자에 왕도가 있다고 믿는 것이다. 전문가라는 사람들의 설명회, 모임 한두 번을 나가고, 강좌 한두 개를 들었다고 준비가 되었다 믿는 것은 정말 어리석은 일일 것이다. 내가 스스로 파고들고 공부를 하지 않는데, 어떻게 시장을 분석할 수 있고, 트렌드를 읽을 수 있으며, 참과 거짓을 구분할 수 있겠는가? 매일 바뀌는 세상과 경제, 국제 정세에 관심을 가지고 공부하고, 또 사람들의 말도 듣고, 이런저런 모든 상황에 나를 노출시킴으로써 나의 재테크 촉을 깎는 연습을 해야 한다는 것이다. 나와 반대되는 의견을 가진 사람도 만나 보고, 전문가도 만나 보고, 설명회도 가 보고 하면서 나의 정보를 업데이트하는 것은 물론 중요하겠으나, 그보다 앞서 가장 중요한 것은 실무에 대한 나의 학습을 직접 해 나가는 것이다. 내가 경매의 절차, 실무, 용어와 정의를 모르는데, 경매 달인이 하는 강좌를 몇 번 들었다고 내가 전문가가 될 수 있으며, 부동산 공사업자하고 얘기 몇 번했다고 인테리어를 다 이해하겠는가? 내가 스스로 학습하고 공부하지 않고, 재테크 투자에서 큰 수익을 내겠다는 것은 선풍기를 돌려 멀리 간 주식종이를 보고 주식을 사겠다는 것보다 더 확률이 낮은 얘기다. 주식을 날린 사람은 그나마 종이에 종목 이름이라도 썼고, 선풍기라도 돌렸지만, 당신은 아무 한 것이 없지 않는가?

대박이 그냥 올 것이라는 믿음을 가지는 순간 그것은 더 이상 재테크 투자가 아닌 로또가 된다는 것을 인지하고 열심히 학습하라.

## 돈은 뭉치고, 현금흐름은 빠져나갈 수 있게 하라

돈이라는 것은 절대 나누어서 가지고 가는 것이 아니다. 배수진을 치지 말라고 하니, 돈을 여러 군데 나누어서 투자를 하는 것이라고 잘못 이해하는 사람들이 있는데, 돈의 습성 중 가장 중요한 것은 절대 나누지 말라는 것이다. 돈을 나누면 푼돈이 된다. 어떻게든, 내가 모을 수 있는 모든 돈을 한 곳에 모아서 큰 목돈을 들고 있는 것이, 투자 기회도 훨씬 많아지고, 선택의 폭이 넓어지므로 성공을 할 수 있는 기회가 많아진다.

하지만, 우리 모두가 신이 아닌 것과 같이 언제든 내가 생각하지 못한 변수에 의해 실패를 할 수 있다. 이에 대비하기 위해 현금흐름을 항상 준비해야 하는 것이고, 결국 배수진을 치지 말라는 것은 내가 지금 진행하는 이 투자를 위해서 종자돈은 전부 투입을 하되, 실패했을 경우에 살아남을 수 있도록 현금흐름을 계속 유지하는 것이 투자에 임하는 나의 계획이라 할 수 있다.

예를 들어 지금 나는 3억이라는 종자돈을 가지고 있고, 직장에서 월급을 500만 원 정도 받고 있다고 하자. 3억이라는 돈으로 부동산 투자를 한답시고 2억짜리를 1억의 대출을 끌어들여 3채를 사는 것이 답이 아니라, 3억의 대출을 끌어들여 6억짜리 1채를 사는 것이 투자적으로는 더욱 더 현명하다는 말이 되고, 이 투자의 실패를 대비하기 위해 나의 직장에서의 현금흐름은 무슨 일이 있어도 지킨다는 계획을 세우라는 것이다.

보통 투자에 조금 성공하고 나면, 내 부동산 자산에서 월 500만 원 정도의 수입이 나오면 '그동안 너무 힘들었다'라는 백만 가지의 이유를 대면서 회사에서 나와 전업투자자 혹은 경제적 자유를 누리는 자유인으로 살고 싶다 하는 사람이 많은데, 내가 직장이 있을 땐 500만 원 부동산 수익이 돈을 뭉치는 데 들어가지만 내가 전업을 선택하는 순간 생활비가 되고, 그래서 뭉쳐지는 돈이 작아져서 투자에 마이너스가 되는 것은 당연한 것이다.

절대 이곳 저곳에 돈을 뿌리지 말고, 전부 돈을 뭉쳐서 하나에 집중하라.

### 담대해져라

처음 투자를 하고 나면 밤에 잠이 안 오고, 왜 이것을 했는지, 내가 안 되는 이유가 수천 가지는 있는 것과 같은 느낌이 든다. 그것은 아주 자연스러운 현상이다. 내 인생에서 가장 큰 매입을 질렀고(?) 결과는 모르기에 계속 잘한 것인지, 하루에도 수십 번 롤러코스터를 타는 경험을 하는데, 담대해져라. 내가 열심히 준비했고, 내가 신용을 쌓아 왔고, 내가 열심히 공부하고, 스스로 판단한 것이라면, 세상은 당신의 가치를 알아줄 것이다. 담대히 결과를 받으면 되는 것이고, 그런 선함으로 이룬 투자라면 결코 나의 땀을 배신하는 경우가 잘 없다.

흔히 투자에서 성공하는 사람 중에는 낙천적인 성격을 가진 사람이 많은데, 그냥 '될 대로 돼라' 혹은 '안 되면 밑바닥부터 시작하는 거지 뭐' 하는 자기 암시가 강하고, 낙천적인 경향이 많다. 잘된 사람도 처음부터 무조건 크게 잘된 것이 아니라 그런 단계를 거쳐서 지금의 단계까지 오른 것이므로 조금씩, 계속 정진하는 것만으로 나는 바람직한 단계에 있음을 위안 삼고 담대히 나아가야 한다. 이미 투자는 결정되었고, 세상은 내가 예측한 대로만 움직이는 것이 아니니, 지금 걱정을 해서 달라질 것은 없다. 이런 걱정을 하는 사람에게 내가 항상 하는 말은 '걱정해서 없어질 걱정이었으면, 처음부터 걱정이 아니었을 것이다'라는 것이다. 걱정을 위한 걱정을 하고 있는 것보다는 우선 결정한 대로 진행을 하면서 잘못된 것은 없는지, 미비한 것은 없는지, 수시로 체크하고, 보완하는 것이 훨씬 빠르고, 능동적인 성공하는 길이다.


## 동료는 모으고, 투자자는 배척하라

뭐든 같이 하는 일이 힘들지 않다. 실패하는 대부분의 투자는 독불장군식 투자인데, 집단지성은 항상 개인을 능가하는 법이다. 따라서 동료를 모아서 같이 일을 진행하는 것은 상당한 도움이 될 것이다. 하지만, 투자자는 얘기가 다르다. 사공이 많으면 배가 산으로 가듯이, 잘못되고, 사심이 섞인 정보는 딱 문제되기 좋은 것들이다. 따라서 일을 같이 하는 동료는 최대한 모아야 하고, 투자자들은 멀리하는 것이 좋다.

투자자라 함은 업자를 의미한다. 결국 나에게 필요한 것은 같은 목표와 비슷한 비전을 가지고 서로를 응원하고 격려하며 같이 나아갈 수 있는 동료이지, 컨설팅을 한답시고, 이래라 저래라 하며 자신의 길을 열어줄 것과 같은 자신감을 보이는 업자가 아니라는 것이다. 자고로 업자, 즉 그 업에서 이득을 보고 먹고 사는 사람은 당신을 고객의 한 사람으로 보기 때문에 당신이 가지고 있는 목표, 이상, 계획 그런 것들은 안중에 없다. 단지, 그냥 어떻게 해야 거래를 성사시키고, 커미션을 받을까, 이 사람의 주머니에서 돈을 빼낼 수 있을까 하는 것이 흥미로운 사항일 뿐이다.

그러므로 성공하기 위해서는 나 혼자가 아닌, 팀, 그것도 나와 비슷한 연령대, 비슷한 직업군, 비슷한 목표를 공유하는 사람들이 모인 그런 자리라면 훨씬 더 도움이 되고, 정신적인 안정감을 느끼는 데 큰 도움이 된다는 것이다.

하지만, 세상은 호락호락하지 않으므로 스터디나 모임을 빙자한 업자들의 침투가 자주 있다. 나도 모임을 하면 이런 저런 브로커(부동산 업자, 대출브로커 등등)들이 자주 나타나곤 했었는데, 회차가 지나면서 싹 없어졌다(그들에게 돈이 되지 않는 모임이라는 것이 확실해졌기 때문인데, 투자를 하라, 하라 하는 모임과 달리 난 투자를 하지 말라고, 신중하라고 외치니 관심이 없어지는 것 같다). 결국, 투자라는 것은 혼자 하는 것이 아닌, 팀으로 가는 것이다. 사람은 믿되 돈은 믿지 말고, 팀원은 믿되 의지하지 마라. 결국 투자는 혼자 하는 것이겠지만, 팀의 존재는 상당한 심적 위안이 된다.

## 종자돈 때문에 지는 게임

현대 사회의 대부분의 투자거리는 돈과 연루되어 있고, 또 돈의 전쟁과 맞닿아 있다. 내가 아무리 충분하다고 생각되는 자금을 확보했다고 하더라도 나보다 더 많은 누군가가 당연히 존재하는 것이 일반적이다. 따라서 얼마만큼의 종자돈을 확보했는지에 따라 같은 프로젝트라도 성공을 하느냐 하지 못하는가로 구분될 것이다.

예를 들어 한국의 내년 경제상황을 어떻게 보는가? 난 개인적으로 비관적으로 생각한다. 그렇다고 자산가치가 폭락한다는 쓸데없는 소리를 하려는 것은 아니다. 중국과 연관된 산업구조를 가지고 있는 한국의 특성상 일본이 그랬던 것과 동일하게 일본:한국=한국:중국의 등식이 성립될 것이고, 한국의 경제는 구조를 바꾸지 않는 이상 이제 하강할 가능성이 크다고 생각한다.

이런 예견을 전제로 한다면 지금은 더욱 더 현금을 확보하고 더 좋은 투자를 기다리는 시기로 삼아야 한다는 것이다.

IMF때 큰 부자가 더욱 더 많이 나왔다. 기회는 늘 위기 속에 있으므로, 내가 지금 힘들다고 하더라도, 계속 멈추지 말고 종자돈을 모으는 시기를 인내해야 하는 이유가 바로 여기에 있는 것이다. 내가 현금, 종자돈을 어느 정도 확보하고 있다면 모든 과정이 나에게 유리하게 작용하기 때문에 실패를 하려야 할 수 없는 구조가 되는 것이다.

"한국에서는 정말 돈 벌기가 어렵지 않나요?"

"정말 쉽습니다. 한국만큼 경제가 고도화되고 인구가 밀집되어 있는 곳, 교육수준이 높고, 경쟁이 치열한 곳은 없기 때문입니다."

나를 찾아오는 분들과의 대화에서 빠지지 않는 주제이다. 이렇게 한국 시장이 쉽게 보이는 이유는 한국정부만큼 부동산과 주식투자에 대해 투자를 독려하고, 시장 상황이 빨리 변화하며, 빨리 대응이 되는 시장은 없기 때문이며, 내가 한국시장에 드나드는 이유이기도 하며, 종자돈이 그래서 더 필요한 이유이기도 하다.

기억하자. 우리의 눈에 매력적인 투자처가 보이지 않는 이유는 내가 아직 가진 돈이 적어서일 뿐, 한국은 정말 매력적인 투자시장인 것을.


## 정비례하지 않는 자산 축적

프로젝트를 진행하다 보면 누군가 지금 너는 몇 퍼센트를 이루었다. 어느 정도만 더 가면 이제 끝난다는 얘기를 해 주면 좋으련만, 그런 정보가 전혀 없기 때문에, 내가 어디에 있는지 모르기 때문에 더욱 더 절망하는 경우가 많다. 내가 오늘 A라는 자금과 시간과 노력을 투자했다면 B라는 결과가 내일 나올지, 내년에 나올지 모르기 때문에 마냥 기다려야 하는 것 때문에 투자가 더욱더 어렵게 느껴진다는 말이다.

자산이 증가하는 속도는 내가 예측하거나 정확하게 측정할 수 없다. 열심히 연습해도 늘지 않는 기타를 던져 놓았다가 얼마 후에 해 보면 또 잘 되는 것처럼, 자산의 증가는 상황에 맞추어 계속 헉헉거리면서 따라 올라가다 보면 나도 모르게 증가해서, 어느 날 뒤를 돌아보면, 뿌듯해할 만큼 증가해 있는 그런 것이다.

실패하는 투자자 대부분은 고학력의 많이 배운, 그래서 분석능력이 출중한 사람이라는 것이 무엇을 의미하겠는가? 모든 변수를 넣어서 계산할 수 있는 만능공식이 존재하지 않는데, 모든 것을 분석할 수 있고, 예측할 수 있다는 잘못된 믿음에 근거하여, 나의 프로젝트를, 사업을, 투자를 머리로 해석하려 하는 우를 범함으로써 실패의 길로 들어서게 된다. 물론, 내가 행하는 모든 투자를 숫자로 표현하고 정확한 정보를 모으는 것은 대단히 중요한 일이다. 하지만, 숫자는 예전과 현재를 얘기할 수 있지만, 미래를 이야기할 수는 없다. 관리상의 툴은 될 수 있겠지만, 기획의 툴은 될 수 없다.

'회계는 중요하다. 과거와 현재를 얘기하기 때문이다. 하지만, 인사는 미래를 말한다.'

과거와 현재를 알기 위해서는 숫자의 논리대로 해석하고, 미래를 논하기 위해서는 사람에 의존해야 한다. 따라서 내가 행한 이 투자가 시간과 내 노력에 정비례해서 어느 목표까지 올라야 한다는 신념으로 분석하고 해석해서, 목표치에 미치지 못하는 자산을 빨리 매각하려 한다거나 실패한 투자로 치부하고 다른 방향을 찾는 것은 너무 이르다는 것이다.

시장은 당신이 예측할 수 없는 방향으로 항상 흐른다.

따라서, 오늘 당신이 해야 할 일은 지금 내 자산의 가치를 계산하고, 계속 옆을 살피는 것이 아니라, 지금 나의 방향은 올바른 방향으로 가고 있는가, 시간이 지남에 따라 내 호주머니에 돈은 조금씩이라도 증가하고 있는가와 같은 대승적인 부분을 먼저 보아야 한다는 것이다.

전투에서는 져도 상관이 없다. 전쟁에서만 지지 않으면 되는 것이다. 모든 전투에서 이기려 드는 장수는 큰 범위의 전쟁에서 이기기는 힘들다. 내가 신이 아닌 이상 실수할 수도 있고, 실패할 수도 있는데, 중요한 것은 실패에 대비해서 항상 나의 현금흐름을 중시하는 경향으로 포트폴리오를 만들어 둔다면 자산이 정비례하지 않아도 기다릴 수 있고, 나중에 큰 잭팟이 터질 때까지 기다릴 수 있게 되는 것이다.


## 작은 변수에 의해 큰 성은 무너진다

요즘 많은 사람들이 얘기하는 '깨진 유리창의 법칙'과 같이 작은 것에 의해 공든 탑이 무너지는 법이다. 작은 실수, 조그마한 부분들이 바로 고쳐지지 않으면 점점 커져서 더 큰 문제를 야기한다는 것이다. '고름이 시간이 지난다고 살이 되지 않는다. 고름은 그냥 하루빨리 짜내어야 하는 것이다.' 투자 또한 마찬가지다. 내가 잘못되었다고 판단한 투자가 있다면 아프지만, 지금 짜내어야 한다. 가능성 없는 그런 투자목적물을 계속 쥐고 있다

보면 다른 것 또한 영향을 받고 전체의 현금흐름이 나빠지기 때문이다.

부도가 나는 큰 회사가 오너의 독단적인 한 번의 잘못된 판단에 의해 망한다고 착각을 하는데, 오히려 반대이다. 살릴 수 있는, 회생할 수 있는 여러 번의 기회를 날리고, 더욱 더 상황을 악화시켜서 그런 결과를 맞게 되는 것인데, 그 중심에는 욕심이 자리하고 있다. 내 투자가 잘못되었다, 이대로 가면 현금흐름과 전체 자산에 문제가 된다는 것을 알고 있지만, 본전 생각에, 또 괜찮겠지 하는 안일한 생각 때문에 계속 현실을 부정하는 동안 상황은 더욱 더 악화되는 것이다. 항상 나의 주위를 살피고, 큰 흐름에서 실수하지 않도록 주의하는 것이 최선이겠으나 이미 엎질러진 물과 같이 실행이 된 투자가 잘못된 것을 뒤에 인지하였다면 어떻게 해야 할까? 잘라야 한다. 과감히.

그럼 마지막으로 이런 질문을 할 것이다. 이렇게 많은 어려움과 문제가 있음에도 불구하고, 투자를 해야 하는 이유는 무엇이며, 또 얼마가 어떻게 준비되었을 때가 진정으로 때가 온 것인지, 그리고 어떤 투자를 해야 하는지 말이다.

이는 개개인마다 다른 답이 될 수밖에 없겠으나, '마음이 동할 때'라고 할 수 있다. 그냥 옆에서 투자를 해야 한다, 이것을 하면 돈이 된다고 하니 동하는 그런 조급함이 아니라, 내 자신 스스로에게 내가 자신감이 생기는 때가 있다. 이는 단지 돈이 조금 모여서도 아니고, 공부를 조금 더 해서도 아니다. 사람의 인생이란 순리에 따를 때가 가장 효율적이고 빠른 길이라도 믿는다. 내가 조금 돈이 있다고 해도, 너무 바쁘다면 아직은 투자할 때가 아닌 것이고, 시간이 있다고 해도, 종자돈이 없다면 투자를 시작할 때가 아닌 것이다. 누구는 1000만 원이 있으니 우선 주식으로 튕겨서 부동산 투자를 하겠다고 할 수도 있고, 누구는 적금만으로 종자돈을 모아서 부동산 투자를 할 수도 있다. 누구는 1억을 들고 시작하고 누구는 10억을 들고 시작할 수도 있다. 세상의 일에 정답이 어디에 있겠는가?

다만, 가장 중요한 것은 내가 어디에 있는가를 알 때, 투자의 성공확률은 커진다는 것이다. 나의 목표는 무엇인가? 내가 가장 잘하는 것은 무엇인가? 나의 매월 현금흐름은 얼마인가? 내가 감당할 수 있는 대출 총액은 얼마인가? 등등을 고민하고 답을 가진 채 투자에 나서는 사람과 1억이라는 종자돈이 모였다고 10억짜리 경매 물건을 검색하는 사람과 어떻게 같은 결과를 얻을 수 있겠는가?

투자란 천천히, 쉬지 말고, 끊임없이, 나 스스로, 판단하고, 결정하고, 책임지는 행위이다. 큰 성공을 하는 투자를 목적하지 말고, 살아남는 투자, 실패하지 않는 투자에 대해 고민하라. 내가 창업을 얘기하고 진행하면서 항상 하는 말은 얼마를 벌 것인가가 아닌 어떻게 살아남을 것이냐 하는 것인데, 시간이 지남에 따라 1원이라도 내 주머니에 더 많은 돈이 들어오는 일을 해야 시간이 지나면서 발전이 있지, 호주머니의 돈이 없어진다면 버틸 수가 없지 않겠는가?


## 왜 투자에서 실패하는가?

답은 간단하다. 때를 기다리지 못하고, 나의 상황을 알지 못하고, 나의 자산을 알지 못한 상태에서, 모르는 투자, 왜곡된 정보에 의한 투자, 과도한 부채를 수반하는 투자를 하기 때문이다.

때론 움직이지 않는 것도, 일을 벌이지 않는 것도, 실패하는 것을 피하는 것도 좋은 투자임을 알자. 실패하는 대부분의 사람은 자기 분야에서 성공한 사람이라는 것도 기억하자. 실패는 작게 하면 약이 되고, 크게 하면 독이 되는 성질의 것이기에, 보수적인 접근만 한다면 쓴 맛에도 불구하고, 좋은 약을 얻게 되므로 행하는 것이 맞는 것이다.

# 06.
# 투자의
# 작은 원칙

   부자가 되고 싶은 당신이 선택할 수 있는 길은 얼마나 되는가? 보통 적금을 들고 예금을 드는 등의 행위- 재테크라 얘기하는- 들을 통해 얻을 수 있는 수익은 보통 연리 5%~10% 내외임을 생각하면 아직 갈 길이 까마득한 우리네 인생사에서 상황을 역전할 수 있는 "한방"이 필요하다는 생각들을 할 것이다.

   기본적인 전제로 생각해 보면, 위험이 낮은 일은 당연히 기대수익 또한 낮은 것이 사실이고 고위험은 고수익을 보장한다. 하지만, 조금 다르게 생각해 볼 수도 있는데, 그 위험도의 높고 낮다는 것이 펀드 설명서나 투자 성향 설명서에 적혀 있는 내용이 아니라, 다른 하나의 전제로서 생각해 볼 필요가 있을 것이다. 즉, 내가 위험을 조종할 수 있는 상태라면 위험도가 낮은 것이며, 내가 상황을 컨트롤할 수 없는 상황이라면 아무리 안정적인 상품이라고 해도 위험도가 높은 것이다. 내가 예상할 수 없는 상황이 생길 수 있기 때문이다.

## 펀드를 가입하지 마라

재테크를 생각하면서 내가 중요하게 생각하는 것 중 하나이다. 개인적으로 펀드는 절대 가입하지 않는다. 은행 예금·적금 이율이 낮은 상황에서 ELS니 연계상품이니 하는 많은 금융상품들이 시장에 쏟아져 나오고 있고, 또 돈이 몰리는 것도 사실이다. 그런데, 뭐 기본적인 설명은 펀드 설명서에 나와 있다고는 하지만, 개개인이 펀드 운영에 관여할 수 있는 여지는 거의 없다. 단지 그냥 펀드매니저를 '믿고' 진행하는 것이다. 뭐 물론, 회사 평판도 '믿는'것이다. 지난 10년을 비추어 볼 때 물론 펀드로 상당한 수익을 낸 분 또한 있는 것이 명백한 사실일 것이다. 그런 논리라면 기획 부동산에 속아서 산 땅도 시간이 지나서 '대박' 수익이 되는 사람 또한 있다. 중요한 것은 내가 위험을 직시할 수 있는가, 그리고 컨트롤할 수 있는가로 생각해 볼 수 있는데, 펀드라는 상품의 특성상 이득이 나면 펀드랑 나누고, 손해가 나면 그냥 '죄송'하다는 얘기를 들어야 하는 것이 사실 아닌가? 한번 만나 보지도 않은 펀드 매니저의 억대 연봉을 내 손으로 주기는 아깝지 않은가? 그리고 통상적으로 주식시장을 들여다보면, 소위 큰손이라는 펀드 매니저들이 결국 시장을 왜곡시킨다. 주식이라는 제로섬게임에서 돈이라는 총알을 많이 가진 펀드들이 한 종목을 샀다 팔았다, 지들 마음대로 장난치며 놀고, 결과가 좋으면 뭐 된 거고, 나쁘더라도 모회사, 혹은 자회사인 증권회사에 거래수수료를 잔뜩 올려 주었으니 된 것인, 뭐 이런 이상한 상황에 놓이게 되는 게임에 왜 돈을 맡기는가? 차라리 펀드를 가입할 바에야 내가 직접 선택하고, 직접 투자하고 결과에 책임지는 것이 바람직할 것이라는 생각을 한다. 어떤 종목을 사야 할지 모르겠다면 그냥 한국 경제 30대 대기업 이름을 쓴 종이를 바닥에 떨어뜨려서 가장 많이 앞으로 나간 종이에 적힌 회사 주식을 그냥 사고 잊고 있으면 은행 수익률보다 훨씬 좋게 벌 수 있다.

매스컴을 보라. 대통령/정치가 따위는 4~5년짜리 비정규직 노동자 정도로 생각하는 한국 재벌의 위력을…… 이렇게 쉽고 큰 한국 내수시장을 손에 들고 있는 한 대기업이 망할 위험은 펀드보다 훨씬 낮다. 한국경제는 퇴보하지 않는다고 확신을 해도 된다. 그 범주에 들어 있는 우리네 인생들은 한국 대기업이 망하면, 세금으로 퍼 줘야 하는 신세이니 말이다. 슬픈 현실이긴 하지만……

## 창업은 위험한 것이 아니다

얼마 전에 1인 기업가를 설명하는 무역상 얘기를 참 재미있게 보았는데, 내가 생각해도 아주 좋은 모델이라 생각한다. 전통적으로 예전 무역회사는 그 당시 돈으로 500만 원이 넘는 전화요금을 내고, 사장들은 절대 남에게 보여주지 않는 자신만의 수첩을 들고 다녔다. 거래처 명단과 연락처가 높은 금액으로 거래되기도 했다. 지금은 어떠한가? 통신기술의 발달로 인해 모든 것이 없어졌고, 진입장벽 또한 사라졌다. 결국 마음만 먹으면, 그리고 노력과 운이 수반되면, 그 어느 때보다 쉽게 일을 진행할 수 있는 환경이 된 것이다. 물론 이에 따른 부작용으로 '과대 경쟁'이 있는 것 또한 사실이지만, 작은 자본으로, 혼자서, 위험도 없이, 혼자만의 일을 시작할 수 있는 환경이 도래한 것은 주지의 사실일 것이다.

무역뿐만이 아니라, 식당 같은 요식업을 봐도 그렇다. 예전과 다른 SNS 홍보도 필요한 시기이고, 어지간한 음식의 요리법은 인터넷에서 친절하게 얘기해 주지 않는가?

세상은 바뀌었고, 성공의 방법과 돈의 흐름은 바뀌고 있는데, 전통적인 방법과 기술에만 의존한다면 어떻게 성공을 할 수 있겠는가? 조금 더 자신이 하고 있는 일을 변화시킬 수 있는 방법과 연계되어 나만의 사업을 시작할 수 있는 방법을 강구해 보라. 결국 '대박'이 되는 사업은 밑도 끝도 없이 그냥 시작한 일이 아니라 당신이 하고 있는, 지금의 경력을 살려 할 수 있는 분야가 될 것이다. 결국, 준비되지 않은 섣부른 시도가 실패를 부를 뿐 성공할 때의 리턴, 그리고 방법 등을 고려해 볼 때 창업은 크게 장려되어야 할 길이다(준비가 되지 않은 채 빨리 빨리 하고 싶어서 프렌차이즈 등에 기웃거리는 것만 빼고).


## 기다림의 미학

작년 집 정원에 사과나무를 심었는데, 농촌 생활 경험이 없지만 정원 일에 매우 열심이라 사고를 치는 아내가 위로 자라지 못하게 가지를 다 쳐버렸음에도 불구하고(원래는 가지마다 PET물병을 달아 구부러지게 해주어야 하는데) 2년 만에 단 1개의 사과를 수확(?)하는 농부의 마음을 가져 본 적이 있다.

뜬금없이 사과나무 얘기를 하는 것은 사과나무처럼, 농업처럼, 인생에서도, 일에서도 기다림이 있어야 하며, 뜻에 맞게, 어떤 때에는 어쩔 수 없이 기다려야 할 때는 기다려야 한다는 것이다. 올리브 나무나 호두나무는 사과나무와 다르게 10~20년을 기다려야 첫 수확을 하지만 생명력은 사과와 같은 과실수보다 훨씬 길고, 강하다. 즉, 내 업무분야와 나의 길이 사과나무가 아닌 호두나무나 올리브나무라면, 지금 상황이 오지 않는다면, 무리해서 뭔가를 만들려 하지 말고 그냥 조용히 엎드려서 시간을 보내는 것도 나쁘지 않다. 꼭 처음부터 1등으로 레이스를 시작한 사람이 1등으로 골인하는 것이 아니듯이, 소나기가 내린다면, 우산 없이 이슬비에 옷 젖듯 계속 가려 하지 말고, 움막 아래에서 기다리는 것이 곧 나올 햇살을 받으며 더욱 멀리/빨리 갈 수 있게 하는 동력임을 잊지 말자.

## 실패할 것만 생각하라

당신이 하나의 일을 생각한다고 하자. 잘 되었을 때는 생각할 필요 없이 좋은 것이다. 그럼 다음은 무엇인가? 계속 그리고 또 계속 최악의 경우와 상황만을 생각해라. 오늘은 장사가 잘되는데 내일은 안되면 어떻게 할까?

그럼 나의 대안은?

어떻게 더 영업을 강화할 수 있을까? 고민하고 계속 고민만 하는 것이 좋은 것은 아니겠지만, 현실에서 부정적인 요소들을 계속 생각하고 떠올리는 것이 그 길에 한 발자국도 안 들이게 되는 요인이 되기도 한다. 남들은 나에게 본질을 얘기하지 않는다. 특히나 이권이 걸려있는 상황에서 옆의 동료가, 브로커가, 내가 고객이 될 수 있는 업자가 당신 프로젝트의 나쁜 점이나 위험성에 대해서 경고하겠는가? 단지 '좋은' 게 '좋은' 것이라 얘기할 것이다. 하지만, 항상 숫자를 믿고, 계속적으로 부정적인 상황에 대해 자문하고 옆의 사람들에게 부정적인 질문을 유도하면서 나의 현재 상황을 체크해야 엉뚱한 곳에 빠지는 일이 없을 것이다.

## 다시 일어설 수 있을 만큼만 실패한다

내가 신이 아닌 이상 시작한 모든 프로젝트와 일이 성공할 수는 없는 노릇 아닌가? 영화처럼 멋지게 올인을 하는 우를 범하지는 말자는 것이다. 실패라는 것은 우리네 인생에서 아주 자연스러운 것이 되어야 한다. 내가 항상 3할 타자만 유지하자라는 생각으로 일을 진행하는 것 또한, 사람은 완벽하지 않음을 확신하기 때문이다. 보통 사람들은 4~5번 정도 스트레이트로 실패를 하고 나면, 그 다음은 큰 성공을 할 수 있는 자질을 다 가지고 있다고 생각을 한다. 중요한 것은 누가 먼저 큰 성공을 한 다음 실패를 하는가, 혹은 실패를 한 후에 성공을 하는가가 아니라, 성공을 할 때까지 누가 버티느냐 라는 생각을 한다.

예전에 만났던 지인의 아버지께서 건축업으로 엄청난 성공을 거두셨는데, 30대에 3번의 건축회사 부도를 낸 적이 있다는 얘기를 들은 적이 있다(건축자재 도매를 전국적으로 하는 회사의 부도 금액은 몇 억 수준이 아니다). 그런데 그 분은 3번을 다 사재로 막아 주신 부자 아버지 때문에 4번째 사업에서는 큰 성공을 하셨다는 것인데, 안타깝게도 이런 운 좋게 슈퍼 부자 아버지를 가진 사람은 전국에 손가락에 꼽을 것이다. 그렇다면, 이런 큰 방어막이 없는 우리들은 결국 프로젝트의 규모를 줄이는 수밖에 없다.

내가 동원할 수 있는 자금을 100이라 했을 때 레버리지까지 동원해서 200 혹은 300으로 판을 짜지 말고, 50 정도만으로 먼저 시작을 해 보고 사업의 한 사이클이 완전히 돌아간 후에 차차 투자금액을 늘리면서 상황에 따라 조금 모험을 해 보는 것이 바람직하지, 처음부터 '될 것이다'라는 믿음 하나로 100을 다 넣는 일은 없어야 할 것이다.

## 비교하지 마라

남은 남이고 나는 나이기에, 그 성공 방정식과 방법이 꼭 내 상황에 맞을 것이라는 생각을 하지 마라. 결국 나는 나의 방법을 찾아가는 것이 중요하지, 남이 성공한 방식을 인용할 수 있으나 카피할 필요까지는 없지 않겠는가? 모든 불행은 비교에서 시작한다는 말이 있다. 나는 북아프리카로 출장을 자주 가는 편인데 가서 보면, 양고기 한 조각, 생선 한 마리에 행복해하는 사람들이 있다. 내 주위의 편견, 사회적 지위, 옆에서 그럭저럭하다는 상황 때문에, 내려놓지 못한 나의 어깨 위의 부담들에 대해 너무 신경을 쓸 필요는 없다. 내가 그럴 형편이 아니라면, 차를 팔고, 지하 월세 집으로 옮기는 것이다.

그런 차이를 인정하고 나만의 현실과 형편을 아는 것은 일차적으로 나 자신을 사랑하는 길이기 때문에, 이런 철저한 자신의 위치/상황 파악이 있어야 그 다음으로 나아갈 진정한 마음이 생긴다. 나만의 가식에 갇혀, 사람들의 시선 때문에 위선적인 소비와 투자 행태를 가지고 있다면, 어떻게 나만의 방법과 길이 보이겠는가?

## 빠른 길은 없다 – 긍정적으로 생각하기

나는 지금까지 단 한 번도 내가 부자로 살지 않을 것이라는 생각을 해 본 적이 없다. 아니 내 생각 속에서는 항상 나는 부자였다. 19살에 부모님을 떠나 비행기에 오를 때 90만 원이라는 거금을 가지고 있는 부자였고, 1년 후에는 월 150만 원 이상을 저축하는 부자가 되었으며, 1년 뒤에는 인도네시아 발리에 콘도를 가진 부자가 되었다. 1년 뒤에는 멕시코의 가내수공업 공장 공동 투자가가 되었고, 1년 뒤에는 브라질에 중국제 건축자재를 유통하는 부자가 되었다, 1년 뒤에는 태국에 컴퓨터를 파는 유통업자, 그리고 그 다음 1년은 필리핀에서 등등 실패와 성공을 계속 반복했다. '중요한 것은 다시 일어설 수 있을 정도의 자금만 지킨다면 결국 인생을 즐기면서 내가 하고 싶은 일을 하는 것이 성공하는 일이다'라는 생각은 변한 적이 없다. 주위에서 '무한긍정끝판왕'이라고 놀릴 때도 있지만, 항상 뭐 잘될 것이라는 낙천적인 생각으로 주위 시선 상관치 말고 내 갈 길 가는 것이 빠른 길인 것 같다.

결국 세상일에는 왕도가 없다. 내가 하고 싶은 일을 보수적으로 하지만 끊임없이 계획하고 관리하고 실행하면서 나만의 길을 찾아가는 것, 그것만이 어떻게 보면 내가 원하는 부의 길, 경제적 자유에 이르게 되는 길이 아니겠는가?

## 목표가 이끄는 투자

내가 20세 되던 해, 무슨 생각이었는지, 법학과를 지망하지만, 돈을 벌어야겠다는 생각으로 어디서 읽은 것과 같이, 소프트뱅크 손정의 회장이 했다는 것과 같이 내 인생 설계를 해 본 적이 있다. 또 뭐 어디서 읽은 게 있어서, 30세 이립, 40세 불혹, 뭐 이런 뜬구름(?) 같은 계획이 아니라 수

치화 시켜 보자는 생각으로 내가 수중에 가진 돈을 전부 계산해서 엑셀 시트에 넣고, 20세에는 연간 수익률 100프로, 30세에는 50%, 40세에는 30%, 50세에는 20% 이런 식으로 복리로 계속 계산을 해서 먼저 결과치를 얻은 다음에, 그럼 과연 무엇으로, 어떻게 매년 2배씩 자산을 늘릴 것인지를 나름 구체적으로 서술했었다. 지금 보면 어이가 없어 실소가 나올 지경이지만 말이다.

의식했는지 안 했는지는 모르겠으나, 25세가 되던 해, 20세에 했던 인생 계획은 온데간데없이 없어져 버린 지라 다시 원점에서부터 계산을 했다. 19세에 한국을 떠나 방랑하던 20세, 그리고 다시 다른 나라로 옮긴 25세의 상황을 고려했을 때 모든 셈이 다시 되어야 하는 건 당연했다.

그리고 어느덧 다시 삼십 대 중반이 되어서, 우연히 다시 들추어 본 내 인생계획을 보고 소름이 끼칠 정도로 놀랐다. 당연히, 그리고 분명히, 모든 계획은 내가 당시에 했던 모든 계획은 말도 안 되는 프로젝트로 실행이 된 것이 없는데, 지난 15년간 나의 자산은 처음 계획대로 정확하게 증가를 하고 있었던 것이다!!

중국산 장난감을 수입해서 팔 계획, 유럽에서 민박을 한다는 계획, 뭐각 도시 한인 네트워크를 묶어서 거점화 사업을 한다는 계획 등등, 지금 보면 말도 안 되고 뜬구름 잡는 그 모든 계획 끝에 도출되었던 숫자들은 거의 뒷자리까지 맞아 들어가고 있었다.

이것이 바로 계획의 힘 아닐까? 내가 의식하든 하지 않든, 무의식중에 내가 원하는 이상향으로 정확한 지침을 주는 것, 이것이 목표의 위대함 아닐까 한다.

이 장에서는 인생 계획표 작성에 대한 내용을 서술해 볼까 한다. 인생

계획표라는 것은 복리의 위대함을 보여 주는 간단한 엑셀 시트라고 할 수 있는 아래의 그림과 같이 작성하는 것이다.

| 회 차 | 연 도 | Fixed asset | Current point | 구성 아파트 | 가게 비용1 | 투자A | A은행 예치 | 증권 투자금 |
|---|---|---|---|---|---|---|---|---|
| | | | | **인생자금계획표** | | | | |
| 1 | 2010 | ₩150,000,000 | | | | | | |
| 2 | 2011 | ₩172,500,000 | | | | | | |
| 3 | 2012 | ₩198,375,000 | | | | | | |
| 4 | 2013 | ₩228,131,250 | | | | | | |
| 5 | 2014 | ₩262,350,938 | | | | | | |
| 6 | 2015 | ₩301,703,578 | 275000000 | 150000000 | 80000000 | 20000000 | 15000000 | 10000000 |
| 7 | 2016 | ₩346,959,115 | | | | | | |
| 8 | 2017 | ₩399,002,982 | | | | | | |
| 9 | 2018 | ₩458,853,429 | | | | | | |
| 10 | 2019 | ₩527,681,444 | | | | | | |
| 11 | 2020 | ₩606,833,660 | | | | | | |
| 12 | 2021 | ₩697,858,709 | | | | | | |
| 13 | 2022 | ₩802,537,516 | | | | | | |
| 14 | 2023 | ₩922,918,143 | | | | | | |
| 15 | 2024 | ₩1,061,355,865 | | | | | | |
| 16 | 2025 | ₩1,220,559,244 | | | | | | |
| 17 | 2026 | ₩1,403,643,131 | | | | | | |
| 18 | 2027 | ₩1,614,189,601 | | | | | | |
| 19 | 2028 | ₩1,856,318,041 | | | | | | |
| 20 | 2029 | ₩2,134,765,747 | | | | | | |
| 21 | 2030 | ₩2,454,980,609 | | | | | | |
| 22 | 2031 | ₩2,823,227,700 | | | | | | |
| 23 | 2032 | ₩3,246,711,855 | | | | | | |
| 24 | 2033 | ₩3,733,718,634 | | | | | | |
| 25 | 2034 | ₩4,293,776,429 | | | | | | |
| 26 | 2035 | ₩4,937,842,893 | | | | | | |
| 27 | 2036 | ₩5,678,519,327 | | | | | | |
| 28 | 2037 | ₩6,530,297,226 | | | | | | |
| 29 | 2038 | ₩7,509,841,810 | | | | | | |
| 30 | 2039 | ₩8,636,318,081 | | | | | | |
| 31 | 2040 | ₩9,931,765,794 | | | | | | |
| 32 | 2041 | ₩11,421,530,663 | | | | | | |
| 33 | 2042 | ₩13,134,760,262 | | | | | | |
| 34 | 2043 | ₩15,104,974,301 | | | | | | |
| 35 | 2044 | ₩17,370,720,446 | | | | | | |
| 36 | 2045 | ₩19,976,328,513 | | | | | | |
| 37 | 2046 | ₩22,972,777,790 | | | | | | |
| 38 | 2047 | ₩26,418,694,459 | | | | | | |
| 39 | 2048 | ₩30,381,498,628 | | | | | | |
| 40 | 2049 | ₩34,938,723,422 | | | | | | |
| 41 | 2050 | ₩40,179,531,935 | | | | | | |
| 42 | 2051 | ₩46,206,461,725 | | | | | | |
| 43 | 2052 | ₩53,137,430,984 | | | | | | |
| 44 | 2053 | ₩61,108,045,632 | | | | | | |

## 인생계획표

인생계획표에서 보면, 중요한 것은 현재의 나의 자산을 오른쪽 면에 자세히 기록하고 전부 합쳐서 현 시점의 자산이 얼마인지를 계산해서 현재 자산으로 표기한다. 당연히 첫 해에는 목표총액 쪽의 금액과 자산총액 금액이 같아야 한다.

목표총액이란 결국, 목표치를 제시하는 것으로 표와 같이 연 15%의 수익을 가정한다고 했을 때, 자산총액 쪽의 금액은 매년 15%씩 성장을 하게 되는데, 이와 비례해서 지금 나의 자산이 어디쯤에 와 있는지를 표로 확인할 수 있게 되는 것이다.

'기준시점'이란 가상 시점으로 현재 나의 자산의 총액이 지나는 연도를 말해 주고, '현재시점'은 지금 연도를 의미한다. 나는 개인적으로 기준시점을 노란색, 현재시점은 빨간색으로 표시하는데 표와 같이 현재에는 2015년으로 현재시점이 지나고 있는데, 예시 그래프와 같이 기준시점은 2017년을 지나고 있다면, 이 사람은 현재 목표보다 2년 먼저 가고 있는 상황이라는 것을 알 수 있다. 원래 목표대로 라면 2017년에 약 3.99억 자산을 모아야 하는데, 예정보다 빨리 도달하여 2015년 기준으로 4.5억을 모았으니, 목표총액과 비교해서 2년을 앞서고 있다는 의미이다.

보통 초반에 작은 금액으로 시작하는 단계에서는 한 해가 지나면서 요구되는 금액의 정도가 월급의 합보다 작은 경우가 많으므로 초반에는 실질적인 연도와 기준 연도의 차이가 크다. 하지만, 점점 자산이 커질수록 매해 15%의 성장을 하려면 필요한 금액의 절대 액수가 커지게 되고, 따라서 점점 연도 간의 격차가 줄어드는 경우가 대부분 발생하게 된다.

그리고 팁으로 자신이 원하는 마감 절대 금액을 정해서, 여기까지 도달하면 내가 실제로 몇 살이든 상관없이 은퇴를 하겠다는 생각을 한다면, 목표치를 표에 넣고, 수시로 자신의 자산을 대입해서 확인하는 습관을 가진다면 보다 효율적으로 자산의 목표를 설정할 수 있게 될 것이다.

자산에 대한 목표치가 있는가 없는가 하는 것은 큰 차이가 있다고 할 수 있다. 대충 시간이 지나고, 해가 바뀌면 얼마를 모아야 하겠다는 막연한 목표를 세우는 것보다, 내가 원하는 수익률을 대입해서 시트를 작성해서 수시로 열어 보고 확인하면서 내가 지금 어디에 있고, 다음 단계로 넘어가기 위해서는 얼마의 자산이 더 필요한지를 점검한다면 보다 더 효율적으로 목표를 설정할 수 있을 것이다.

# 07.
# 투자자의
# 처세술

경쟁의 세계에서 살아가는 우리에게 경쟁의 결과로 만들어지는 라이벌, 경쟁상대, 대결, 적과 같은 용어는 낯선 단어가 아닐 것이다. 내가 성공하기 위해서는, 남의 희생, 남의 실패가 전제되어야 하는 스포츠 경기와 세상은 닮아 있기 때문이다. 적을 만들지 않고 승리를 할 수 있으면 금상첨화이겠으나, 이는 현실적으로 불가능한 방법이므로 가장 시장논리에 가까운 방법으로 논의를 할 수밖에 없을 것이다. 어떻게 하는 것이 나에게 가장 빠르고, 효율적인 처세술인가?

## 지는 것이 이기는 것이다

가진 것이 많은 사람은 그만큼 더 질 가능성이 높다. 가진 것이 없는 사람은 어차피 가진 것이 없으니 죽자 사자 덤빌 것이기 때문에 그런 상대와는 아예 경쟁을 회피하는 것 또한 방법이 될 것이다. 무서워서 피하는 것이 아니라, 더러워서 피하는 것이다.

센 사람이 왜 약한 사람이랑 경쟁하면 안 되는가? 세상은 이기면 당연한 것이고, 지면 비난할 것이기 때문이다. 또한 약한 놈을 때려 봐야 남는 것이 얼마 없는데다가 세상은 비정한 놈이라고 비난할 것이기 때문이다, 그래서 때론 져 주는 것 또한 방법이다. 일을 하다 보면 어쩔 수 없이, 협상을 할 수밖에 없는데, 이때 사람들은 보통 실리와 명분을 가지고 많이들 다투게 된다.

이 두 가지 원칙이 상충될 때, 가장 먼저 생각해야 하는 것은, 남의 시선과 남들이 어떻게 나, 혹은 내 조직을 바라볼 것인가가 아니라, 어떤 이득을 기대할 수 있을지에 대해 깊이 고민하는 것이라고 할 수 있다. 즉, 실리이다.

흔히, 가진 것 없는 사람이 있는 사람에게 욕심으로 대들 때, 맞받아쳐 봐야 남는 것이라고는 상처밖에 없을 것이므로, 가진 것이 '악'밖에 없는 사람을 상대할 때에는 내 자신을 더욱더 숙이고, 그래서 같은 레벨에서 얘기하고, 이해하는 척이라도 해야 말이 되고, 공감대가 형성되고 내가 원하는 쪽으로 방향을 이끌 수 있게 된다. 그래서 표면적으로는 항상 져 주는, 넓은 아량을 가진 사람처럼 보이게 하는 처세가 필요하다. 당장은 화가 나고, 판을 엎어 버리고 싶겠지만, 이런 감정적 대응이 부르는 것은 결국 분쟁과 상대의 경계밖에 없을 것이므로 협상에 임할 때 지는 것이 이기는 것이라는 생각으로 자리에 앉아야 한다.


## 속마음을 보이지 마라

업자를 상대할 때, 임차인 혹은 임대인을 상대할 때, 나와 개인적 친분이 없고, 금전적으로만 연결된 사람을 대하게 될 때 가장 필요한 처세는 나의 속마음을 절대 보여선 안 된다는 것이다.

이런 저런 사람들의 얘기를 들어 보면 관계를 무조건 좋게 하려 비굴할 정도로 모든 사람들에게 잘하려는 경향을 가진 사람이 있는데, 이도 좋은 방법은 아니다. 가장 좋은 관계 설정은 그 관계의 있는 그대로를 정확하게 지키고, 선을 지키는 사람에게는 관대한 선처를, 선을 넘는 사람에게는 철저한 응징과 보복을 함으로써 나의 권위와 관계가 정확히 설정되고 지켜지는 것임을 알아야 할 것이다.

그래서 이런 관계일수록 나의 사적인 마음이나 생각, 속마음이 알려지는 것을 철저히 경계해야 한다. 사람들은 보통 약간 편해지고, 친해졌다고 해서, 사적인 얘기도 하고, 이런 저런 얘기를 업자와 혹은 임대/임차인과 하고, 편하게 지내는 경우가 있다. 하지만, 이런 개인적 친분이 있다고 해서 그런 관계가 달라지는 것은 아니며, 당연히 조금이라도 셈이 틀리면 상대는 친하게 지내면서 알게 된 약점, 정보를 나의 이해관계에 따라 이용하게 될 것이므로 이런 관계의 사람들에게 시시콜콜한 신변잡기 등을 얘기하는 것만큼 어리석은 경우가 없다. 협상의 테이블에 앉아야 하는 사람 관계에서 이미 나의 생각과 속마음을 상대가 알고 있다면 그건 하나마나 한 협상이 될 것이 뻔하다. 따라서 절대 나의 속마음, 개인적 자료, 정보를 노출해선 안 될 것이다.


## 힘 있는 자는 떠들지 않는다

애들이 싸움을 할 때도 보면, 꼭 힘이 없는 녀석이 주먹을 쥐고 시시콜콜 떠들고 있는 것을 알 수 있다. 정말 내가 힘이 있고, 상대를 제압할 확실함이 있는 사람이라면 얘기하지 않는다. 따라서 말이 많은 자보다는 없는 자, 나의 시선을 회피하는 자를 더욱 경계해야 한다. 힘이 있고 자신이 있는 사람은 수면 밑으로 조용히 움직이며, 적당한 타이밍을 봐서 한번에 상대를 때려잡는 전략을 즐겨 사용하기 때문이다.

한 번, 두 번 계속 들었던 나쁜 소식은 정작 그 나쁜 소식이 정말 실행이 되었을 때 그렇게 큰 반향을 얻지 못한다. 사람들이 듣고, 보고, 느끼고, 준비를 했기 때문이다. 그래서 진정한 두려움과 위험은 내 앞에 보이고, 내가 예상할 수 있는 것이 아니라, 보이지 않는, 하지만, 나와 긴장관계 혹은 나를 위협할 수 있고 관계가 설정되어 있는 그 누군가가 조용히 움직이는 것에서 느껴져야 한다는 것이다. 그래서 밖으로 떠들고, 소리치는 자는 무시해도 되지만, 보이지 않는 진정한 적에 대해서 그것이 어디에 있는지를 항상 경계해야 한다.


## 나의 주머니를 남에게 보이지 마라

프로젝트에 성공하고 여유가 조금 생기고, 돈이 돌기 시작하면 남자는 자동차에, 여자는 명품에 관심이 가는 것은 어떻게 보면 자연스러울 수도 있겠으나, 나의 부의 증식을 애써서 남에게 알릴 행동은 하지 않는 것이 부를 지키는 첫 번째 덕목이라고 할 수 있다. 돈은 기본적으로 소리 나는 곳을 싫어한다. 사람이 많이 모이고, 시끄럽고, 소문난 곳에는 들지 않는다. 그리고 밖으로 자랑하면 할수록, 그래서 사람이 더 모이면 모일수록 부는 빠져나간다.

예전의 내 생활 모습과 비교해 볼 때, 자산이 증가하고, 부가 증식이 되면, 조금 더 좋은 것, 더 좋은 생활환경을 찾는 것은 사람의 본성이라고 말할 수도 있겠지만, 어떻게든 자신을 낮추고, 주위 사람들에게까지도 빈틈을 보이지 않는 것이 중요하다. 길거리에 서서, 내가 돈이 있다고 소리쳐봐야 느는 것은 구경꾼이요, 보이는 것은 손 벌리는 사람밖에 없다는 것을 알아야 한다. "조선 땅이 다 내 땅이라도 내가 얘기하지 않으면 사람들은 모른다. 그런데 사람들은 입이 항상 방정이라 돈을 지키지 못하는 법이다." 투자를 절대 드러내는 법이 없으신 한 분의 말씀이다. 나의 부가 빠르게 증가하면서, 자신감이 생기고, 어느 정도 기반이 닦이면, 사람들은 인정받기를 원하고, 자신을 봐달라는 뜻에서, 더욱 더 명품과 값비싼 소비를 하면서 부를 과시하고 싶어지는 시기를 맞이하게 되는데, 이때 더욱 더 조심하고 자신을 숙이는 연습을 하여 자신의 드러남이 없도록 해야 할 것이다.

## 하나도 모르는 척, 다 아는 척 – 바로 결정하지 마라

투자를 하면서 이런 저런 사람들과 관계를 맺고 계속 협의하고 협상하는 과정을 지속하게 되는데, 이때 하나도 모르는 척하고 다 아는 척을 해야 할 때가 발생한다. 하나도 모르는 척을 해야 할 때는 당연히 나에게 불리한 조건이 성립될 때이다. 처음이고, 초보자라 모른다고 하는데 뭐라고 하겠는가? 어설프게 아는 것이라면 아예 처음부터 모른다고 하는 것이 훨씬 더 상대방과 협상하는데 유리할 수 있다. 처음부터 싸울 의사가 없는 상대를 보면 나도 모르게 편하게 느껴서 전의를 상실하는 경우가 많기 때문이다. 조금 무리한 요구를 해야 하는 경우, 그리고 내가 불리할 경우, 조금은 막무가내로 밀어붙여도 무식이 용맹이라는 말처럼 몰라서 그렇다, 내가 처음이라 모른다는데 어떻게 하겠는가?

반대로, 나보다 모르는 사람이라는 생각이 드는 상대나, 내가 임대인의 지위로서 임차인을 만날 때와 같은 그런 경우에서의 처세는 다 아는 척을 해야 한다는 것이다. 다 안다는 것은 모든 규정과 룰을 이해하는 것이 아니라, 대세적인 분위기 등에 따라 모든 주요사항을 다 알고 있다는 것으로 상대방을 무너뜨리는 방법이라고 할 수 있다. 당연히 이를 위해서는 약간의 연기도 필요하고, 화려한 화술도 필요한 법인데, 결국, 이렇게 자신이 안다는 것을 알려 줌으로써 상대가 생각하던 수를 깰 수 있음을 알아야 한다. 협상에서 내가 소위 '꾼'이라는 느낌을 주는 것은 대단히 중요하다. 그래서 꾼들만이 사용하는 용어에 대해서 잘 이해하고 있을 필요가 있는 것이, 이런 용어를 쓰면서 시장을 이해하는 듯한 느낌을 줄 경우에는 상대가 부담을 가지기 때문이다.

하지만, 가장 중요한 것은 '절대 바로 결정하지 않는다'라는 원칙에 대해서 생각해 보는 것이라 할 수 있다. 협상을 하고, 계속 오래 대화를 하다 보면, 나도 모르게 지치고, 감정적이 되어서 섣부른 결정을 할 수 있는 가능성이 높아진다. 그리고 계속 오랜 시간 대화를 해 온 상대에서는 나도 모르게 애증의 관계가 생겨서 어떻게든 빨리 협상을 클로징하고 싶어지기 마련인데, 어떤 경우에든 바로 결정을 한 어떤 사안은 필히, 시간이 지나면 후회하고 서로 원망하는 결과를 낳기 마련이다. 그래서 중요한 회의, 협상, 대화에서는 절대 바로 결정을 할 필요가 없다는 것을 일 원칙으로 생각해야 한다. 상대방이 격하게 흔들어도, 말이 안 되어도, 어떻게든 시간을 끌고, 한 발짝 물러서서 생각해 보는 습관을 들여야 하고, 칼로 무를 베듯, 모든 것을 한번에 결정하고 실행하겠다는 계획을 세워서는 안 된다. 그렇게 내가 너무 무리하게 한번에 모든 것을 결정하려 한다면, 상대는 이를 역이용하거나, 최악의 경우에는 쥐가 고양이를 무는 것과 같이 극렬히 저항할 것이므로 결국 서로에게 감정만 상하고, 결론은 나지 않는 상황을 맞이할 것이다. 따라서, 모든 결정을 한번에 하는 것이 아니라, 계속 뜸을 들이고, 이런 저런 사람들의 많은 의견을 들어 보고, 신중히 결정하는 것이 바람직하다는 것이다. 특히나, 성격이 급하고, 다혈질인 성향을 가진 사람은 자신의 화를 다스리지 못하고, 뭔가를 바로 결정하고 즉흥적으로 계약서에 사인해서 나중에 후회하는 경우를 많이 본 적이 있을 것이다. 그래서 이런 사람일수록 더욱더 주위의 수비수가 얘기하는 것들에 대해서 생각해 볼 필요가 있을 것이다.

"오늘 당신이 모든 것을 결정하지 말고, 시간에 맡기고 상황의 변화를 보라. 그리고 나중에 흐름을 보면서 결정해도 결코 늦지 않는다."

# 08.
# 투자의
# 길

당신이 생각하는 투자의 길은 무엇인가? 누구도 미래를 알 수 없고, 내가 지금 가진 정보의 신뢰성이 흔들리는 요즘, 모든 선택을 본인이 해야 하고 결과도 본인이 받아들여야 하는 투자의 특성을 생각해 볼 때, 우리는 상당히 힘든 시기를 보내고 있다. 누가 나타나서 이것이 옳은 길이라 얘기해 주면 편할 것 같은데, 언제까지만 고생하면 길이 열리는지를 알려 주면 좋겠는데, 그런 사람, 그런 존재는 예시당초 있지 않은 것이기 때문에 더더욱 고민스럽고, 내가 해도 되는 것인지, 잘못되는 것은 아닌지, 고민이 되고 한 발 나아가기가 더 어려워진다.

## 애당초 그런 길은 없었다

누구나 가고 싶어 하고, 바라는 그런 방향의 길, 들어서기만 하면 성공이라는 문으로 연결되는 그런 길, 큰 걱정 없이 그냥 살다 보면 그냥 성공으로 가는, 그런 길은 원래 없었다. 다만, 이미 성공한 사람들이 너무나 큰 고민 없이 늘어놓는 성공담, 이렇게 했더니 너무 쉬웠어요 하는 타이틀의 책과 같이 그저 비현실적인 곳에서만 존재하는 것이다.

그럼 현실에서는 어떻겠는가? 조그만 하나의 투자를 위해서 발품을 팔고 몇 날 며칠을 고민하고, 또 물어보고, 또 물어보고, 그렇게 한발 내딛고, 한 번 경험해 보고, 다시 조금 더 해 보고, 그러면서 천천히 배워 나가면서 점차 낯섦이 익숙함이 되고, 초보가 고수가 되고 그렇게 나아가는 것이다.

## 움직이지 않는 자에게 발전은 없다

하지만, 여기서도 하나의 전제가 있다. 내가 움직여야 한다는 것이다. 내가 고민하지 않고, 내가 움직이지 않고 머릿속으로만 계산하고 있는데, 나의 투자에서 달라질 것은 없다. 부동산을 투자해 보겠다는 사람이 어느 특정 지역의 부동산 업자를 한번 만나지 않고 어떤 정보를 얻고, 어떤 투자를 할 수 있겠는가? 어떤 식으로든 내가 한번 어떤 투자를 하겠다고 맘을 먹었으면, 책만 보고 고민하지 말고 몸을 움직여 많은 사람을 만나서 나의 무지라는 튀어나온 모서리를 그 사람의 지혜와 정보로 깎아라. 그렇게 많은 사람들을 만나고, 또 부딪치다 보면 자연스레 업자의 코드, 업자의 용어를 알게 되고 그네들의 삶이 보이기 때문에 보다 쉽게 시장을 바라보는 안목이 쌓인다.

주식을 하는 사람은 더욱 더 브로커를 만나고, 부동산을 하겠다는 사람은 부동산 업자를 더 많이 만나야 하는 이유이다. 그들이 하는 말을 100% 믿거나, 혹은 전혀 신뢰하지 않을 필요는 없다. 단지, 그냥 참고만 하고 내가 직접 둘러보고 이런저런 변수들을 생각해서, 최종적으로 판단을 하는 것이다.

내가 전혀 움직이지 않는데 나의 입을 벌려서 밥을 넣어 주는 사람은, 부모밖에 없음을 기억하자.

## 보편적 타당성을 제1원칙으로 삼아라

투자라는 것은 달걀로 바위를 치는 게 아니라, 바위로 달걀을 치는 것이다. 누구도 생각할 수 없는 엄청난 수익률과 방법을 제시하고 얘기하는 사람은 100% 사기꾼일 수밖에 없는 것이, 그런 막대한 자산을 모르는 당신에게 알려줄 이유가 있을까? 투자의 가장 중요한 원칙 중 하나는 보편적 타당성 위에서 움직인다는 것이다. 대부분의 사람들이 '돈이 되겠다. 나도 해 봐야지'하는 그런 상식선에 있는 그런 투자를 해야 가장 수익률이 안정적으로 나는 것이지, 누구도 생각하지 못한 방법의, 아이템의 투자 치고 성공한 케이스가 없음을 생각하자.

보편적 타당성을 원칙으로 하면 누구나 들어오기 때문에 수익률이 낮고, 경쟁만 치열하지 않는가 하는 생각을 할 것이다. 한 대를 팔면 나는 수익은 페라리 자동차 회사가 많겠으나, 페라리가 세상에서 순익을 가장 많이 올리는 자동차 회사는 아니지 않은가? 대부분의 사람들이 잘못 생각하는 것 중에 하나는 평범하고, 일상적인 사업, 투자, 프로젝트가 큰돈을 못 벌 것이라 착각하는 것이다. 이웃집 슈퍼마켓 아저씨, 빵집 사장이 어지간한 월급쟁이보다는 훨씬 많이 벌고, 현대자동차의 가장 핵심 모델도 아반떼와 소나타지, 에쿠스가 아니다. 가장 보편적이고 일상적인 것에서, 약간의 변형을 가하여, 생각할 수 있는 나만의 투자 방법, 철칙을 확립해야지, 보물선을 찾는다, 다이아 광산이 어쩌고 하는 곳에서 성공의 글자를 찾는 것은 잘못된 것이다.


## 결국 나의 턴이 온다

블루마블 게임을 하는데 나만 항상 호텔에 빌딩이 지어진 뉴욕이나 서울에 걸리라는 법이 있나? 결국 플레이어는 같은 돈을 가지고 시작했기 때문에 나도 땅을 살 수 있고, 나도 호텔을 지을 수 있는 것이 게임의 룰이다. 물론, 승자와 패자는 있겠지만, 중요한 것은 나의 턴이 온다는 것이다.

사람마다 성공하는 시기와 때가 오는 시기는 다르다. 사주오행의 대운을 들먹이지 않아도, 사람마다 젊은 나이에 기회가 오는 사람과 나이가 들어서 오는 사람, 큰 운이 한번에 오는 사람과 작은 운이 나누어 오는 사람 등등으로 많은 차이가 있음을 경험으로, 또 상식으로 우리는 알고 있다. 중요한 것은 내 턴이 왔을 때, 비로소 세상의 조율자가 너의 때가 되었다는 것을 당신에게 알려 주었을 때, 내가 얼마만큼 나아갈 수 있는가는 나의 준비된 그릇의 크기에 의해 좌우된다는 것이다.

내가 어떤 계기로 자수성가를 한 부자를 만났는데, 사이가 친해진, 그래서 친구를 하기로 한 이 친구가, 나를 도와주기 위해서 자신의 알짜배기 지점 하나를 떼서 매각하려 할 때 나를 생각해 줘서 10억만 주고 가져가라고 하는데, 이게 일 년에 10억을 벌어 주는 사업임을 아는데, 내가 10억이라는 돈이 준비가 안 된다면 어떻겠는가? 이렇게 나의 때와 기회는 언제든 올 수 있는 것인데, 준비된 사람과 그렇지 않은 사람은, 이것을 잡을 수 있는가와 아닌 가로 나뉘게 되고, 이런 한 번의 큰 틀림에 따라 인생은 계속 그렇게 차이 나게 변하게 된다.

한번 좋은 흐름으로 들어선 사람은 충분한 기회를 또 얻을 수 있게 되어, 또 더 좋은 기회를 얻어서 성공하는 사람이 되고, 그런 기회를 잡지 못한 사람은 평범한 삶을 살 수밖에 없게 된다는 것이다. 그러므로 항상 나의 턴을 생각하고 자금을 뭉치는 버릇을 들이는 것이 내 삶의 큰 기회를 얻는 준비가 될 수 있다.


## 작은 태도가 큰 신용을 만든다

큰 한 번의 대단한 일로 당신의 신용이 만들어지는 것이 아니라, 어찌 보면 소중한 것 같이 보이지 않는 하루하루의 모든 결과가 모여 당신의 신용을 만든다. 신용이 장사에서 가장 중요한 이유는 단 하루만의 의지로 만들어지지 않는 것이기 때문이다.

일을 성공하는데 가장 중요한 것이 무엇이냐고 나에게 누군가 묻는다면 나의 즉각적인 답은 바로 '신용'이다. 신용이란 오랜 시간을 두고 그 사람이 걸어온 길을 함축적으로 보여 주는 것이라 생각한다. 그렇기 때문에, 신용이 있는 사람은 단기적으로 어려움에 빠져도 주변에서 돕고, 스스로가 돕는 행운이 생긴다.

보통 사람들이 착각하는 것 중 하나가 뭔가 큰 사업을 하기 위해서, 큰 성공을 하기 위해서 대단한 기회와 많은 준비가 있어야 된다고 믿는 것이다. 큰 성공을 위해서는 큰 한방이 필요한 것이 아니라 대단해 보이지 않는 수많은 나날중의 하루인, 바로 오늘을 열심히 삶으로 해서 얻어지는 나의 경륜과 경험이 밑바탕이 된다.

대개 뜬구름을 잡는 사람들이 하는 말은, 처음 듣기에는 그럴싸하지만, 한 번만 다르게 생각해 봐도 얼마나 황당하고, 또 불가능한, 힘든 얘기인지 알 수 있을 것이다. 그런 결론이 바로 나는 이유는 간단하다. 신용이 없는 사람이 하는 말은 진실이라 할지라도 그 힘을 받기 어려운 것이며, 신용이 있는 사람의 말은 그 자체가 거의 불가능한 것임에도 사람들이 믿어 주고, 힘을 실어 주기 때문에 그것이 결국에는 성취가 되는 것이다.

돈이 없다, 기술이 없다, 사람이 없다, 나는 왜 안 되지 하는 고민을 할 필요가 없다는 말은 여기서 적용된다. 내가 신용이 있으면, 돈이 없으면 생길 것이요, 기술이 없으면, 기술 있는 사람이나 조직이 붙을 것이며, 사람이 없으면 사람이 모여들 것이므로, 지금 내가 사업을 시작하지 못하고, 프로젝트를 시작하지 못하는 어려운 상황이라면 다른 요소를 탓할 필요 없이 나의 신용의 문제임을 직시하는 것이 중요한 것이다.


## 한번 움직이는 용기가 필요할 뿐이다

준비가 안 된 사람이 누울 자리도 보지 않고, 가랑이 찢어지게 일을 벌이는 것도 좋은 모습은 아니겠으나, 준비가 되고도 남은 사람이 계속 걱정만 하고 움직이지 않는 것은 안타깝다 못해 미련함이 보이는 상황이라고 할 수 있을 것이다.

어떤 일이든, 내가 준비가 끝나고 나면 어떻게든 경험을 해 보는 것이 중요하다. 실패를 하고, 손해를 본다고 해도, 하루라도 빨리, 어릴 때, 실패를 해 보는 것이 나중에 하는 실패보다는 훨씬 도움이 되고, 빨리 만회를 할 수 있기 때문에, 실패를 이왕 하려면 어려서 하는 것이 좋다.

그리고 아무리 글을 많이 보고, 책을 보고, 공부를 많이 해도, 많이 경험을 해 본 사람에게 이길 수는 없는 것과 같이 머리로 학습하고 공부한 지식은 행동에 의해 체득되는 실전 경험의 도움 없이는 죽은 지식이라 할 수 있을 것이다. 따라서, 천천히, 느긋하게, 착실하게 준비를 한 다음, 어느 정도 준비가 되었다는 사실이 본인에게 인지가 될 때는 맹수가 먹이를 노리듯이, 천천히 다가가다가, 한번의 결정적인 순간에는 내지르는 듯한 행동으로 돌격을 해야 한다. 먹이를 노리고 맹수가 스타트를 끊으면서 천천히 한발씩 다가가는 것을 본 적이 있는가?

투자도 이와 같이 방향을 잡고, 내가 어떤 사업을 할 것인가, 어떻게 살 것인가, 고민하고 준비할 때는 모든 요소를 생각해서 천천히, 또 신중히 생각하고 생각하는 느긋한 모습이 필요하다. 하지만, 방향성이 확인되고, 타겟이 설정이 되면, 그때는 일치의 망설임도 후회도 없이 무조건 내질러야 하는 것이다. 나는 한 번의 사업을 위해서 최소 3개월 이상의 장고를 하는 편이지만, 결정을 하고 나면 절대 후회하거나 걱정하거나, 뒤를 돌아보지 않는 편이다. 걱정을 하고 있을 시간에, 지금 진행하고 있는 프로젝트의 주위를 살피고 변수를 살피면서 관리를 하는 것이 훨씬 더 효율적이고 필요한 일이기 때문이다.

주위를 보면, 충분히 공부하고, 준비하고, 자금이 준비가 되었는데도, 아직도 뭐가 있을까, 또 뭐를 준비해야 할까 계속되는 걱정을 위한 걱정을 하고 있는 사람이 많은데, 이렇게 한발 짝을 자신이 나가지 않는데, 어떻게 무슨 일을 이룰 수 있겠는가?

## 자산보다는 현금이다

경매와 같은 투자에서 한 채를 구매하고, 전세로 돌리고, 또 그 자금으로 또 한 채를 구매하고 하는 식으로 자산의 금액 자체를 증가시키는 재미에 빠져서 투자를 하는 사람이 있는데, 이는 곧 자살의 길을 가고 있음을 알아야 한다.

빚은 빚일 뿐이고, 호가는 호가일 뿐이다. 1000억 원을 가진 부자라고 할지라도, 다 묶여서 오늘 내가 먹고 싶은 음식을 사먹을 돈이 없다면, 굶어야 하는 것이 현금흐름이다. 결국, 어떻게 성공하는 투자를 하는가 하는 것은 어떻게 실패하지 않는가 하는 이야기이고, 현금흐름에 집중하고, 항상 나의 현금흐름을 중시한다면, 실패할 확률은 급격히 줄어든다.

같은 사업, 같은 프로젝트를 진행하면서도 어떤 요소에 더욱 집중할 것인가에 따라 많은 차이가 있을 것이다. 앞서 말한 바와 같이 자산 자체 금액의 증가에 더욱 더 많은 비중을 둔다면, 자산은 커지나, 비례로 대출도 커지고, 현금흐름은 줄어들 것이다. 한 달이 지났을 때 나의 호주머니에서 돈이 나가게 만드는 모든 요소의 투자는, 그 목적물이 돈을 찍어 내지 못한다면, 진행하지 말아야 한다는 것이 나의 생각이다.

다음 년에, 그 어떤 호재가 있고, 가격이 오를 것이라는 생각이 있어도, 그것은 계획일 뿐이고, 그것이 원하는 대로 되지 않았을 경우에는, 자금이 묶여 버린다. 결국, 부동산을 단기간에 사고팔고 하면서 이익을 내겠다는 생각은 처음부터 일정 부분 리스크를 안고 있는 계획이라는 뜻이다.

하지만, 내가 현금흐름을 중시한다면 달라진다. 내년에 만약에 정말 계획대로 호재가 작동한다면, 자산 가격이 덤으로 오르니 더욱 좋은 것이고, 설사 그렇게 되지 않아도 내가 걱정할 일이 없다. 한 달이 지나면 작더라도 나의 호주머니에 조금씩 돈이 더 쌓일 것이므로 나는 지금보다는 더욱 부자가 되어 있을 것이므로 걱정할 일이 없고, 기다릴 수 있는 여유가 생기는 것이다.

절대 지지 않는 투자라는 것은 내가 유리한 쪽으로 판을 이끄는 것을 의미한다. 이렇게 내가 유리하도록 판을 짜면 큰 상황의 변화가 없는 한 내가 큰 손해를 볼 가능성은 작아지기 때문에 절대적으로 내가 유리하다.


## 자산 포트폴리오를 다시 짜라

괜히 CMA이니 펀드니 하는 그런 간접 투자 상품에 돈을 분산시키는 우를 범하지 마라. 어차피 얼마 되지 않는 돈을 나누어서 여기저기 넣어 봐야 남의 손에서, 그들의 부를 불리는 데 쓰일 뿐이다. 내가 어떤 투자를 해야겠다는 결심이 서면, 바로 그 다음에 무엇이 필요하겠는가? 현금이다.

내가 언제든 원할 때 가용할 수 있는 상태로, 모든 자금을 한 계좌에 넣어서 스탠바이 해 놓는 것이 어설프게 이자를 조금 더 받겠다고 여기저기 펼쳐 놓는 것보다 현명하다고 생각한다. 돈이란 자고로 내가 원하는 방향으로 한번에 빠르게 나갈 때 가장 집중력이 좋고, 강력한 힘을 발휘하기 때문이다.

아직 결심이 서지 않았으니 다른 데서 조금 더 굴리겠다는 생각을 한다면 생각해 보라. 여기저기 흩어져 있는 돈이 언제 현금화될지, 정확히 얼마인지 모르는데, 자신의 상황을 모르는데 어떤 결심을 하고 어떤 일을 할 수 있겠는가? 그리고 돈이 이미 뭉쳐져 있는 사업가와 같은 상태가 아닌 일반 투자가 입장에서 뭉칠 수 있는 돈이라는 것은 아무리 이자율을 잘 받아봐야 결국 한달 월급도 안 되는 수준의 차이일 것이다. 그렇다면 차라리 모든 자금을 뭉쳐서 내가 원하는 방향으로 한번에 쏘는 것이 투자를 위해서는 유리하다고 생각한다.

내 머리 속에 있는 숫자만을 의지하지 말고, 실제로 뭉쳐서 나온 돈 만큼이 나의 자산임을 알자.

모든 자금을 한곳으로 뭉쳐라.


## 아내가(남편이) 반대한다면 하지 마라

당신의 가장 가까운 데 있는 사람을 설득하지 못하는데, 어떤 사람을 설득할 수 있으며, 주위의 사람에게 인정받고, 동의 받지 못하는 정도의 신용과 계획성을 가진 당신이 어떻게 성공을 할 수 있겠는가? 결국 투자라는 것은 부부가 같이 하는 것이기 때문에 가정의 평화를 위해서, 한쪽의 동의를 받지 못한다면 절대로 투자를 진행해서는 안 된다. 한쪽이 반대한다면 그 반대하는 이유가 무엇인지를 충분히 들어 보고, 그 부족함을 제거하고, 다시 이해를 구하는 등의 방식으로, 두 사람이 결국 뜻을 맞추는 것이 필요하다. 그리고 만약 실패를 한다고 해도, 같이 동의를 하고 진행한 것이라면 같이 이겨낼 수 있을 것이나, 일방의 고집으로 시작한 것이라면 '거봐라! 내가 뭐라 그랬어!' 하는 식의 신경질적인 반응이 일어날 것이고, 결국 싸움으로 번질 것이다. 그러므로 어떤 경우에도, 부부라면, 최소한 자금적인 부분과 투자의 방향성에 대해서는 충분히 논의하고 대화하고 동의를 한 상태에서 진행을 해야 할 것이다.

## 돈에는 다 이름표가 있다

사람마다 생김새가 다르듯이, 돈마다 주인의 상황에 따라 이름이 다 다르다. 그렇기 때문에 다른 이름을 가진 돈들을 모아서 '공동투자'라는 이름으로 한데 묶으면 필시 사단이 나는 경우가 많다. 비슷한 성향의 사람들끼리 모여, 비슷한 재정상황을 확인하고, 기간을 정하고, 같은 수준의 돈을 출자해서 같은 목적의 투자를 한다면, 깨질 가능성이 적겠으나 현실적으로 이런 팀이 있기는 힘든 것이 사실이다.

따라서, 어떤 투자를 할 때에도, 나의 자금 한도 내에서, 나의 주관 하에, 나의 이름으로 실행하는 것이 가장 바람직하다고 할 것이다. 이름표가 다른 돈을 모아서 규모를 키워서, 지금 내 자산 수준보다 높은 상태의 뭔가를 한번에 이루려고 하는 순간, 눈에는 욕심이라는 마가 씌게 되고, 이때는 남들이 봤을 때 황당한 수준의 계획이 거창하게 들리고, 너무나 멋있게 보이는 상황이 되는 것이다.

이름표가 다른 돈은 섞는 것이 아니다.


## 지지 않는 전투를 준비하라

예전 글에서 항상 얘기하던 사항이다. 사업을 하던, 투자를 하건, 당신이 고민해야 할 것은 얼마나 큰 성공을 할 수 있을 것인가가 아니라, 어떻게 살아남을 수 있을 것인가, 그리고 어떻게 지지 않는 전투를 할 수 있을 것인가 하는 고민을 하는 것이다.

보통 사회에서 돈을 총알과 비교해서, 실탄이 없어서 이 일을 못 했다는 표현을 쓰는 것을 들은 적이 있을 것이다. 지지 않는 전투라 함은 당연히, 나의 현금이 마르지 않는 것을 제1원칙으로 하고, 그러므로 기다릴 수 있음을 제2원칙으로 하여, 처음엔 내가 작지만, 어떻게든 유지할 수 있는 현금흐름을 만드는 데 집중하고, 그 다음에는 그런 상황을 최선을 다해 지속시킴으로써 손해가 나지 않는 수준으로 최대한 오래 견딜 수 있게 만드는 것이다.

생로병사의 자연의 법칙은 사업에도 적용되므로 지금 나의 잘되는 사업이 영원할 수 없고, 지금 안되는 사업이 계속 안되지는 않을 것이다. 따라서, 좋은 흐름일 때, 자금이 여유가 있을 때 계속적으로 일을 벌이기보다는 내실을 유지하면서 현금을 준비하고, 흐름이 나쁠 때는 계속 비용을 줄이면서 상황의 추이를 지켜보는 방법 등으로 항상 현금흐름이 플러스가 되는 상황으로 판을 짜야 할 것이다. 현금을 중시하는 리더는 결코 지지 않는 전투를 이끌 수가 있게 되는 것이다.


## 각자의 길

누구는 이렇게 해서 돈을 벌고 성공을 했다고 하더라, 누구는 저렇게 해서 성공을 했다는 소위 '카더라' 통신이 넘쳐나는 요즘, 먼저 일군 사람의 성공 스토리가 당신에게도 똑같이 적용될 것이라 생각하는가? 물론, 큰 맥락에선 보편적인 투자를 지향하기 때문에, 맥은 같이할 수 있겠으나, 먼저 성공한 사람을 아무런 의식 없이, 모방만을 한다고 해서, 성공을 장담하지 못할 것이다. 큰 목표와 의지는 카피를 할 수 있겠지만, 자세한 실행방식은 외부환경과 변수에 따라 맞추어야 한다는 의미이다. 즉, 각자에게는 나만의, 그리고 내가 혼자 개척해야 하는 길이 따로 있다고 볼 수 있다. 이 사람에게 맞는 방법과 길이, 꼭 나에게도 맞을 것이라는 생각을 버려야 한다. 그래서, 경매로 성공한 사람이 쓴 책을 그대로 따라 한다고 해서, 내가 성공할 수 없고, 주식 투자에 성공한 사람의 노트 그대로를 따라 한다고 해서, 성공을 장담할 수가 없다. 나는 나만의 방식으로 간다는 생각으로 끊임없이 오는 유혹과 지름신의 강림을 막아 내어야 할 것이고, 나만의 방식을 개척한다는 목표로 작은 규모에서부터 나의 가능성을 시험해야 하는 것이다.

옆에서 조언이랍시고 해 주는 사람이 있겠지만, 나를 가장 잘 아는 사람은 나이기 때문에, 다른 누군가에게 의지하려 하지 말고, 나만의 방식을 찾아가는 것이 오래갈 수 있는 방법을 찾는 것 아니겠는가?

현금을 중시하고, 작은 규모의 사업/투자를 한 사이클 완성하는 것에 초점을 맞추고, 내가 결정하고, 준비하고, 공부하는 모습으로 차근차근 준비하는 것만으로 성공하는 투자의 길에 이미 들어선 당신을 발견하게 될 것이다.

# CHAPTER 3.

# 부자가 되는 법

# 01.
# 부자가 되는
# 방법

## 부의 정의 & 어떻게 부자가 될 수 있는가?

부란 무엇인가? 사회의 약속에서 기인하여 자본주의라는 형태의 사회 구조가 만들어지고, 돈이라는 수단이 발생한 결과로 잉여의 축적, 표면적인 의미로는 돈의 축적을 통해, 남들보다 많이, 상대적으로 이러한 재화를 보유한 상태를 의미할 것이다.

그럼 부는 상대적인 것인가? 그렇다고 나는 생각한다. 모든 사람이 금을 좋아하고 열망하기 때문에 금값은 다른 그 어떤 고철보다 비싸다. 하지만, 만약 사람들이 금을 하나의 전도성 좋은 금속으로만 인식한다면 금값은 어떻게 될 것인가?

10불을 가진 사람에게 백만장자는 환상이지만, 정작 백만장자는 천만장자를 그리고 그 천만장자는 억만장자를 부러워하고 따라가려 한다.

하지만, 그 몇 안 되는 억만장자는 스스로를 부자라고 인식할까?

못 만나 봐서 대답은 직접 듣지 못했지만, 아마 더 위를 보고 그 사람이 부자라고 할 것이다. 고로 세상에는 빌게이츠 단 한 명의 부자밖에 없다 (몇 년 전부터는 멕시코 슬림 아저씨로 바뀌었다).

그럼 부자란 어떤 요소를 가지고 있어야 하는가?

부자는 흔히 사회생활을 하는 데 필요하다고 생각되는 기본적 의식주+통신/이동성 수단(자동차) 등의 요소를 구매함에 있어서 상대적으로 덜 부담을 느끼거나 아예 느끼지 못하는 수준의 많은 재화 축적을 이룬 사람으로 생각할 수 있다.

이는 대단히 많은 것을 의미한다. 내가 지금 수준에는 많은 돈을 가지고 있어도 앞으로 벌이가 좋지 않을 것이라는 비관적인 전망, 혹은 앞으로 돈 쓸 데가 굉장히 많아진다는 걱정 등등의 불안요소가 모두 제거가 된 상태에서만, 이런 맘 편한 소비가 이루어질 것이고, 이런 요소를 제거하는 데에는 또 다른 돈을 필요로 하는 점을 생각을 해 보면 일정 부분, 돈에 있어서는 자유도가 있는 사람이어야 한다는 것을 의미한다.

통상적으로는 금융자산 50억 정도의 사람을 두고 '무한 소비력'을 가졌다라고 표현하는 학자가 있는데 아주 정확한 표현이라고 생각한다. 속된 말로 100억 가진 사람과 200억 가진 사람이 뭐 다른 식사를 하겠으며, 얼마나 차이 나게 두 사람이 소비를 하겠는가? 200억 자산가라고 해서 한 끼 오천만 원짜리 밥을 사 먹을 수 없고, 택시를 타고 이백만 원 정도 지출하는 경우는 없다. 결국 일상생활을 하는 데에는 어느 정도 일정한 소비의 선이 있고, 그 일정 선을 넘는 사람을 부자로 정의할 수 있을 것이다.

그럼 부자에도 등급이 있을 수 있을까?

그렇다고 생각한다. 흔히 일반인들이 생각하는 부자의 정도는 여유가 있는 정도이다. 시골의사 박경철 님이 쓴 재테크 서적에서 부자를 갑부, 을부, 병부, 정부로 구분하여 설명하는데 이를 인용하면 정확한 표현이 될 것 같다.

갑부는 흔히 얘기하는 것과 같이 하늘에서 점지해 준, 그래서 엄청난 운과 사람이 따르는 큰 부자, 을부는 자신의 피나는 노력과 주위의 도움으로 얻어지는 큰 부자, 병부는 작은 기업가, 정부는 재테크 혹은 다른 투자수단을 이용하여 상당한 부를 얻은 부자로 구분할 수 있을 것이다.

10~50억대 정도를 부동산 투자, 주식 투자, 혹은 부동산 개발 등등 재테크 수단을 잘 활용하고 자신이 노력해서 이룬 사람이라면 정부, 100억대의 기업 소유주 정도라면 병부, 1,000억대는 을부, 소위 재벌이라 불리는 사람들을 갑부로 보면 될 것이다.

재테크의 목적이 갑, 을, 병부가 되면 곤란하다. 번지수가 틀렸기 때문이다.

당연히, 부의 축적이 이루어지면 그 부를 이용해서 다른 수단으로 옮겨지게 되고 당연히 이는 기업/회사라는 조직을 통해서 확장·번영되어 가기 때문에 정부에서 그 위의 부자로 이동하지 못한다는 전제는 틀린 사실이다. 하지만, 재테크를 잘하는 것과 기업운영을 잘하는 것은 그 맥락이 완전히 다르고, 다른 분야의 일이기 때문이다.

원론적인 답부터 하나씩 찾아가 보자.

그럼 부를 얻기 위해서는 어떤 일들을 해야 하는가?

첫 번째로는 재화(돈)의 축적이 필요하다. 그럼 축적은 어떻게 해야 하는가? 잉여가 있어야 한다. 즉, 내가 쓴 돈보다 많은 돈을 벌어야 한다. 그런데 내 벌이는 일정하다. 월급쟁이이다. 그럼 어떻게 해야 하는가? 부업을 해야지, 혹은 더 월급을 올려야지, 혹은 재테크를 해야지 하는 답이 나온다. 요즘 재테크가 붐인 이유일 것이다.

그렇다. 가장 중요한 요소는 축적인데, 다들 이 원리를 알고 있지만, 그 방법이 없기 때문에 혹은 모르기 때문에 더 진행이 안 되는 것이다. 혹시나 해서 여기저기 투자 상담회를 찾아 다니고, 책을 보지만, 딱히 손에 잡히는 뭔가가 없어서 막연하기 때문에 겁나고 그렇기 때문에 더 혼란스럽다.

자본 축적을 위해서 당신이 가장 먼저 해야 할 일은 남의 말을 듣지 않는 것이다. 모든 사람은 다르고 제각기 다른 삶을 살고 있고 다른 세상에 살고 있는데, 부동산, 주식, 채권, 펀드 등등의 몇 가지 정형화된 툴로 몇백만 명이 동일한 시장에서 경쟁한다는 것은 아이러니하지 않는가. 또한 넘쳐나는 전문가라는 사람들, 그리고 전문서적 등의 가르침이라는 것은 그 사람들의 이해관계에 얽혀 있는 이득이 숨어 있는 내용일 것이고, 서로 먹고 먹히는 초원의 약육강식 시스템과 닮아 있다.

가장 좋은 아이템이라면 누구에게 절대 말하지 않고 내가 하는 것이 정석인데, 이런저런 추천을 한다는 것도 웃긴 얘기고 전문가임을 빙자해서 투자 건을 봐 주겠네 하는 것도 이해할 수 없는 얘기다. 차라리 커미셔너 계약을 하는 것이 바람직해 보이는 것은 내가 이상해서일까?

두 번째 해야 할 일은 돈을 모으는 일이다. 당연한 일이다. 여기서 모두들 화를 낼 것이다. 그 정도는 나도 안다고. 돈을 모아야 다른 일을 할 수 있다는 것을 모르는 사람이 어디 있어. 그 방법을 모르니까 하는 얘기지…… 등등의 불만을 쏟아낼 것이다. 맞는 말이다.

앞서 종자돈을 논하는 글에서도 본 것과 같이 목돈을 우선 만드는 것에 대해서는 더 이상 논할 필요가 없을 것이다. 이것은 누군가가 시킬 수 있는 일도 아니고, 절대 금액이 정해져 있는 것도 아니며, 사람마다 목표가 다르듯, 출전권이라 할 수 있는 종자돈의 규모도 다 다르기 때문이다.

하지만, 중요한 것은 내가 경험을 해 본다는 것이다. 하나의 현실적인 목표를 설정하고, 내가 직접 그 목표에 다가가기 위해서, 내 생활을 점검하고, 계획을 만들어서 이를 실천해 본다는 것, 그 결과로 내가 직접 자금 잉여를 경험하고 돈을 조금씩 불리는 경험을 한다는 것은 재테크에 있어서 굉장히 중요한 요소를 차지하는 것임에 틀림이 없다. 한번에 누군가에 의해서 만들어진 돈을 운용만 하는 것이 아니라, 내가 직접 실천하여, 목표한 무언가를 이루어 본다는 것, 자체가 좋은 경험이라는 뜻이다. 또한, 이렇게 작은 규모의 자금을 잘 운영해 보고, 한 번의 사이클을 온전히 경험해 보는 것은 다음에 조금 더 큰 규모의 자금과 목표를 운영해 볼 수 있는 자양분이 될 것이기 때문에, 막연히 예금, 적금만으로 자금을 모으되, 약간의 금액을 가지고, 세상의 흐름을 읽을 수 있는 방법에 대해서 경험 삼아 테스트해 보는 것도 나쁘지는 않을 것이다.

펀드는 하지 말라 하고선 또 웬 말이냐고 할 수 있겠지만, 내가 가장 중요하게 생각하는 것은 돈은 항상 준비된 상태여야 한다는 것과 돈은 절대 분리하는 것이 아니라는 것이다. 나머지 잔가지 전략들은 경험을 위해, 나의 공부를 위해, 간을 보는 의미에서 시작할 수도, 경험을 할 수도 있을 것이나, 자금은 항상 내가 어떤 큰 결정을 할 때 바로 움직일 수 있도록 준비되어 있어야 하고, 가급적 뭉쳐져 있어야 하며, 이런 자금을 어떻게 조금씩 준비하면서 만들어 가는지에 대해 계획을 세워 보는 것은 항상 중요한 일이라고 할 수 있을 것이다.

세 번째는 마음이다. 당신이 당신의 일을 하지 못하는 이유는 돈이 없어서가 아니다. 신용이 없기 때문이다. 돈은 은행에 널렸고 아이템은 창업 사이트에 널렸다. 당신이 해야 하는 일은 서 말인 구슬을 끼우는 일인데, 계속 실이 너무 굵어서, 실이 너무 잘 끊어져서, 혹은 구슬 상태가 나쁜지 확인을 해 봐야 해서라는 이유 등등으로 변명하고 있지 않은가?

남들이 가야 한다고 하는 길은 그냥 좋은 길 같고 내가 홀로 가야 할 길은 왠지 두렵고 낯 설고, 옆에서 한 사람이 한 소리 하면 그냥 그게 맞는 것 같아 안주하지 않는가?

은행에서 당신에게 돈을 주지 않는 이유는 돈을 제대로 갚을 수 있을지 의문이 들어서이고, 아이템이 보이지 않는 이유는 아이템에만 집착하기 때문이다. 사업을 하는 데 아이템은 20%이상 중요하지 않다. 더 중요한 것은 그것을 만들어 가는 사람들의 신용과 협력, 그리고 인내심이다. 세상의 수많은 사업 분야 중에 아무리 작은 분야의 일을 한다고 해도 그 분야에서 소위 말하는 일인자라는 사람이나 기업이 부자가 아닌 경우가 있었던가? 중요한 것은 내가 무엇인가를 꾸준히 노력하고 해 나간다고 하는 것이지, 단지 아이템이 아니다. 그 많던 조개구이집은 다 어디로 갔을까? 그 뒤로 생겨났던 안동찜닭, 춘천닭갈비, 닭강정집들은 다 어디로 갔을까?

결론적으로 부자가 되는 길은 이렇다.

우선 자기 일을 한다. 열심히 한다. 더 열심히 한다. 많이 더 열심히 한다. 그래서 돈을 번다. 조금 더 번다. 더 많이 번다. 쓰고 남은 돈을 모은다, 조금 더 모은다, 더 많이 모은다. 자기가 하던 일과 가장 자신 있는 일을 섞어서 일을 시작한다. 열심히 한다. 더 열심히 한다. 기업창업(투자) ⇨ 이윤창출 ⇨ 투자이익 ⇨ 재화의 축적 ⇨ 2 기업창업(투자) ⇨ 이윤창출…… 계속 돌아가는 이 사이클을 쉬지 않고 돌리면 부자가 된다. 이를 위해서 필요한 것은 부단한 자기 계발, 자금의 축적, 신용 정도로 압축할 수 있다. 거기에 약간의 운만 더 보태진다면 더욱 더 빨리 그 결과에 다가갈 수 있을 것이다.

# 02.
# 큰 셈을 하는 방법
# – 넓게 계산하라

우리는 살아가면서 참 많은 계획을 세우고, 또 필수적으로 계산을 한다. 일을 계획하거나 투자를 실행함에 있어, 가장 많은 시간을 할애하는 것이, 변수를 대입하여, 과연 이 투자가, 혹은 프로젝트가 성공할 수 있을 것인가에 대한 고민을 하는 것이다. 이번 글의 주제는 그런 셈에 대한 것이다. 흔히들 셈에는 큰 셈과 작은 셈이 있다고 얘기들 한다. 큰 셈이라 함은 부분적으로는 실패, 혹은 손실을 볼 수 있으나, 대승적으로 올바른 방향을 잡고 계산하는 것을 의미하며, 작은 셈은 미시적 시각을 얘기하는 것이다.

보통 투자에서의 셈은 드러나는 표면적인 현상, 그 자체에 대한 덧셈, 뺄셈을 뜻하지는 않는다. 세상사 일이라는 것이 명확하게 드러나면 얼마나 좋겠냐마는, 항상 숨어있는 변수가 있기 때문에 큰 셈을 잘한다는 것은, 단편적인 사실에 대해서는 손해가 나겠지만, 대승적으로는 승리한다는 의미를 내포하고 있다.

전투에서는 패배를 해도 상관이 없으며, 전쟁에서 이기면 된다는 얘기 또한 있다. 작은 부분까지 모조리, 그리고 한 번도 실패하지 않고, 어떠한 손실 없이 큰 승리를 이루고자 한다면 나중에는 관리의 모순까지 합쳐져서 더 큰 실패의 원인이 될 수 있기 때문에, 내줄 것은 내주고, 받을 것은 받는다는 생각으로 항상 일을 처리하는 것이 장기적으로는 맞을 것이다. 중요한 것만 내 것으로 가지고 있다면 곁가지는 신경 쓸 필요가 없다.

이를 나의 경험과 비추어 얘기를 해본다면, 중동의 한 국가에 가서 아파트를 정리했는데, 경제가 조금 안 좋다고는 하지만, 아파트 가격은 상승을 했고, 앞으로 더 오르는 것이 눈에 보였고, 게다가 지금은 환율이 너무 떨어져서 아파트 매매가로 얻은 수익은 고사하고 마이너스가 나는 상황이었지만, 과감하게 매도를 결정했다. 게다가 외국인이라고 눈에 뻔히 보이는 거짓말을 하면서 여기저기 얼마씩 더 붙여서 청구를 했지만, 아무런 반발 없이 그냥 달라는 대로 다 지불했다.

관리할 자신이 없다면, 아무리 좋은 물건이라도 과감하게 정리하는 것이 이익이다. 경제사정이 좋지 않고, 개별적으로 진행했던 사업이 잘 안된 마당에 조금 수익이 난 아파트라고 해서 가지고 있어 봐야, 관리만 어려울 것이고, 지금은 성의껏 관리해 주는 현지 친구들 또한, 시간이 지나면 어떻게 될지 장담하지 못하는 상황에서 손해를 보더라도 매도를 하고, 그 마이너스를 내가 아는 시장의 다른 물건을 구매함으로써 상쇄할 수 있을 것이라는 판단이 더욱 더 현실적이지 않은가?

때로는 알고도 더 주는 것이다.

부동산 브로커가 일반 수수료보다 더 많은 금액을 부른다는 것을 알고 있지만, 아무 내색하지 않고 지불한다. 이로써 브로커는 자신의 주머니에 더 많이 들어올 가능성이 있는 내 아파트를 더욱더 기를 쓰고 팔려 한다. 따라서 2주 만에 매도를 완료할 수 있었다. 때로는 그냥 알면서도 속아 주는 것이 현명할 수 있다.

작은 손해 때문에 망설인다면 더 큰 손해가 난다.

아파트를 팔지 않고 렌트를 준다면 아파트 가격 올라가는 것을 이득으로 얻을 수 있고, 월세에, 시간이 지나면서 환율이 회복되면, 더욱 더 큰 이득을 볼 수 있다는 생각을 하지 않은 것은 아니었으나, 내 경험상, 특히 목돈을 집어넣고 푼돈을 받는 부동산의 특성상, 작은 손해에 연연하면 큰 셈이 되질 않는다. 특히 내 나라가 아닌 곳에서 말이다.

이미 나의 잘못된 판단으로 원금 손실이 났고, 손해가 발생했는데, 이에 대한 미련으로 잘못된 결정을 바로잡으려 하지 않고, 외부 사정이 바뀌기만을 수동적으로 기다린다는 것은, 물론 때에 따라선 전화위복이 될 수도 있으나, 확률적으론 낮은 셈이다. 게다가 같은 지역 다른 물건으로 이득을 본 바 있으니 그것으로 상쇄하고, 이미 확정된 손실은 과감하게 받아들이는 것이 정신건강에 좋은 것이다.

다음 계획이 섰다면, 최대한 빨리 움직여라.

이 물건을 처분해서 다음에 어떻게 할 것이라는 판단이 섰다면 망설이지 말고 움직여야 한다. 손해는 내 눈에 보이는 것만이 아니라 각종 기회 손실 비용과 눈에 보이지 않는 비용들에 의해 점차 소리 없이 다가오는 것이다. 따라서 이번 부동산 정리 시에도, 처음 계획을 설명한지 2주 안에 즉각 매도를 했고, 결과적으로는 제법 큰 손실을 떠안았지만, 매도자금으로 집행할 또 다른 프로젝트가 이미 계획되어 있으므로, 새로운 프로젝트에서 난 이득으로 만회할 수 있을 것이다.

투자도 전쟁과 다름이 없다는 가정 하에 손자병법에서 나오는 말을 대비시켜서 생각할 수도 있다. 전쟁(투자)을 준비함에 있어서는 하여와 같이 천천히 준비하고, 또 준비하되, 전쟁(투자)이 시작되면 모든 병사를 사지로 몰아쳐 단박에 승부를 봐야 하는 것이다. 전쟁(투자)을 많이 일으킨 군주일수록 실패할 확률이 높다. 전쟁(투자)을 열 번 일으키면 필패요, 다섯 번 일으키면 지방군주요, 세 번 일으키면 왕도를 얻고, 한 번 일으킨 자가 천자가 된다.

자고로 판단과 셈은 조용히, 하지만 빠르게 가져가야 한다.

다른 예를 하나 생각해보자.

내가 한국에 거주를 하지 않으므로 한국에서 행한 부동산 투자와 공사를 감리해줄 사람이 없다는 것이 큰 문제였다. 지인을 시켜서 관리하게끔 했는데, 결국 작게 계획한 공사가 어어 하면서 1억이 넘는 돈이 내부공사 비용으로만 넘어갔다. 하지만 부르는 대로 주었고, 영수증을 한번 보자고 한 적 없고, 공사현장에 가서 본 적이 없다. 이런 나를 두고 집사람은 '게으름의 또 다른 변명', '무한긍정의 끝판 왕', '전대미문의 호갱님'이라고 놀려 대지만 나는 확신한다. 어차피 내가 일일이 확인하고 챙길 수 있는 상황이 아닌데, 내가 챙겨봐야 잡음만 생긴다. 뭐 그 사람이 소위 해먹을 가능성? 굉장히 높다. 하지만 내가 한국에 있어도 그 정도의 비용은 발생할 것이고, 해먹는다고 해도 어쩔 수 없는 것이다. 중요한 것은 공사만 빨리 끝나게 하는 것이고, 그 손실 정도는 나중에 프로젝트의 가치상승 분에서 계산을 하면 되는 것이다.

어쩌겠는가? 만일 그 분이 그런 부분이 있다면, 결국 사람을 못 본 나의 불찰이라고 생각하면 맘이 편한 것이며, 내가 챙긴다고 해서 더 잘되는 법이 없는데다가…… 뭐 해먹는다 해도, 누가 해도 해먹을 거, 아는 사람이 더 해먹으면 나중에 밥 한 그릇이라도 더 사 주지 않겠는가?

또 다른 측면으로는 세상일에 정답은 없다는 것을 항상 생각하는 것이다. 굳이 숫자로 생각해 본다면 완벽하게 채워진 1이라는 숫자는 신의 영역이라 생각하고, 지금까지 나의 타율은 0.3정도인데, 나보다 더 이 분야에 대해 잘 아는 파트너가 0.6정도 맞힌다고 보면, 내가 괜히 이래라 저래라 해서 0.3×0.6이 되면 0.18의 결과가 되어버린다. 그런 까닭에 난 그냥 나보다 더 잘 알고 경험이 많은 사람이 있다면 믿고 맡기는 편을 우선한다. 물론 경우에 따라서는 0.6+0.3이 될 수도 있겠으나 돈을 주는 쪽과 받는 쪽이 구분되어 있는 상황에서 물주의 입김이 가미되면 덧셈이 아닌 곱셈이 되어버리는 경우가 너무도 많다.

따라서 나와 일을 같이 하는 사람과는 덧셈이 되게 같이 절충을 해야 하는 것이고, 내가 일을 맡기거나 시키는, 혹은 받는 입장이라면 곱셈이 될지도 모르니, 그냥 놔두는 것이 대승적으로 승리하는 길인 것이다.

우리가 투자를 하다 보면 참 많은 경우를 만난다. 결국 시간이 흘러, 지금 내가 한 판단이 옳은 것인지, 아닌 것인지는 분명해지겠지만, 단순한 IN-OUT 팩트만을 가지고 판단하는 것과 종합적인 판단은 그 결과가 다르다고 할 수 있을 것이므로, 투자를 할 때는 단지, 내가 얼마를 투자해서 땅을 사고, 건물을 사고가 중요한 것이 아니라, 나중에 확정될 수 있는 나의 수익률, 그리고 부동산을 살 때는 먼저 팔 때를 고민하는 등의 방법으로 많은 부분, 실수를 줄여 나갈 수 있을 것이다. 본인의 경험으로 비추어 볼 때, 고름이 자라서 살이 되는 경우를 본 적이 없다. 한번 내 맘에서는 아니라는 결론이 이미 섰는데, 거기 투자된 나의 노력과 자산이 아까워서 이러지도 저러지도 못하면서 큰 셈을 하는 것에 실패해서 더욱더 큰 실패를 한 경험이 나 또한 굉장히 많다. 많은 부분, 이런 경우에는 지인들이 더욱 더 상황을 잘 알고 있으므로 사심 없이 옆에서 조언하는 말을 경청할 필요가 있다. 때로는 아주 현실적인 답변보다 이상적인 답변이 더욱 더 큰 울림을 줄 수 있듯이, 모르는 이의 객관화할 수 있는 시선이 더욱 필요할 때가 있다는 것이다.

지금 혹시 이러지도 저러지도 못하는 프로젝트(투자)로 인해서 고민하고 있는가? 확정된 손실은 그냥 확정하고 나머지 부분을 정리해서, 다시 이득을 볼 수 있는 방향을 찾는 것이 바람직할 것이다. 이미 강을 건넜는데, 강둑 너머 있는 보따리를 걱정해 봐야 달라지는 것은 없다. 남은 짐이라도 추슬러 다시 일어나면 되는 것이다.

이 세상은 내가 원하는 대로만 움직이지 않지만, 내가 세운 뜻에 의해 내 쪽으로 세상을 이용할 수는 있고, 이런 모순적 상황을 내 것으로 움직이게끔 나의 뜻과 셈을 다시 한 번 점검하길 바란다.

# 03.
# 묶어라&풀어라
# – 제한된 자본의 효율적 사용

투자를 검토함에 있어 가장 중요한 것은 자금의 준비라 할 수 있을 것이다. 물품은 널려 있고, 투자의 기회가 넘쳐나는 요즘의 시기에, 과연 어떻게 해야 효율적인 자금관리가 될 것인가 하는 것은 투자가들의 공통적인 고민이 될 것이다. 대출 없이 있는 대로 하자니, 괜시리 나만 너무 작은 것을 잡는 것 같고, 느리게 가는 것 같으며, 조금 무리를 하자니, 대출 규모와 이자율 때문에 걱정이 되는 것이다.

이는 나의 경험으로 비추어 볼 때, 규모가 작던 크던, 자금의 크기와 상관없이 항상 가지게 되는 문제이다. 내가 지금은 1원이라는 자본이 있어 2원짜리가 좋아 보이지만, 막상 2원을 가지게 되면 다시 5원짜리가 보이는 것이 당연한 인생사이기 때문이다.

이는 다시 생각해 본다면, 중요한 것은 금액의 절대 양이 아니라, 개개인의 욕심을 어떻게 통제하느냐의 문제 하나와 자금을 어떻게 제한하고 묶을 것인지에 대한 기법, 이 두 가지로 나뉜다고 할 수 있을 것이다.

첫 번째 이슈인 욕심의 통제는 개개인이 알아서 계속 노력할 수밖에 없는 문제이며, 전 글을 통해 수 차례 보수적인 접근에 대해서 논했으므로 이 글에서는 두 번째 요소인 기법적인 문제에 대해서만 얘기하기로 한다.

자금을 통제하는 방법은 큰 틀에서 보면 낚시와 같다. 대어를 낚으려면, 낚싯줄을 풀었다 감았다 하면서 보이지 않는, 물속에 있는 고기와 한판 대결을 해야 한다. 빨리 낚으려는 욕심에 낚싯줄을 너무 감으면 줄이 끊어지고, 너무 풀어 주면, 한정 없이 선이 길어져서 다른 물체가 걸리거나 생선의 동선 때문에 줄이 끊어질 수 있는 위험성이 있다. 가장 좋은 것은 적당한 거리를 두고 고기가 움직이는 동선을 확보해 주면서 인내심을 가지고 감았다 풀었다 하면서, 힘이 빠질 때까지 기다렸다가 조금씩 줄을 감아서 나에게 다가오게 해 그 고기를 낚을 수 있게 되는 것이다.

자금을 통제하는 것도 이와 같다. 너무 단기간에 승부를 내기 위해서 대출을 무리하게 잡아당기거나, 지인들에게 자금을 차입해서 프로젝트를 진행하게 되면 꼭 문제가 생기기 마련이다. 그렇다고 겁이 난다고, 투자를 하지 않을 수는 없지 않겠는가?

따라서 자금을 묶어야 할 때 묶고, 감아야 할 때는 감아야 빠른 시간 내에 종자돈을 마련하고 투자를 시작할 수 있을 수 있다.


### 언제가 감아야 할 때이고, 언제가 풀어야 할 때인가?

당신이 생각하는 프로젝트의 기획단계에서는 모든 자금을 묶어야 할 때이다. 당신이 부동산 투자를 계획한다고 하자. 밑도 끝도 없이, 옆에 나온 20억짜리 상가를 사야겠다는 생각은 계획이 아니라 망상이다. 보통 사람들은 자신의 가용자금에서 2~3배 규모에서 부동산 규모를 결정하는 경향이 있는데, 묶는다는 표현은 이 가용자금의 증가를 위해서 모든 자금을 동결하고 묶어야 한다는 의미이다.

묶는 것은 단순히 자금을 더 준비한다는 것이 아니라, 같은 양의 자금을 준비하더라도, 더 정확히, 안전한 자금을 준비하는 것을 의미한다.

지금 1억이 준비된 당신이 5억짜리 건물이 너무 맘에 든다고 하자. 수익성이나 발전성을 생각할 때 무조건 잡아야겠다는 결심이 선 당신이 다음에 할 일은 보통 은행에 타진을 하는 것인데, 4억 정도의 금액 대출을 하려면 2금융권을 가야 할 것이다. 여기서 묶는 것은 단순히 2금융을 가는 것이 아니라, 1금융에서 문의해서 2억만 해 준다고 하면 다른 루트를 통해 2억을 더 만들어서 이자금액이 더 나가는 것을 막는 것이다.

어떻게 2억을 은행이 아닌 곳에서 더 싼 금리로 조달할 수 있는가 하는 것에 대해서는 개개인의 능력이라고 할 수밖에 없을 것 같다. 주위에서, 지인들이, 친척들이 당신에게 돈을 주지 않는 것은 당신의 신용도가 낮기 때문이다. 그 사람들에게 향후 더 큰 비전을 제시할 수 있는 당신이 아니기 때문에 돈을 조달하기 어려운 것이다. 이렇듯 묶는다는 것은 단순히 돈을 준비하는 것을 넘어서서, 내가 원하는 양만큼, 원하는 시기에 조달할 수 있는 모든 준비를 의미한다.

이런 학습을 조금씩 계속 하다 보면 얼마나 자금을 조달하기 쉬운 곳이 요즘의 한국인지를 알게 될 것이다. 은행이자율은 바닥을 치고, 모두들 돈을 벌지 못해 안달이 난 상황에서, 당신이 확실한 동아줄이라는 것만 스스로 증명을 한다면, 돈은 스스로 당신에게 찾아오게 되어 있다. 나의 경우에는 내가 은행보다 높은 이자를 약속하는 것이 아님에도 맡기겠다는 돈이 넘쳐난다. 이 친구에게 돈을 빌려 주고 친하게 지내면 돈이 되는 정보를 준다는 믿음이 있고, 경험에 의해서 증명이 된 사람에 대해 어르신들이 기꺼이 내가 필요할 때 자금을 융통해 주기 때문인데, 이런 신용장(?)은 긴급하게 움직여야 하는 급급매 물건이 뜰 때 강력한 힘을 발휘한다.

푸는 것은 그럼 무엇을 의미하는가? 푸는 것은 돈을 분산시키고, 스스로 해체하는 것을 의미한다. 단순히 대출을 갚고 정리를 하는 것을 의미하는 것이 아니라, 탈출전략을 잘 짜서, 빠져야 할 때 확실히 빠짐으로써 손실/이익을 확정하고 정리하는 것을 의미한다.

투자를 처음 해서 어느 정도 성공을 하고 자리를 잡게 되면, 사업체가 되었건, 건물이 되었건, 나의 첫 투자처는 내 새끼와 같이 애지중지하게 되는 것은 당연한 일이다. 하지만, 투자는 수치상의 결과물을 목적으로 두고 하는 게임이고, 수익을 확정할 때 비로소 그 의미가 있는 것이다. 한 사이클을 마무리하는 것은 주식을 팔거나, 건물을 팔거나, 사업장을 매매하는 등등의 방식으로 자신의 투자를 마무리하는 것인데, 생각보다 이게 어렵다는 사람이 많다. 내 욕심 때문에 조금 더 받고 싶은 마음에 가장 좋을 때 빠져 나오지 못해서 손에 들어왔던 돈이라는 녀석이 다시 빠져 나가는 것을 경험한 사람이 많다고들 한다. 이는 앞서 말한 것과 같이 욕심의 통제와도 비슷한데, 달이 차면 기울며, 세상사 모든 일에는 그 끝이 있듯, 시간이 지나면, 투자도 그 끝이 있어야 하는 것이다. 돈을 푼다는 것은 이 때를 알고, 조금 아쉬워도 끝을 보고, 이익 혹은 손실을 확정하는 것이 다음 스텝을 위해서 필요한 것임을 안다는 것이다.

내 건물, 주식, 사업장은 소중하다. 하지만, 이를 계속 잡고 있다고 계속 좋아지는 것은 아니며, 또 항상 최고점에서 팔고자 한다면, 그건 단언컨대 욕심이다. 거래가 성사가 되려면, 파는 사람은 조금 싸게 파는 것 같아 아쉽고, 사는 사람은 조금 비싸게 사는 것 같아 아쉬운 수준이 되어야 되는 것이다. 일방만 이득을 보는 그런 거래는 세상에 없다. 당신이 생각하는 수준에서 20%는 신의 영역이라 생각하고 기꺼이 매각하라. 당장은 손해를 보는 것 같지만, 이렇게 수익을 확정하고, 마무리까지 해 본 경험은 당신 투자경력에 엄청난 도움이 될 것이고, 그렇게 또 풀어서 준비된 자금은 다시 묶임으로써 다른 투자 프로젝트의 묶인 돈으로 조달될 것이므로 당신에게 나쁠 것은 없다.

지금 가격이 떨어진 주식, 부동산을 가지고 있다면, 매각하라. 당신은 신일 수 없으며, 내가 산 것은 손실이 나면 안 된다는 그 전제부터가 잘못된 것이다. 잘못된 분야에, 목적물에 돈을 잘못 묶었다면, 결국은 결자해지의 원칙에 따라 당신이 그 매듭을 풀어야 한다. 풀고, 다시 준비해서 다른 더 좋은 곳에 묶으면 되는 것이다. 우리 같은 개인 투자가는 어쩔 수 없이 항상 제한된 적은 자금으로 움직이려다 보니, 같은 문제가 노출된다. 뭘 하기에는 항상 자금이 적다는 것이다. 하지만, 돈을 잘 묶고 잘 풀면서 하나하나 경험을 해 보다 보면, 나도 모르는 사이에 나의 가치를 인정해 주는 사람/조직이 생기고, 노하우가 생기면서 조달할 수 있는 자금의 양도, 방법도 늘면서 성장을 하게 되는 것이다. 따라서 조급해하지 말고, 적은 돈이라도, 남들이 놀릴 수 있는 양의 돈이라고 해도, 이를 가지고 계속 뭉쳤다 풀었다 하는 연습을 계속하라. 그럼 나중엔 그냥 한번에 가려고 했던 사람보다 훨씬 단단하고 빠른 나만의 자금이 만들어져 있을 것이다.

온실 속 난과 바위 사이를 뚫고 올라온 잡초 중에 어떤 것이 오래가겠는가? 자본주의에서는 강한 사람이 살아남는 것이 아니라, 살아남는 사람이 강한 것이므로, 실패를 하더라도 작게 많이 실패해 본 사람이 나이가 들수록, 시간이 갈수록, 빨리 더 멀리 갈 수 있게 되는 것이다.


## 좁쌀이 100번 굴러도 호박 한 번 구른 것만 못하다 - 묶어라

은행 금리가 많이 낮은 요즘, 시중에서는 여기저기 투자처를 찾아 움직이는 투자자들을 쉽게 발견할 수 있다. 경매든, 주식 투자든 많은 분야에서 노력하여 이득을 얻는 행위들은 당연히 칭찬 받아 마땅한 일일 것이나, 요즘 들어 과열되는 분위기를 보이는 것 같아, 자중할 때가 아닌가 하는 생각을 한다.

투자에는 때가 있고, 그 때라 함은 남이 움직이지 않을 때이며, 여명과 같이 움직임이 있기 바로 직전이어야 한다. 최근, 법정을 가 보면 아파트 물건은 최소 10명 이상의 경쟁자가 몰리고, 낙찰률도 80프로 이상 선에서 결정되고 있다고 한다. 혹자는 경매가 시장에 선행하므로 부동산 가격 상승의 증후로 주장하기도 하고, 혹자는 이를 투자처를 찾지 못한 자금의 이동으로 설명하기도 한다. 다 맞는 말이다.

하지만, 내 생각으로는 기본적으로 그런 경매시장 상황이라면, 당신이 이전부터 움직여 잡은 것이 아니라면, 지금은 더욱 더 들어갈 때가 아니라는 것이다. 이미 늦었다면 다음 번을 기다리는 것도 지혜롭다. 시간은 아직 많이 남아 있고, 기회는 언제든 오기 때문이다. 주식 또한 마찬가지이다. 굳이 분위기에 편승하여 움직일 필요가 없다. 외국인이 사든 팔든, 신경 쓰지 마라. 청개구리가 될 필요도 없고, 따라쟁이가 될 필요도 없다.

투자에서 성공하기 위해서는 장벽이 필요하다고 생각한다. 진입장벽이 될 수 있는 것은 물론 그런 노하우, 혹은 남들보다 조금 더 많이 준비된 자금 등등이 될 수 있는데, 중요하게 생각해봐야 할 부분은 '대박은 없다'는 것, 그리고 정상적이고 현실적인 물건을 지속적으로 구매하고 투자하는 것이 정말 부자 되는 방법이라는 것이다.

대개 처음 투자를 진행하는 사람은 어떻게 하면 작은 돈으로 큰돈을 벌수 있을까 하는 고민을 하는데 아는 실패의 지름길이다. 경매 법정 같은 곳을 가 보면 80~90프로 융자를 주선해 준다는 브로커, 이런저런 대출 알선책, 그리고 컨설팅 회사 직원들로 넘쳐난다. 그리고 그런 분위기에 혹해서, 남들은 경매해서 50채, 100채까지 늘렸다는 식의 무용담에 취해 내가 가진 돈보다 훨씬 높은 금액을 베팅하고 또 대출로 이를 막는 식의 레버리지 효과를 다 생각한다.

투자가의 심정을 이해 못 하는 바 아나나 이는 대단히 잘못된 판단이다. 부동산의 환금성은 떨어지기 때문에 어떠한 경우에라도 가치의 30%를 넘어서는 대출을 일으켜 물건을 잡는다는 것은 도박성이라고 나는 생각한다. 내가 항상 하는 말이지만, 편하게 발 펴고 잘 수 있는 정도의 압박감 이상을 주는 투자는 진행해선 안 된다.

한 번의 요행은 지나갈 수 있으나 지속적인 대박이 되는 경우는 없다. 그리고, 다른 이의 무용담에 취해 나도 한번 하는 생각을 버려라, 남은 남이고 나는 나인 것이다.

1000만 원을 넣어서 70~80프로 대출을 일으키고, 세를 받고, 나중에 팔아서 80퍼센트의 이득을 보았다는 글을 본적이 있다. 아주 높은 수익률이다. 전체 이익은 800백만 원선이다. 좋은 결과다. 그럼 내가 아는 케이스를 보자. 10억짜리 건물을 3억원의 대출을 끼고, 7억을 투자해서 잡았다가 15억에 팔면 수익률은 당연히 80퍼센트가 안 될 것이다. 하지만,

전체 이익은 얼마인가?

작은 이득에 너무 큰 의미를 두지 마라. 수익률은 그냥 숫자에 불과하다. 중요한 것은 내가 어떻게 얼마를 투자해서 얻느냐 하는 것이지 그런 퍼센티지가 아니다. 작은 투자에 너무 큰 의미를 두지 말고, 지금 내가 가진 모든 힘을 모아서 현금화시키고, 목돈을 만들어서 단 한번에, 나름대로 큰 의미를 둘 수 있고, 진입장벽이 있는, 내가 아는 분야 하나에, 한번에 그렇게 하는 것이 투자다.

남들이 뭐라고 하든 신경 쓰지 마라. 은행금리 0.1프로 더 받겠다고 힘들게 돌아다니지 말고, 남들이 한다고 주식 쳐다보지 마라. 머리 아프게 유치권이니 가등기, 근저당이니 하면서 경매하겠다고 기웃거리지도 마라. 당연히 고기 굽거나 닭 튀기는 프랜차이즈 가맹점에도 기웃거리지 마라.

결국은 작은 셈이 큰 셈을 막고 더 눈앞의 작은 이익만을 추구하게 만든다.

앞서 얘기한 것과 같이 좁쌀이 100번 굴러도 호박 한 번 구른 것을 이길 수 없는 것이 사회의 구조이다. 따라서 당신이 해야 할 일은 남들의 무용담에 혹은 매스컴의 경고에 밀려서 나에게 맞지 않는 투자 상품을 찾아다니거나, 함부로 움직이는 것이 아니라, 보수적으로 자금을 축적하고, 현금을 내 손에 쥐고, 천천히 투자할 곳을 찾아보는 것이다.

돈은 참 센스가 좋다. 어느 정도 돈이 쌓이면, 굳이 당신이 물어보지 않고, 알아보지 않는다고 해도, 옆에서 어떻게 알았는지, 좋은 소스를 알려줄 것이고, 은행은 얘기하지 않아도 전화해서 이런 저런 혜택과 함께 좋은 정보를 줄 것이다. 게다가 돈이라는 것은 어찌나 친화력이 좋은지, 돈이 쌓이면 나를 싫어하던 사람도 나를 찾아오게 되고, 내가 있는 자리는 나를 위해 존재하며, 나를 중심으로 돌아간다. 당연히 투자의 주도도 내가 하게 되고, 이런 주도적인 투자는 더욱 더 큰 수익으로 다가오기 마련이다.

아직 투자처를 모르겠는가? 돈을 어떻게 돌려야 할 지 모르겠는가? 그럼 당신은 아직 돈이 없는 것이다. 자본수익으로 뭔가를 만들려 하지 말고, 그냥 돈을 더 모으는 데 치중하라. 잔인하게 들리겠지만, 아직은 아니다.

따라서 지금 당신이 해야 할 일은 어떤 투자를 할 것인가를 찾아보러 다니는 것이 아니라 어떻게 내가 절약을 해야 내가 목표로 하는 자금을 언제까지 모을 수 있을까 하는 고민을 진지하게 하고, 필요하다면 내 모든 비용을 통제하고 절약해서 돈을 모으는 작업을 하는 것이다.

융자를 많이 해서, 대부분 전세에 물려있는 50채의 아파트, 빌라가 있는 것보다, 1개의 재대로 된, 현금이 창출되는, 번듯한 상가건물 하나를 가지고 있는 것이 재테크 측면에서 더욱 더 성공한 것이 아니겠는가? 너무 숫자에 의미를 두지 말고 건실하게 현금을 손에 쥐고 있는 방법을 택하라. 나에게 한번 들어온 돈은 어떤 식으로 하든 묶어라. 한 묶음이 될 때까지는 옆도 앞도 뒤로 보지 말고 그냥 움켜만 쥔 채로 계속 조금씩 더 크게 만들어라. 그래서 더 이상 양손에 쥘 수 없을 만큼 많아지면 그때 그걸 뭉쳐서 주식시장을 향해 던지든, 부동산에 던지든 그건 당신의 결정이다.

세상의 원리라는 것이 남들 잘되는 것이 배가 아파서 계속 돈이 쌓이는 시간을 주지 않게 하기 위해서 이런저런 유혹이 다가오는 것이다. 그런 돈이 준비되지 않았는데, 여기저기 알아보고 다니는 것은 마음만 뜨게 만들어서 좋지 않다. 허상만 보이게 되고, 남과 비교하게 되고, 그로 인해 불안과 초조, 불행이 시작된다. 돈 많이 번 사람의 무용담을 보면 그냥 칭찬하고 넘기면 된다. 한 시장이 과열된다 하면 그런가 보다 하고 넘기면 된다. 이래저래 마음이 동해 분양시장 모델하우스를 가 보면, 무리한 계약서에 사인을 하게 되고, 경매법정에 갔다 마음이 동해, 있는 돈 없는 돈 다 끌어들여서 무리한 입찰에 나서게 되는 것이다. 아직 준비가 되지 않았다면 발걸음을 옮기지 마라.

한번 던져진 돌은 내리막길에서 멈추어지지 않는다. 그러므로 한번 던지기 위해서는 그 크기를 최대한으로 만들어서 한번에 던지는 연습을 해야 한다.

작은 프로젝트에 부화뇌동하지 마라.

# 04.
# 부자가 되는 법
# – 혼자 아닌 팀 만들기

부자가 되려면 어떻게 해야 할까? 사람들이 많이들 하는 질문이다. 가장 원초적이고 직접적인 질문이기도 한데. 나 또한 20살이 넘었던 시점에서 내 자신에게 가장 많이 한 질문이기도 하고, 가장 궁금하기도 한 질문이었고, 주위에 나보다 돈이 많은 사람들에게 항상 했던 질문이기도 하다. 이미 그 수준에 도달한 사람들에게는 어떤 방법이 있을 것 같은데, 그 방법을 모르고, 사람들이 얘기하는 방법이 다 다르니, 나에게 어떤 것이 맞을지, 정작 나는 어떻게 해야 부자가 될 수 있는지가 너무나 궁금할 수밖에 없었다.

"글쎄, 그냥 돈을 벌어야지."

"땅에다가 돈을 묶어야 되지."

"주식이 답이다."

"짠돌이가 되어서 모은 돈으로 아파트를 사야 한다."

제 각기 나름대로의 경험에 비추어 답을 내 놓았고, 내가 내 인생을 통해서 찾은 답은 롱&숏 전략으로 대변되는 다각화 전략이다. 결국, 답은 하나에 있는 것이 아니라, 모든 사물과 방법이 하나의 최고에 있는 것이 아니라, 스스로 움직이고 만들어 가면서 변하고, 또 변해서, 사람마다 다르게, 각자의 방법대로 길을 찾아가는 것이며, 그것이 결국 정답이라는 것이다. 그러기 위해서는 하나의 목적물이나 방법에 얽매이지 말고, 이건 또 이렇게, 저건 또 저렇게 시류에 맞추어, 상황에 따라 유연하게 반응하면서 항상 나만의 원칙을 지키는 것이 필요하다.

사람들은 제각기 다른 성향과 성격, 본질을 가지고 있다. 누군가에게는 약이, 누군가에게는 독이 되는 것과 같이, 사람들마다 전략이 다를 수밖에 없으며, 그 길 또한 같을 수는 없을 것이다. 그래서 부자가 되려면 나만의 길을 찾는 데 주력을 해야 할 것이다.

수많은 실패를 통해서 내가 경험했던 것은 우선 나의 성향을 파악하는 것이 필요하다는 것이었다. 나란 인간은 처음 호기심을 느끼고, 뭔가를 공부하는 초기단계에는 남들보다 훨씬 빨리 배우고 속도가 나지만, 게으르고 지속성을 가지기는 힘들다. 그리고 잔머리는 좋지만, 진득이 연구하고 개발하는 것과는 관련이 멀다. 내가 아무리 돈을 지금부터 모은다고 해도 거대자본을 만들 수는 없고, 내가 지금부터 연구를 한다고 해도 잡스형처럼 위대한 제품을 만들기는 어려울 것이다. 그럼 무엇을 내가 잘할 수 있을까?

내가 찾은 답은 나의 수많은 호기심을 자극하는 사업 아이템을 찾은 다음에 일을 벌인 다음 뒤로 빠지는 전략을 수립해, 나에게 필요한 사람을 물색해서 자리를 맡기는 것이었다.

처음에는 너무 힘들 수밖에 없었다. 수백 명의 직원들이 근무하는 공장의 법인 장을 하던 사람을 트럭 3대에 직원 7명짜리 구멍가게에 데려오려니 다른 직원 인건비 절반이 넘는 금액을 한 명에게 지불해야 하고, 회사 수익은 안드로메다로 떨어지는 것 같았지만, 참고, 참고, 내 뜻을 실험하기로 했는데, 결과는 대박이었다. 치고 나가는 공격수와 뒤를 받쳐 주는 수비수가 조합을 이루니, 매출이 수직으로 상승하고, 관리비는 떨어지고, 다른 아이템에서의 조합이 일어나면서 사세가 확장되기 시작한 것이다. 몇 년이 넘는 시간을 같이하고, 얘기를 하다 보니, 이제는 눈빛만 봐도 하려는 말을 아는 사이가 된 직원들을 얼마나 데리고 있는가가 결국은 그 회사의 경쟁력이 된 것이다.

경기가 좋으면, 자연스레 설레발을 치면서 치고 나가는 나를 조직에선 적당히 놔 두고, 아무 말 없이 신규 사업을 발견하기 위해 투자모드로 전향했다가 경기가 나빠지면, 자연스럽게 내가 뒤로 빠지고, 관리 모드로 돌아서면서 자금 축적을 시작하는 분위기로 전환해서 회사의 자금을 중시하는 것과 같이, 공수의 변화는 조직에서 대단히 중요하다고 할 수 있다.

결국, 무슨 일을 하든지, 가장 중요한 것은 나의 단점을 커버해 줄 사람의 존재이며, 조합이라고 할 수 있다. 신이 아닌 이상 누구든지 단점이 있고, 장점이 있는데, 그런 나의 단점을 커버해 줄 사람이 필요하며, 이런 사람들과의 조화를 통해 같은 방향으로 투자를 집행하고 일을 같이 할 때 나의 단점이 보완되고 장점을 극대화할 수 있다.

따라서 우선 자신의 단점을 커버할 수 있는 팀을 짜는 것이 우선이고, 이후에는 롱&숏 전략을 수립하는 것이 중요하다고 할 수 있다. Long 전략은 무엇일까? 장기적 포석이다. 내가 생을 마칠 때 내가 이루고 싶은 것, 만들고 싶은 부의 목표를 짜는 것이다. Short 전략은 무엇일까? 당장 이번 달, 올해 나의 재테크 목표를 수립하는 것이다. 보통 장기 전략은 보수적으로, 그리고, 단기 전략은 조금 공격적으로 수립하는 것이 바람직할 것이다.

나는 보통 투자 밸런스를 맞출 때 우선 연간 수익률을 계산한 다음 단기 전략은 부동산과 같이 안정적인 수익을 약 30프로 정도로 하고 창업 아이템을 70프로 정도로 계산을 하는데, 창업 아이템을 진행하면, 약 30%정도의 성공확률이 있으므로 결론적으로 약 연간 15% 정도의 수익을 만드는 나의 목적이 완성되게 된다. 이렇게 언제나 보수적으로 나의 팀을 먼저 만든 다음에 현실적인 목표를 추구하고 이를 공유하는 편을 선호하게 되는데, 숫자로 제시되는 목표들에 대해서 조직원들은 더욱 신뢰하고 목표를 구체화시키기 때문이다.

사람의 성격이나 천성은 물론, 그 종류나 다양성이 인구수만큼 있겠으나, 크게 생각해 보면 수비적인 성향이 강한 관리형과 공격적인 성향이 강한 영업형이 있다고 할 수 있고, 이를 축구와 비교해 본다면 공격수와 수비수로 요약할 수 있다. 일을 하는 것도 경기를 하는 것과 마찬가지로 어느 한쪽의 일방적인 공세만으로는 승리할 수 없으며, 서로 상호 보완적인 역할을 유기적으로 잘할 때 성공적인 한 게임을 마칠 수가 있게 되는데, 상황에 따라서 공격수에 비중을 두느냐 수비수에 비중을 두느냐의 차이일 뿐, 언제나 밸런스가 중요하다. 결국, 중요한 것은 본인의 성향을 잘 파악하는 것이다. 내가 공격수라면 수비수가 필요하고, 수비적 성향이 강한 사람이라면 공격수의 도움이 필요할 것이다.

세상일이라는 것은 그렇게 강한 한쪽의 성공만으로 지지되는 것이 아니라, 밸런스가 맞아야 실패를 최소화하고 앞으로 나갈 수 있게 되는 것이다.

## 성향의 차이를 인정하라

투자를 하고 사업을 진행하는 데 있어서 가장 중요한 역량은 무엇이라고 생각하는가? 성을 빼앗으려는 자와, 성을 지키려는 자에게는 분명 다른 성향의 역량이 필요하다고 생각한다. 처음 전투를 나서는 장수가 전략에 치우쳐 잡기에만 능하다면, 용맹한 전투를 이끌 수가 없고, 성을 지켜야 하는 장수가 자신의 용맹만을 믿고, 성문 열기를 두려워하지 않는다면, 성을 지키기 어려운 것과 같은 이치일 것이다.

우리가 투자를 처음 시작하는 단계, 사업을 처음 벌이는 단계에서는 어떻게 보면, 배수진을 치고 덤비는 사람과 같이 용맹하고, 저돌적이며, 뒤를 돌아보지 않는 강인함이 필요할 것이다. 내 사업은 어차피 이룬 것 없이 처음 하는 것이고, 모르는 사람이 용맹하다고, 가진 것 없이 시장에 처음 진입하는 사람은 가장 빠르게 움직이고, 저돌적이다. 이런 사람에 맞서서 맞불작전을 놓는 것은 어지간한 중수들도 한방 크게 당할 수밖에 없어서, 보통 경험이 있는 시장진입자(기존 사업자)들은 시간을 두고 천천히 말려 죽이려 하지, 바로 들이받는 정면대응을 하지는 않는다. 아무튼, 이렇게 처음 투자를 시작하는 사람에게는 어쩔 수 없이 조금은 무모하고 조금은 겁 없는 행동이 필연적으로 따를 수밖에 없다. 모든 상황을 재고, 판단하고, 나아갈 것인지를 구분한다면, 처음부터 시작할 수 없는 싸움이기 때문이다. 그래서, 이런 단계에서는 몽상가, 행동가가 필요하다.

'안 되면 되게 하라'라는 믿음으로 있는 것 없는 것을 밀어붙여서 성공의 한 자락을 만들어 내는 행동하는 인간이 유리한 단계라는 것이다. 하지만, 그렇다고 해서, 아무런 준비 없이 그냥 뛰어들고, 열심히만 한다고 해서 모두가 성공할 수는 없다. 요즘 우리네 사회에서 '열심히 하는 것'은 누구나 하는 것이고, 이는 그냥 전제되는 것이기 때문에, 그냥 열심히 해서 되는 것이 아니라, 누울 자리는 보고 눕는다는 표현과 같이 준비할 것은 하고, 특히 자금은 충분히 보수적으로 계산을 해서 덤비되, 죽을 것과 같이 열심히 기를 내어 덤벼야 작은 성공이라도 할 수 있다는 말이다.

그럼, 크건, 작건, 어느 정도 성공을 해서, 나의 영역과 성이 만들어졌다면 어떤 역량이 필요한가?

아파트를 지을 때, 아래층이 아직 끝나지 않았는데, 계속 위로 올라갈 수는 없는 것과 같이, 투자란 것도 한번 실행이 되어서 자리가 잡히고 나면, 이를 기반으로 일정부분 기다림을 두고, 다시 내 몸의 체력을 길러야 다시 한 번 더 나아갈 수 있는데, 이런 기다림 동안 그대로 방치한다고 해서 체력이 되는 것이 아니다. 계속 나의 상황을 체크하고, 또 옆을 돌아보고, 경쟁자는 어디에 있는지, 나의 경쟁요소는 어디에 있는지, 잘못되는 것은 없는지, 끊임없이 계속 살피고, 또 그런 살피는 사람을 키우고, 시스템을 만들면서 관리를 해야, 나의 투자물이, 사업과 조직이 조금씩 더 안정되고, 관리가 되는 것이다. 이런 관리요소가 없이, 이런 기다림의 시간이 없이, 확장만을 능사로 여겨서 여기저기서 들이받고, 일을 벌이는 경영자/투자가는 그 끝이 비참할 수밖에 없는 것이다. 따라서 어느 정도 기반이 잡힐 즈음에는 공격형 인간보다는 관리형 인간이 훨씬 더 적합하고 필요한 사람이 된다.

삼국지를 보면, 유비가 장비, 관우와 함께 도원결의를 한 즈음, 처음 그들을 찾아온 신하는 간옹이고, 그 뒤로 얼마 뒤 미축, 미방 형제가 신하가 된다. 초반에는 이들이 주축이 되어 일정부분 서술되다가 후반으로 갈수록 비중이 작아지고, 제갈량 등장 이후에는 이들을 포함한 다른 신하의 얘기는 일절 나오지 않는다. 사회조직이란 이런 것이다. 어차피 군주(오너/투자자)는 결과로 말하는 것이다. 결과론적으로 내가 만든 기업/투자가 큰 성공을 해서 대기업이 된다면, 잘한 것이고, 망했다면, 어떤 과정이 있었던 간에 실패한 것이다. 하지만, 조직생활을 하는 구성원들은 자신의 역량을 계속 발전시키고, 변화시키고, 바뀐 상황에 맞추어 변형시키지 않는다면, 도태될 수밖에 없는 것이다.

오합지졸 병사 500을 데리고 출정하던 유비와, 촉국의 왕이 된 유비는 분명 같은 사람이겠으나, 같은 지위의 사람은 아닐 것이므로, 형님하고 따라다니던 장비가, 위나라 100만과 맞서는 장수로 성장하지 못했다면, 아무리 의형제로 맺어졌다 한들 크게 쓰이지 못했을 것이다.

자고로, 일을 시작하는 때와, 안정기에 접어들었을 때, 그리고 조직이 작았다가 성장할 때, 계속해서 인생의 흐름에서는 필요한 역량과 모습들이 바뀜을 얘기하는 것이다.

그럼, 나는 어떻게 이 변화를 준비해야 하는가?

사람마다 본성이 있고, 그 본성은 나의 노력에 의해 어느 정도 개선되거나 변화할 수 있겠으나, 천성이므로 근본적으로는 바뀌지 않는다. 내성적인 사람이 스피치 학원을 다니고, 사람들을 만나서 성격이 많이 개조되었다고 해도, 그 내면의 내성적이고 감성적인 부분은 변하지 않는다는 의미이다.

그렇기에 개개인이 할 수 있는 것으로는 첫째, 나의 성향을 정확히 이해하고, 둘째, 나의 성향의 부족함을 알고, 셋째 나의 부족함을 채울 사람을 만나는 것이다. 성격이 소극적이고, 내성적인 사람이라면, 나를 대신해서 공격적으로 영업을 하고, 사람을 만나고, 조직을 장악할 2인자를 구하면 될 것이고, 내가 공격적이고, 일 편향적으로 능동적인 사람이라면, 대개 이런 사람이 손끝은 여물지 못하므로, 나를 대신해서 회계를 하고, 관리를 하고, 돈의 흐름을 짚어 줄 사람이 필요하다는 것이다.

예로 학자 타입이라 무엇을 연구하고 만들어 내는 데 몰입할 수 있고, 이를 잘하는 사람인데, 기업이 커지면서 경영을 해야 하고, 돈 관리를 해야 하는 상황이 오면 보통 사람들은 애써서 이를 하려 하다 무너진다. 내가 원하지 않는 것, 할 수 없는 것을 하려니 재미도, 감동도 없고, 스트레스만 되고, 또 이가 잘 실행이 되지 않아 전체적인 밸런스가 무너진다는 것이다.

결국, 성공하는 투자, 성공하는 사업이 되려면, 내가 가장 잘할 수 있는 것을 파고들고, 나의 약점은 이를 보완할 수 있는 대체재, 다른 사람의 도움을 받는 것이 훨씬 효율적이라는 것이다.

그럼 사람을 어떻게 믿는가 하는 원론적인 물음이 또 생길 것이다. 열 길 물속은 알아도 한 사람의 마음속은 모른다는 얘기와 같이 다른 사람이 나와 같이 생각을 하게 할 수 없으므로, 사람을 세운다고 해도, 또 어떻게 믿을 수 있겠는가 하는 원초적인 의문이 들 수밖에 없다.

내 경험으로 이를 막기 위해서는 결국, 의사소통을 보다 적극적으로, 더 많이 하는 수밖에 없다. 내가 싫어하는 것은 그 업무 본연의 시스템이지, 일 자체가 아니기 때문에, 계속해서 관심을 가지고, 나를 도와주는 사람에게 배운다는 생각으로 더 많이 물어보고, 공부하고, 옆에서 지켜보고, 인간 대 인간으로 보다 많은 일상사를 공유한다면, 진정으로 이 사람은 내 사람이 되기 때문에 일반적으로 생각하는 그런 큰 문제를 비켜갈 수 있게 된다.

사장이 있고 없고에 따라 직원들의 발걸음이 바뀐다는 말이 있다. 기본적으로는 맞는 말이다. 하지만, 조직원들이 나를 사장으로 알지 못한다면 어떻게 되겠는가? 나를 의식할 필요가 없어진다. 결국, 내가 관리해야 하는 사람은 전체의 조직원이 아니라, 그 조직을 나 대신 장악하고 있는 단한 사람이 되기 때문에, 그 사람의 진정성과 나의 합리적 의심이 선을 넘지 않는 선에서 유지된다면 문제될 것이 없게 된다고 할 수 있다. 내가 생각하는 큰 조직은 이런 시스템으로 구축되기 때문에 총수라는 개인이 전체의 시스템을 장악할 수 있다고 생각한다.

　결국, 성공하는 투자를 하기 위해서는, 나와 다른 누군가의 조력이 필요하고, 어떻게 그 사람의 진정성을 이끌어 내는가 하는 것이 가장 큰 성공의 열쇠가 될 것이라 생각한다. 하나보다는 둘, 둘보다는 셋이 함께 나아가는 길이 훨씬 외롭지 않고, 합리적일 것이기 때문이다. 따라서 성공을 하고 싶은 자는, 꼭 같은 밥을 먹는 조직이 아니라고 하더라도, 내 주위에서 간단히 맥주 한잔을 같이하면서 나에게 전혀 다른 시각과 방향에서 조언을 해 줄 사람을 곁에 두는 것을 어려워해서는 안 된다. 아무래도 직업을 가지고, 사회생활을 하다 보면, 나와 비슷한 부류의 사람과 계속 생활하게 되는데, 계속해서 다른 부류의 사람들과 만나기 위해 노력하고, 기회를 만듦으로써 완전히 다른 분야의 얘기를 듣고, 이를 반영해서 또 내 사업과 투자에 적용할 수 있게 되므로 다른 부류의 인간, 다양한 계층의 사람을 만나는 것을 즐거워해야 나의 인성과 시각 또한 깎이고 성장하는 것이다.

　내가 실패를 해 보는 것도 경험이요, 남의 실패를 들어 보는 것도 경험이며, 나의 성공을 남에게 보이는 것도 경험이고, 남의 평가를 받는 것도 경험이며, 나와 다른 사람의, 다른 시각과 다른 의견도 경청하고 들어 보는 것도 큰 공부이기 때문에, 결국, 지키는 자와 공격하는 자의 다름에서 시작하여, 결국 나의 현재를 아는 것, 그리고 나아갈 방향을 찾는 것, 이 것들의 해답은 결국 다른 사람과의 소통에 있다고 할 수 있을 것이다.

# 05.
# 자신만의 팀을 구축하라
# – 팀워크의 중요성

사람은 크게 보면 두 가지 타입이 있다. 크게 두 가지, 즉 공격적 성향의 사람과 수비적 성향의 사람이 있다고 정의할 수 있을 것인데, 축구경기를 이기기 위해서는 공격과 수비가 조화롭고 유기적으로 돌아가야 하는 것처럼 일이 잘 풀리고, 투자나 업무가 원활하게 돌아가기 위해서는 무엇보다 공수의 밸런스가 중요하다.

투자나 일이 잘되기 위해서는 당연하게 '수익'이 필요하다. 이를 가지고 오는 것이 영업조직, 혹은 투자 결정이라면 이를 적극적으로 만들어 내는 타입은 공격수적 성향을 가지고 있다. 보통 이런 성향을 가진 사람은 적극적이고, 사람을 만나고 얘기하는 것을 좋아하며, 리더적인 성향을 가지고 있다.

반대로, 회사나 조직, 투자 운영 등에서는 누군가는 '살림'을 살아 줄 사람이 필요하다. 강력하게 비용을 통제하고, 자금을 관리하며, 인력효율성, 작업의 효율성을 높이기 위해 부단히 노력하는 사람을 의미한다. 이는 수비적 성향이라고 할 수 있다.

당신은 어떤 부류에 속하는가?

이에 대한 답을 하기 앞서, 어떤 이가 조직의 수장이 되고, 결정권을 가질 때, 조직이나 투자가 흥할 수 있는지를 생각해 보자. 대다수의 조직, 프로젝트에서 공격적 성향의 사람이 보통 리더가 됨을 우리는 쉽게 예측할 수 있다. 남들이 원하는 얘기를 적재적소에 할 수 있고, 카리스마가 있기 때문에, 강력하게 자신의 주장을 어필하고 사람들을 이끌 수 있기 때문이다. 보통 수비적 성향의 사람의 경우에 자신을 드러내기 어려워하고, 자신의 소신을 정확하게 표현하고 통제하는 것에 약한 경우가 많기 때문에 쉽게 끌려가는 경우가 많다.

하지만, 성공한 기업이나 투자 사례를 보면 의외로 공격적인 성향을 가진 리더가 잘못된 판단을 하고 일을 그르치며, 조용한 리더가 성공한 경우가 많다. 우리가 흔히 생각하는 그런 구조가 항상 사회적 성공에서 통하는 경우는 아니라는 것이다.

그럼 성공하는 조직과 투자 등등은 어떻게 구축되는가?

바로 상호 작용에 그 답이 있다. 정주영 회장같이 자신이 모든 것을 리드하고 밀어붙이는 리더 뒤에는 안방마님처럼 강력한 리더 뒤에서 살림을 살아 주는 2인자가 있다. 보통 이런 성향의 리더의 경우에는 일이 잘못되었을 때 화만 내면서 모든 것을 지워 버리려 하는 경향이 있고, 쉽게 지치고 감정적으로 일을 처리하는 경우가 많은데, 2인자가 밸런스를 맞추는 것이다. 공격적 성향의 리더는 사람에 대해 한번 실망을 해 버리면, 다시는 보지 않고 내치는 성향이 있고, 이런 문제점들이 나간 사람들이 적이 되는 악순환이 벌어지게 될 수 있는 여지를 준다. 이때 2인자의 역할은 중간지점이 되어, 상황을 조율하고, 때로는 조언을 하며, 공격적 리더의 강력한 지시가 조직 전체에 퍼질 때 그 강도를 완화시키면서 소프트 랜딩이 될 수 있도록 해 주는 역할을 하는 것이다.

또한 재무적으로도 공격적 성향의 리더는 몽상가적인 성향이 있으므로 제대로 생각해 보지 않고 막무가내로 일을 벌이거나, 사업을 시작하는 부분이 있는데, 2인자는 이를 최대한 현실화시킬 수 있는 방향으로 이끌고, 몽상가가 만들어낸 뜬구름 잡는 계획을 땅으로 내리는 현실적인 보완을 실행한다.

일인자가 수비적 성향의 사람이라면, 2인자는 보통 보다 적극적인 사람이 될 경우가 많다. 별 세 개짜리 전자회사의 경우처럼 일인자가 계속 숨길 원하고 대중에 들어내는 것을 달가워하지 않는 은둔형 리더일 경우 조직의 입이 되고, 전선에 나서서 진두지휘를 하는 2인자는 보다 강력한 카리스마를 가져야 하고, 공격적 성향을 띄게 된다. 이 경우, 일인자는 보통 뒤로 빠져 결정과 기획만을 하고 야전 실행은 2인자가 맡게 되는데, 대중에 노출되는 빈도수는 전자에 비해 훨씬 크기 때문에 보다 더 힘을 가진 것으로 착각하게 되는 경우가 많으나, 일인자의 눈 밖에 나서 내쳐지는 경우가 전자보다 훨씬 많다. 왜냐면 모든 것을 진두지휘하는 리더의 경우에는 끝장을 보는 스타일이라 죽어도 같이 죽고 살아도 같이 사는 성향을 보이는 반면, 수비적 리더는 항상 어떻게 큰 성공을 할 것인가가 아니라, 어떻게 하면 적자를 보지 않을까에 주력하기 때문에 상황이 나빠지면 항상 주도하는 인물의 탓을 하는 경우가 많기 때문이다.

후자는 전자에 비해 훨씬 큰 기회와 보상이 있는 반면 더 큰 리스크가 있음을 알 수 있다. 이런 성향을 가진 리더의 경우에는 보다 적극적이고, 공격적인 2인자, 그래서 자신의 계획을 말하기만 하면, 그대로 실행하는, 말 그대로 까라면 까는 매니저를 선호하게 되고, 2인자는 리더의 계획을 실현시키는 도구로 사용된다 할 수 있다.

공격적인 리더의 조직이라면 조직은 아직 땅에 있는데, 리더 혼자 하늘 위를 날면서 땅 위의 조직에게 높은 비전을 제시하면서 끌어올리려 할 것이요, 수비적인 리더의 조직이라면, 조직은 이미 하늘을 날고 있는데, 리더 혼자 지상에 앉아서 주판 알을 튕기면서 언제 내가 올라갈 것인지를 계산하고 있는 형국이라 생각할 수 있다.

자 여기서 이제 당신의 얘기를 해 보자. 당신은 어떤 성향의 사람인가? 공격적인 성향의 전자인가, 아니면 수비적 성향의 후자인가?

당신이 전자라면, 당신은 이렇게 해야 한다. 우선 2인자를 자신보다 훨씬 경력이나 연배가 많은 사람 중에서 찾아야 한다. 그렇지 않으면 당신이 그 사람을 마음대로 움직일 수 있기 때문에 존재의 의미가 없어진다. 조직이 아니라면, 그리고 작은 투자 건이라면, 배우자나 친척, 동료, 친구가 될 수도 있다. 그리고 그 사람에게 전권을 주고 당신은 당신이 제일 잘할 수 있는 업무에 집중하라. 보통은 일을 만들고, 계획하고 주도해서 초기 셋팅을 잡는 일이 당신이 제일 잘하고 자신 있어 하는 일일 것이다.

돈이 보이고, 무엇인가 될 것 같고. 무조건 성공할 것 같은 프로젝트나 일이 보이는가? 그럼 수비적 성향의 사람들과 의논하라. 반드시, 그리고 필연적으로 부정적인 의견을 제시할 것이다. 이건 이래서, 저건 저래서 힘들 것이라는 그들의 말을 그대로 믿고, 보완에 들어가라. 그 사람들이 '이제는 되었군'이라는 말을 할 때까지 당신의 사업이나 프로젝트를 검증하고 문제점을 보완하고, 재검토를 하라. 이때 절대 당신의 의견이나 강력한 의지가 그 사람들에게 전이되어서는 안 된다. 어쩔 수 없이 2인자는 1인자의 눈치를 볼 수밖에 없기 때문이다. 자유롭게 비판할 수 있도록 길을 열어 주고 경청하고, 그 사람들을 만족·이해시킬 때까지 당신의 계획을 보완하라. 그래야 뜬구름 위의 당신의 계획이 땅 위로 내려올 수 있는 실행안이 나온다.

그리고 실행이 결정되면, 그 사람에게 금전적 전권을 위임하고 당신은 큰 틀에서만 확인하고 일일이 간섭하려 하지 마라. 손끝이 여물지 않은 당신이 어설프게 손대는 금전관리는 보다 큰 혼란과 잡음만을 만들뿐이다. 믿을 수 있는 사람이 아니라면 쓰지는 말고, 일을 맡겼다면 믿어라.

이렇게 2인자가 항상 당신의 목 뒤에서 당신의 뒷목을 계속 잡아당기게끔 그대로 두라. 당신이 앞으로 달려 나가는 것과 이인자가 뒤를 끄는 위치의 중간지점이 가장 성공을 할 수 있는 지점이다. 그 지점을 찾고 그 접점에서 일을 시작하면 큰 실패를 할 가능성이 낮아진다.

당신이 수비적 성향을 가진 후자 쪽이라면, 당신은 강력한 엔진이 필요하다. 보통 당신의 문제는 너무 신중하다는 것과 주위에 자신과 같은 사람들을 두려고 한다는 것이다. 그래서는 조직자체가 경직이 되고, 너무 신중한 나머지 기회를 놓칠 수밖에 없다. 이런 경우의 사람이라면, 몽상가 하나쯤 옆에 둘 필요가 있다.

실없는 소리를 잘하는 친구를 옆에 하나 두고 경청하라. 말도 안 되는 계획과 전혀 실현 불가능한 계획만을 얘기할 것이다. 그냥 듣고 흘리더라도, 그런 자리를 더욱 많이 만들기 위해 노력해야 하고 인간관계를 넓히는 데 보다 주력해야 한다.

그리고 무엇보다 중요한 것은 자신을 대신한 야전 사령관이 필요하다는 것이다. 전략가적인 성향을 가진 이런 부류의 사람은 자신의 의지를 실현할 수 있는 능력 있는 2인자가 필요한데, 문제는 이런 2인자들을 잘못 관리하면 독립해서 더 큰 적이 되어 뒤통수를 친다는 것이다. 당신이 수비적 성향의 사람이라면, 사람을 쓰되, 각자의 업무를 완전 독립화하여 전체적인 그림은 당신만 알되, 세부적인 각자의 상황을 아는 각 분야의 매니저를 두어서 일을 시켜야 한다는 것이 중요하다. 또한, 계속적으로 사람을 관찰하고 주기적으로 만나서 관리하여, 적어도 2~3명 정도의 나를 대신하는 사람들이 서로를 견제하면서 일이 진행이 될 수 있게끔 해야 할 것이다.

사람의 성향은 천성이다. 이는 뒤에 고칠 수 있는 것도 아니고, 그 정도에 영향을 줄 수 있겠지만, 바뀌지는 않는다. 서로의 특성에서 장단점이 있고, 어떤 성향의 사람이 더욱더 성공할 수 있는가 하는 것은 너무 상대적인 질문일 것이다.

내 개인적인 경험으로는 전자의 경우 모 아니면 도 식의 큰 사업가 아니면 거지가 나오는 반면, 후자의 경우에는 꾸준하게 부를 증식하는 경우를 많이 본 것 같다.

자신만의 팀, 그리고 사업을 구축하는 데 우선 중시되어야 할 것은 앞서 말한 바와 같이 어떻게 큰 성공을 할 것인가가 아니라, 어떻게 하면 적자를 보지 않을 것인가에 대한 고민이다. 일을 한다는 것은 단순히 단기간에 끝장을 보는 행위가 아닌 긴 마라톤이다. 치열한 경쟁에서 살아남아 목숨을 부지하고 있다 보면, 나도 모르게 연륜도 생기고, 어느 정도 자리를 잡아, 생각지도 않았던 더 큰 기회가 자연스레 찾아와 더 큰 성공을 할 수 있게 된다.

따라서, 일을 시작하는 우리에게 중요한 것은 어떻게 얼마나 더 큰 돈과 성공을 할 것인가가 아니라, 어떻게 나의 개인적 성향을 보완하면서 밸런스를 맞추고, 관리를 잘해서 이 치열한 비지니스 경쟁의 세계에서 살아남을 것인가 하는 진지한 고민이 되어야 한다는 것이다.

당신의 단점을 보완해 줄 당신의 팀은 어디에 있는가?

이 물음에 대한 답이 없다면, 당신의 사람이 아직 없다면 아직 때는 오지 않았다. 사람을 구한 후에 부를 구해도 늦지 않다. 일은 혼자 하는 것이 아닌 만큼 돈에게 물음을 구하지 말고, 돈에 갈망하지 말고, 시스템을 만들고, 사람에게 물어라.

당신이 오늘 알지 못하는 답안에 대한 현명한 대답을 가지고 있는 사람은 어딘가에 꼭 있다. 그(녀)를 찾는 것이 당신이 부를 이루는 길임을 알라.

# 06.
# 신용이 답이다
## (신뢰프로세스)

당신이 세상에서 소위 말하는 '성공'을 하기 위해서는 가장 우선 되어야 하는 원칙이 무엇이라고 생각하는가? 나는 개인적으로 사업이나 일, 혹은 개인의 모든 행위 등에서 신뢰가 없다면 다 무의미하다는 생각을 한다.

우리가 살아가는 이 자본주의 세상이라는 것도 사람과 사람의 약속, 그리고 신뢰를 기반으로 하는 원칙들을 만들고 또 지킴으로써 발전해 나가고 있기 때문이다. 세상과의 신뢰가 깨지거나 확보되지 않을 때 사람들은 쉽게 혼란에 빠지게 되고 문제가 발생하게 되는 것이다. 신뢰, 신용이 없다면, 한 번은 성공할 수 있으나, 그 성공이 오래갈 수는 없을 것이요, 내 주위에 사람이 모이지 않기 때문에 내가 할 수 있는 범위 내에서만 일이 성장할 것이며, 더 큰 성장을 하려 하다가도 내가 감당할 수 없게 되어 주저앉게 되는 것이다. 모든 일을 혼자 할 수는 없고, 당연히 나를 믿고 따라오는 조직원이 필요한데, 신용이 없으면, 조직이 구성되고 지속될 수가 없기 때문이다.

또한 신용이 없으면 길이 보이지도 않을 것이다. 요즘 경기가 좋지 않다 보니, 적은 돈으로 뭔가 크게 한방을 노릴 수 있는 건들에 대한 문의가 많은 것이 사실이다. 급매 아파트를 사야 할까요, 혹은 경매를 한번 해 보면 좋을 것 같은데 어떨까요, 혹은 땅을 사야 하나, 주식을 지금 사야 하나 등등의 질문들이 그것이다.

이는 고민할 필요가 없다.

확신이 서지 않고 길이 보이지 않는다면 아직 준비가 덜 된 것이요, 준비가 덜 된 것을 당신만 모를 뿐 모두가 알기 때문에 기회를 주지 않고, 믿지 않기 때문에 문을 열어 주지 않는 것이다. 당신의 신용도가 부족하므로 길이 보이지 않는다는 생각이 든다는 것이다. 수차례에 걸쳐 얘기를 했던 사항이지만, 이러한 투자의 실행이나 프로젝트 기획에 있어 가장 중요한 사항 중에 하나가 어떻게 신뢰를 만들고 지켜내는 것인가라고 생각한다. 당신이 돈이 없는 이유는, 당신이 무능해서가 아니라, 아직 당신이 신용이라는 신뢰의 또 다른 일상적 표현을 확보하지 못했으므로, 그래서 은행이나 지인들(돈이 있는 주체)이 당신을 신뢰하지 못하고 있다는 얘기다.

이 말을 돌려 생각한다면, 누구라도 혹할만한 프로젝트나 사건을 기획한다면, 누구라도 당신에게 돈을 빌려주고 싶어 안달을 할 것이다. 그게 세상의 법칙이다. 결국 신뢰의 차이인 것이다.

이 전제를 기반으로 생각해 본다면 자본주의에서 성공할 수 있는 가장 빠른 길은 한가지로 정의될 수 있다. 신뢰를 가지는 것, 그러니까 신용을 확보하는 것이다. 저 사람은 믿을 만하다. 저 사람이라면 돈을 투자해도 될 것이다. 혹은 저 사람이기 때문에 손해가 나지 않을 것이다 라는 믿음을 당신이 다른 사람에게 줄 수 있다면, 그 사람들은 없는 돈을 구해서라도 당신에게 투자하려고 할 것이다. 그런 투자자를 확보함으로써 당신은 좀 더 크게 판을 만들 수 있게 되고, 당신의 회사, 프로젝트가 더 증가하면서, 당신의 부 또한 기하급수적으로 성장을 할 수 있는 기반을 마련하게 되는 것이다.

그럼 신용이란 무엇인가?

이는 단순히 개인 신용정보 회사에서 관리하는 그런 몇 등급 하는 신용도를 의미하는 것이 아니다. 자신만의 특화된 투자 DNA를 이용해서 작은 프로젝트를 계속 시도함으로써 주위 사람들에게 인정을 받는 것, 그래서 저 사람이라면 이 일을, 이 프로젝트를 할 수 있다는 믿음을 사람들에게 주는 것, 그런 사이클이 한 번, 두 번, 세 번 완성됨으로 해서, 저 사람은 확실히 믿을 만한 사람이라는 믿음을 주는 것, 그런 믿음에 보답하는 것, 그것이 참된 의미의 신용이다. 길거리에 나가서 당신의 창업 계획을 설명하고, 투자를 받을 수 있겠는가? 힘들 것이다. 하지만, 당신이 만약 TV에 자주 나오는 유명인사라면 상황이 다를 것이다. 인지도라는 무형의 자산이 작용하기 때문이다. 이렇게 옆에 있는 사람이 어떻게 당신을 바라보게 하는가 하는 것이 성공의 열쇠가 되기도 한다. 특히 제한된 자본으로 투자를 이끌어내야 하는 개인투자가 입장에서 주위의 신용도를 통해서 자금을 융통하거나, 도움을 받을 수 있게 되면 상대적으로 굉장히 유동적인 상황을 만들 수 있기 때문이다. 하지만, 이는 역시 하루 만에 완성되는 것이 아니다. 무수한 시간과 노력을 통해 당신이 이루고 만들어야 하는 것이다.

여기에서 중요한 원리가 도출될 수 있다. 처음 당신이 프로젝트를, 사업을 한다고 하면, 당신이 내세울 수 있는 것은 이름, 학벌, 학교, 라이선스(변호사, 회계사, 세무사, 공인회계사 등등)밖에 없다. 사회 초년생의 이력

서와 별반 다르지 않을 것이다. 이런 것들이 다른 사람과 차이점은 줄 수 있고 가능성에 대해 조금 더 크게 생각하게 해 줄 수 있겠지만, 그 어디에서도 당신이 꼭 성공할 수밖에 없는 절대적 이유는 찾을 수 없다. 의사라고 해도 매년 3000명씩 배출되는 의대 졸업생 중 한 명일뿐이고, 변호사라도 해도 2000명 안팎으로 배출되는 로스쿨 학생 중에 한 명이기 때문이다. 서울대, 연세대, 고려대 출신이라고 해서 이 특화된 프로젝트, 창업에, 성공한다는 보장은 없다.

그런데, 만약에 당신의 이력에 'A 기업 창업 후 코스닥 상장' 이라는 타이틀이 있거나, '경매 투자 100여회' 같은 이력이 같이 있다면 시장은 어떻게 반응하겠는가? 분명히 다를 것이다. 내가 항상 말하는 것과 같이 죽은 지식/배경이 아닌 실전 경험이 가장 필요한 때가 바로 여기이다.

아직, 투자자로서의 경험이 크지 않다면, 내 이름을 걸고 뭔가를 이루어 보지 못했다면, 그래서 더욱 더 중요하게 생각해야 하는 것은 평판관리, 즉, 신용도 관리이고, 이 신용도 관리를 위해 처음 해야 하는 것이 투자자로서의 당신을 시장을 상대로 입증해 보이는 것이다. '내가 이제 경매를 한번 해보려고 해' 라는 당신 말에 배우자나 부모, 형제들이 반응을 보이지 않는다면, 혹은 반대한다면 투자자로서의 당신 신용도는 바닥인 것이다. 가장 중요하고, 옆에 있는 사람들을 설득하지 못하는 신용도를 가지고 어떻게 밖에서 다른 사람에게, 다른 조직에서, 돈을 빌리고 일을 만들고 프로젝트를 기획하여 성공시킬 수 있겠는가?

원리는 여기에 있다. 당신이 처음 해야 할 일은 모든 자금을 올인하는 것도 아니고, 투자공부를 하겠다고 공부에 다시 매진하겠다는 계획을 짜는 것이 아니다. 내가 가진 자금 중에서도 감당할 만한 작은 금액으로 나만의 아이디어를 더해서 일을 기획하고, 실행하고, 결과를 받아들이는 한 사이클을 완벽히 소화해 보는 것이다. 그래서 성공이 되었든, 실패가 되었든, 기획했던 나만의 프로젝트를 실행시키고, 실패했다면 반성하고, 성공했다면 이를 내 몸의 경험으로 체득하는 과정이 필요하다. 물론, 이런 과정에 최선을 다해 참여하고 옆 사람들에게 전하고, 의논하고 진지하게 이를 진행시킨다면, 설사 실패를 했다고 해도 당신의 신용도는 올라간다. 다음에 다른 일을 또 기획하고 하고자 할 때, 주위에서 달라진 시선으로 당신을 바라보게 될 것이고, 그 누구도 당신이 가지고 있는 실행력과 진지함에 대해 웃지 못할 것이라는 말이다.

이렇게 한 번, 두 번, 경험이 쌓이고, 성공과 실패를 하다 보면 자연스레 아이템을, 시장을, 상황을 바라보는 당신만의 눈이 생길 것이다. 그런 경험적 산물의 결과인 자신만의 투자관점을 확립하게 되면 비로소 이제 투자라는 시장에서 당당해질 수 있는 준비가 된 것이라 볼 수 있을 것이다.

앞서 말한 바와 같이 신용은 하루아침에 만들어지지 않는다. 하지만, 또 부서지는 것은 하루아침이다. 100 빼기 1은 99가 아니라 0인 것이 투자자의 세계이기 때문이다. 당신이 돈을 벌어 주고, 뭔가를 창조할 때는 열광하고, 모든 것을 이해할 것같이 나를 향해 열광하던 시장 투자자들이 실적이 나빠지고, 큰일 하나가 터지고 나면 손가락질하고 모든 것이 없어지는 것이 바로 이 시장이기 때문이다. 여러 사람의 멘토로, 전문가로 군림하던 재야의 고수들이 하루아침에 부동산 사기꾼, 혹은 경매 브로커로 몰리면서 몰락하는 경우를 우리는 많이 봐 왔다. 그것이 이 시장의 원리인 것이다.

그럼 이런 실수를 하지 않기 위해서는 어떻게 해야겠는가? 당연히 내가 항상 얘기하는 것과 같이 보수적으로 무리하지 않으면서 항상 잘못됨을 의식하는 작은 보폭에 맞춘 투자 기획과 행태가 필요하다. 내가 감당할 수 있을 만큼의 손실, 내가 감내할 수 있을 만큼의 실패를 한다면, 그래도 남은 것이 있기 때문에 만회를 할 수 있고, '아직 12척의 배'가 남은 이순신이 전쟁터로 다시 돌아갈 수 있는 것과 같이, 남은 뭔가가 있는 투자자는 아직 가치가 있기 때문에 시장도 바로 돌아서지 않는다.

돈에 있어서는 그 누구도, 심지어 부모와 배우자도 믿지 마라. 그것이 내가 강조하는 대목이다. 믿지 말라 라는 것이 의심하고, 항상 들추어보라는 뜻은 절대 아니다. 항상 일이 잘못될 수 있음을 경계하고, 내 선에서, 다른 사람들이 실수를 하더라도 만회할 수 있는 여지와 몫은 항상 남겨놓으라는 것이다.

"결혼도 사업이랑 비슷한 구석이 있지. 다음에 결혼하면 여자가 하자 그런다고 살림을 100프로 합치는 그런 미친 짓은 하지 말고, 옆 주머니를 하나 차고 있어라. 상대를 속이는 것이 아니라. 변수에 대처하고 보험을 들어 두는 것이다. 명심해라. 부부든, 부모자식지간이든, 형제건, 싸우는 이유의 90프로는 돈 때문이다. 너로 인해 돈은 돌게 하고, 부채는 멈추게 해라. 그러면 평생 살면서 가장 지근거리에 있는 사람들과 싸울 일은 없을 것이다."

명동의 10층짜리 건물 주인이면서 나에게는 항상 소고기를 뻥 뜯던, 박 영감님이 나에게 해 주었던 말이다.

## 나의 인생 판을 뒤엎을 수 있는 카드 – 신용

보통 사람들은 자신이 성공하지 못하는 이유를, 내가 한 투자의 결과가 성공적이지 못함에 대한 이유를 궁금해 하지만, 또 정작 그것의 결론을 찾지 못한다. 그리고 그 결론이 '신용'이라고 얘기하면 진부한 얘기일 것이라 생각할 것이다. 신용이 중요하다, 신용을 지켜야 큰 사업을 할 수 있다 등등의 얘기는 어느 책에서나 그리고 많은 신파극에서 다루는 주제이기 때문이다. 또한, 신용이라 함은 정주영 회장과 같은 대인배들이 나오는 글에 등장하는, 뭔가 큰 의미의 것이라고 착각한다. 신용은 무엇인가?

신용에 대해 논하기 앞서 당신이 왜 성공하지 못하고 있는가, 왜 자기 자신에게 만족할 수 없는가를 생각해 보자.

내가 종자돈만 조금 더 있다면, 아버지가 큰 사업을 물려주었다면 이걸 쉽게 했을 텐데, 혹은 배운 것이 없어서, 기회를 못 만나서, 등등의 수없이 많은 이유를 생각할 것이나, 결론은 단 하나일 것이다. 성공을 하지 못한 당신이 하나 없는 것이 있다면 신용이다. 은행은 떼일 지도 모르니, 당신에게 돈을 빌려주지 않으려 할 것이요, 지인들조차 외면하는 것이며, 나의 가족과 모든 사람들이 당신을 믿지 못하기 때문에 돈이 없는 것이고, 돈이 없으니 투자를 하지 못하고 일을 하지 못하는 것이다. 일을 하지 못하니, 발전이 없고, 미래가 없고, 그러니 현실에 안주하게 되고, 나는 해도 안 되는 사람, 성공은 나에게 먼 그대가 되는 것이다.

만약, 당신이 주위사람들에게 되는 사람, 저 사람은 절대로 내 돈을 잃지 않을 사람, 혹은 절대 실패하지 않는 사람으로 각인이 되어 있다면 이런 문제가 생겼겠는가? 결국 모든 사회의 실패는 신용을 얻지 못함으로써 일어나는 것이 대부분이라고 생각한다.

## 큰 것이 당신을 만들지 않는다

신용을 쌓으라는 말을 듣는 당신은 아마 뭔가 큰 업무를 생각할 것이다. 은행에 가서 큰 예금을 들고, 돈이 있는 척을 해야 하나, 파이낸싱 연습을 해야 하나 등등의 생각을 하겠지만, 신용은 그렇게 쌓는 것이 아니다. 작은 생활태도, 말 한마디에서 당신의 신용은 이미 결정되고 있다.

'오전까지 처리하겠습니다'라고 대답했으면 무슨 일이 있어도 오전까지 업무를 처리하는 사람, 말 한마디에서 진실이 느껴지는 사람, 자신의 말과 행동을 지키는 사람이 어떻게 다른 일에서도 빠질 수가 있겠는가?

사람들이 착각하는 것은 성공한 그들이 뭔가 대단한 일을 한 것으로 믿는다는 것인데, 성공한 대부분의 사람들은 기본에 충실하고 일상에서 마주하는 소소한 일을 남들보다 조금 더 신경 써서, 열심히, 착실하게 이행한 사람들이다. 대단한 관찰력과 직관, 예지능력 등등 남들과 다른 초능력자들이 성공을 한 것이라 믿는가? 당신이 오늘 무심코 던진 그 약속, 그리고 쉽게 바꾼 일정과 말, 태도, 그런 안일한 성격이야말로 당신의 신용을 조금씩 갉아먹고 있는 것이고, 이런 작은 태도와 행동으로 인해 큰 이벤트가 일어나서 당신의 신용도에 치명적인 손실을 야기한다. 성공하는 부자가 되고 싶다면, 큰 계획을 세울 생각을 하지 말고, 작은 태도, 하루하루의 생활, 조직에서, 상사에게, 부하에게 하는 일상적인 나의 태도와 행동부터 점검하라.

## 하루 만에 만들어지지 않는다

어디서 아이스크림을 사먹듯이 그냥 하나 살 수 있는 것이 신용이면 좋겠으나, 신용은 오래된 장과 같이 시간을 두고 천천히 익어 가는 것이다. 그러므로 당신이 아무리 조급해 해도, 빠른 시간 안에 당신의 가치를 드러내고 싶다고 하더라도, 결국 기다리는 수밖에 없다. 신용은 그렇게 하루만에 만들어지는 것이 아니므로 더욱 빛나는 존재가 되는 것이다.

남들을 하루는 속일 수 있다. 이틀도 속일 수 있다. 하지만, 일 년, 오년, 십 년을 속인다면 그것은 더 이상 속이는 것이 아니라, 당신의 본질이 된다. 그러므로 좋은 방향으로, 나의 신용을 천천히 쌓아나가는 것은 인생에서 가장 중요한 가치가 된다. 또한, 그런 지나간 것들이, 모이고 모여 당신의 현재를 구성하고 있게 되는 것이다.

이렇듯, 내가 어떤 투자를 하기 위해서는 하루 만에 만들어지지 않는 이런 신용과 같은 무형의 것에 대한 오랜 기간을 통한 관심과 준비는 대단히 중요하다 할 수 있는데, 말 그래도 이것은 단기간에 바로잡을 수 있는 것이 아니기 때문에 더 소중한 것이라 할 수 있다.

## '언제' 라는 것은 없다

사람들은 '언제 술 한잔 합시다', '언제 내가 연락 드리겠다', '어 거기 도시에 가면 연락을 드리겠다'라고 하고 외면하거나, 연락을 할 때는 정말 친한 척을 하다가 막상 필요가 없어지면 회피하는 등의 행동을 하는데, 언제라는 것은 없다. 그런 실없는 소리를, 약속을, 인간관계를 만드는 것을 경계하라. 그렇게 쉽게 지나가는 말로 사람을 만나고, 지나가는 말로 약속을 잡고, 또 지나가면 그뿐인 그런 상태로 무슨 신용을 논할 수 있겠는가? 별것 아니라고 생각하는 그런 사소한 것 하나하나가 모여 당신의 신용을 결정한다.

당신은 얼마나 신용이 있는 사람인가?

이 질문에 확실한 대답을 할 수 없는 사람은 준비가 아직 안 된 것이다.

# 07.
# 성공하는 투자의 일 원칙
# - 인내하라

라디오, TV만 켜면 여기저기서 들려오는 투자권유의 광고, 그리고 소위 전문가라는 패널들의 각종 추천 프로그램과 금융상품 등을 보고 있노라면 괜히 마음이 들썩거릴 수밖에 없을 것이다. 그것이 광고의 목적이고, 그 사람들의 진심이기 때문이다.

투자를 계획하다 보면 항상 문제는 언제나 위가 보인다는 것이다. 많이 가진 사람이면 더 위로, 작게 가진 사람 또한 위로, 항상 내가 가진 것보다는 위의 세상 것이 좋아 보이고, 또 욕심을 내서 투자를 한번 해 보려 하면 왜 이렇게 많은 일이 생기는 것인지…… 하는 것이 일반적인 우리네 투자 진행방법이다.

가진 것은 한정이 되어 있고, 남들은 빨리 가는 것 같은데, 내 총알은 모이질 않고, 이런 생각이 들면, 조급해질 수밖에 없고, 조급함을 느끼는 순간 내가 중심이 아닌, 물건을 중심에 놓고 나의 몸을 맞추어서 결정을 하게 되는데, 이런 결정은 필패로 귀결될 가능성이 아주 높아진다.

기본적으로 현대의 금융과 금융상품 판매원들은 공포심을 줌으로써 먹고 산다. 오늘 당장 어떻게 될지도 모르는 사람에게 내일의 공포를 이야기하는 하며 보험가입을 유도하는 악마처럼 어떻게든, 어떤 이유를 대어서라도, 그럴듯하게 포장해서, 명분을 이끌어 내어야 팔 수 있기 때문에, 여기저기서 이렇게 해야 한다 저렇게 해야 한다. 나는 어떻게 해서 수십억을 벌었나 하는 책과 글이 난무하는 것이다.

결론적으로 보면, 목적은 간단하다고 할 수 있다. 내가 가진 것, 정보와 기술이라는 무형의 것까지도 포함한 이 자산의 효과를 극대화하기 위해서는 우선 가장 가치를 높일 수 있도록 뭔가를 증명하고, 자신의 이름에 그럴듯한 명분을 합친 다음에, 전문가라는 타이틀을 얻고, 포장을 해서 대규모 미분양 지역을 사라 등의 자신의 직접 이익을 얻을 수 있는 곳에 대한 투자를 외칠 수 있는 기회를 노리는 것이다.

실패를 하려고 투자하는 사람은 없다. 하지만, 카페에, 인터넷에 올라오는 글을 보라. 한번 만나서 커피 한잔 한 적이 없는, 누가 누구인지도 모르는 익명성이 보장된 인터넷 세계에, 허공에다 대고 떠드는 것처럼 이런저런 투자를 권유받았는데요, 이게 어떤 건가요, 좋은가요? 하는 질문이 난무하지 않는가? 그 답을 알고 있다면, 투자 후의 정확한 계산을 맞출 수 있는 사람이 있다고 한다면, 나도 좀 만나고 싶다. 그런 저런 투자를 권유받았는데, 내가 확신이 서질 않아 인터넷에 올려서 물어볼 정도의 확신이라면, 이미 결과는 나와 있는 것이 아닌가? 듣기에는 괜찮은 것 같은데, 막상 투자를 하려니 겁도 나고, 실수하는 것 같아 망설여지는데, 또 돌아서자니 미련이 남고, 그런 마음은 이해를 하지만, 결국 이런 건의 답은 이미 나와 있다. 자신이 확신하지 못하는 것에 대한 투자가 어떻게 좋은 결과로 귀결될 수 있겠는가?

투자의 가장 큰 원칙 중 하나는 재테크 격언에서 말하는 '엉덩이를 무겁게 하라'와 같이, 기다림을 인내하는 것이다. 맑은 가을 하늘에 울려 퍼질 환희의 태평가를 위해서 뜨거운 폭염 속의 노동을 마다하지 않고 인내하는 농부의 마음처럼, 결국 수십 번의 시도가 아닌, 제대로 된 한번의 투자를 위해서 내가 가진 것을 모으고, 풀지 않고, 꾹꾹 인내하는 것이 투자가의 본업인 것이다.

내가 가진 한정된 자본은 연속성이 없다. 따라서 한번 투자를 진행해서 돈을 묶어 버리고 나면, 풀 수 있는 기회는 이 투자의 결과가 성공인가 실패인가를 떠나, 시간이 어느 정도 지나야 하는데, 이때 동안 기다렸다는 듯이 좋은 투자 기회가 지나갈 가능성이 높다는 것이다. 결국 투자라는 것이 한정된 자본으로 한정된 기회에서 나에게 가장 적합한 것을 찾는 것을 의미하는데, 이는 당연히 언제 올 것인지에 대한 오랜 인내가 필요할 수밖에 없다.

이 세상에 좋은 투자와 나쁜 투자가 따로 나뉘어져 있는 것은 아니다. 중요한 것은 내가 어떻게 내가 처한 현실과 상황에 따라 나의 자산을 바꾸고 편성하는가에 달려있는데, 통상적으로 승리하는 투자는 언제나 기다림이 생명이다.

투자의 세계에서 성공을 부르는 가장 중요한 원칙이 기다림으로 대표되는 인내심이기 때문이다. 대부분의 경제 단위에선 시간이 지남으로써 개발이 일어나고, 성장이 일어나기 때문에, 내가 인내하고 시간을 보내면 나의 예상을 완전히 벗어나지 않는 이상, 대부분의 기회를 얻는다. 그래서 단기적 지표에 너무 일희일비할 게 아니라, 자신의 투자를, 내 자신을 믿고, 버티는 것이 중요하다.

## 어떻게 버틸 수 있을 것인가?

내년에, 혹은 내 후년에 훨씬 비싼 금액으로 팔 수 있는 건물을 당신이 하나 가지고 있다고 하자. 물론 당신은 그러면 현재 시점에서 매각은 원하지 않을 것이다. 하지만, 오늘 내가 쓸 돈이 아예 없고, 내 현금흐름이 없다면 어떻게 하겠는가? 어떤 식으로든 매각을 해야 할 것이고, 이런 빠른 매각은 투자가들이 찾아 헤매던 먹잇감이다. 그래서 투자를 결정할 때는 자산가치 증식 자체에 너무 큰 의미를 둘 것이 아니라, 현금흐름을 가장 우선시하면서 포트폴리오를 구축해야 한다는 것이다. 사람들은 흔히 가격이 많이 오를 것 같은 아파트, 주택, 토지를 구매하기 위해 많은 노력을 하지만 이는 큰 틀에서 볼 때 그렇게 매력적인 물건들이 아니다. 정말 당신에게 필요한 것은 팍팍 금액이 불어나지는 않아도 안정적으로 수익을 꾸준히 가져다 줄 수 있는 그런 수익형 부동산이나 오토 매장과 같은 현금흐름 창출형의 자산구조임을 알아야 한다.

결국, 어떤 투자든 버티면 성공할 수밖에 없는데, 문제는 어떻게 내가 원하는 그 시점까지 기다릴 수 있을 것이냐 하는 것이며, 이렇게 버틸 수 있는 현금흐름 창출을 완성하면, 내가 원하는 대로, 구매든, 매각이든 어떤 결정이든지 할 수 있기 때문에, 모든 협상을 내가 원하는 방향으로 이끌어 더욱 더 큰 수익을 낼 수 있게 되는 것이다.

얼마나 큰 수익을 낼 것인지, 즐거운 고민을 하는 데 시간을 보낼 필요는 없다. 계속 화폐 자산의 가치는 작아지고, 실물 자산의 가치는 커지는 요즘 추세를 보면, 어떻게든 실물자산을 확보한 채로 시간만 보내면 크고 작은 수익을 잘 올릴 수 있는데, 결국은 어떻게 시간을 보낼 것인가, 내가 어떻게 버틸 것인가만 놓고 생각하면 된다.

## 이 또한 지나가리라 – 버티는 법

세상의 일들이 시간이 갈수록 더욱 더 빨리 지나간다. 이래저래 많은 사건 사고가 있고, 시끄러운 요즘, 많은 이들이 혼란스러움을 느끼고 있다. 내가 가진 아파트 가격은, 그리고 내가 산 증권은 오를 것인가, 내릴 것인가? 지금 들어가야 하나, 아니면 조금 더 기다려야 하나, 누구 하나 속 시원히 대답해 주는 사람이 없으니, 여기저기 글을 올리고, 물어보고, 혼란스러워한다.

이 모든 혼란과 혼돈은 마구잡이로 섞여 있는 문제들과, 그 속을 알 수 없는 이익집단, 주체들이 혼재되어 있는 데에서 오는 어려움이라 할 수 있다.

어떤 문제이든, 그 해답이 있듯이, 자신이 가지고 있는 그 문제에 대한 해답을 찾는 그 첫 번째 방법은 문제의 중심에 있는 핵심 하나를 빼고 모든 것을 단순화시키는 데에서 시작한다 할 수 있다.

A라는 사람이 있다고 하자. 지금 서울시내 아파트를 한 채 가지고 있는데, 아니 엄밀히 얘기하면 주인은 자신이지만, 실질적 주인은 은행인, 뭐 그런 아파트가 있다고 하자. 막연히 여기 무슨 동인데, 지금 팔아야 할까요? 아님 쥐고 있어야 하나요? 라는 물음에 해답이 있을까?

모든 이는 각기 다른 문제가 있을 것이다. 같은 지역, 같은 평수를 가진 사람이라고 할지라도 개인소득이 다르고, 고정비가 다르기 때문에, 모을 수 있는 돈과 동원 가능한 돈이 다를 수밖에 없고, 따라서 이 아파트를 쥐고 있어야 하는지, 아니면 매각을 하는 것이 나은지 또한 다른 결론에 도출할 수 있을 것이다.

당연히, 주인 입장에서는 자신의 아파트 가격이 오르는 것을 반길 텐데,

그럼 내가 가진 아파트의 경우에는 가격이 오를까요, 내릴까요? 라고 묻는 사람이 있다면, 어떤 대답이 가능하겠는가? 그것도 '그때그때마다 달라요'가 정답일 것이다. 부동산 시장에서는 답이 없기 때문이다. 단기간으로 보느냐, 장기적으로 보느냐에 따라 다른 답을 하나로 정리할 수 없다.

부동산 가격이 폭등할 것이다, 폭락할 것이다. 이런 글, 소문, 주장들에 현혹되지 마라. IMF시절에서 경험했다시피, 폭락 후에는 폭등이 있을 것이고, 또 그 폭등 뒤에는 폭락이 있을 것이다. 흥함이 있으면 멸함이 있고, 그 멸함 뒤에 다시 흥함이 있는 것이 우리네 인생의 변화이듯이, 내가 가진 아파트 가격이라는 것은 오를 때가 있으면 내릴 때가 있는 것이고, 내릴 때가 있으면 오를 때가 있는 것이다.

그럼 이런 혼돈 속에서는 어떻게 해야 나만 바보가 되지 않을 수 있을까?

작은 일에 일희일비하지 말고, 그냥 되는 대로 보수적으로 계획을 잡고 살면 된다. 땅을 하나 샀다고 하면 주변에 시세를 묻고, 이래저래 계속 걱정하지 말고, 그냥 맘속으로 10배 올랐다 생각하고 맘 편하게 지내면 된다.

이렇게 하기 위해서는 어떻게 해야 하겠는가? 빌린 돈으로 땅을 샀다면, 옆에서 이자 갚아라 돈 갚아라 할 때는 맘 편하게 있을 수가 없을 것이다. 그러니, 항상 여유 있게 보수적으로, 그렇게 투자하면 맘이 불편할 일이 없다. 레버리지 효과니, 초 저금리니 은행 빚을 안 받으면 바보라는 식의 그런 말은 잊고, 그냥 맘 편하게 내가 발 뻗고 잘 수 있을 정도만 계획하고 실행해라.

## 휘둘리지 마라

항상 경제 범죄의 가장 큰 피해자는 개미 투자가들이다. 물론, 범죄 자체는 나쁜 것이니 비난받아 마땅할 것이나, 우리가 투자라는 행위를 함에 있어 너무 무지한 채로 진행하는 것이 아닌지 생각을 해 봐야 할 것이다. 금융기법은 날로 개발되고, 많은 용어들이 쏟아져 나오는데, 이런 것을 전문가가 아닌 바에야 다 이해하고 숙지하기는 어려울 터, 단 하나의 명제만 기억하면 되지 않겠는가? 세상일에 공짜는 없고, 고수익에는 고 위험이 따른다.

나는 개인적으로 CMA이니 하는 그런 통장도 개설을 해 본 적이 없고, 할 생각도 없다. 개인이 동원할 수 있는 금액이라고 해봐야 그렇게 큰 금액이 아닌데, 버스, 지하철 타고 가서, 또 기다려서 0.5프로 연 이율을 받아 봐야 얼마나 되겠는가 하는 생각도 있고, 내가 완전히 이해하지 못하는, 그리고 복잡한 셈이 있는 그런 것들은 쳐다보지 않는 것이 이유이기도 하다. 내가 완벽히 이해했든, 그렇지 않든 내가 서명이라는 법률행위를 하는 순간, 모든 투자의 결과는 내가 책임을 져야 하는 부분이기 때문에, 내가 완벽히 알지 못하는 것은 하지 않는 것이 좋다.

사람들이 보통 큰 피해를 입는 경우는 전문가라고 믿은(하지만 대부분 아니며, 대개 실적에 눈이 먼 직원이 많은), 그 금융회사의 직원들에 의해서인데, 이들의 말에 넘어가는 경우는 보통 내가 확실히 알지 못하기 때문이다. 아는 것이 곧 힘이고, 내가 항상 주장하듯 독서와 학습을 통한 자기 계발 없이 투자에서 온전히 승리하기는 어려운 것이다.

따라서 나는 감히 이런 주장을 한다. 쌈짓돈을, 그리고 힘들게 만든 종자돈을 너무도 쉽게 금융기관에 맡기지 말라. 주식을 사고 싶으면 혼자 스스로 공부하고, 경험해서 조금씩 직접 투자를 해라, 왜 펀드 같은 것에 들어서 펀드 매니저에게 억대 연봉을 선사하는가? 내 돈 손실 내고 그 친구들은 그냥 최악의 경우 사표 쓰면 끝 아닌가? 경매로 뭘 하나 사고 싶으면, 집에서 가까운 경매 법정을 가 보고, 공부하고 또 공부하고, 확신이 설 때까지 공부한 다음에, 일부 경험자의 도움을 받아 들어가는 것이다. 왜 커미션에 목숨을 걸고 있는 컨설팅 회사 좋은 일을 하려고 하나? 채권, 기타 등등의 투자 또한 그런 것이다. 내가 모르는데, 내 돈이 어떻게 어디로 흘러드는지 모르는데, 왜 고양이 앞에 고기를 던져 주는 일을 하는가? 내가 내 권리를 지키기 위해, 나를 등치려는 부류들에게서 스스로 지키기 위해 공부하고, 학습해야 한다.

## 버텨라. 그럼 이긴다

오늘 신문을 보니 워렌 버핏이 어마어마한 수익을 올렸다는 뉴스가 있었다. 금융위기라고 하는, 모든 이가 질려 있을 때, 과감한 투자로 굉장한 수익을 올렸다는 얘긴데…… 그 사람의 투자재원 확보 방법이나, 행위들을 그리 좋아하지 않아 좋아하는 사람은 아니지만, 여기에 큰 성공의 원칙이 있다고 생각한다. 바로 과감한 결정과 버티기라는 것이다. 시각을 넓혀 생각해 보면, 모든 투자의 답이기도 하다.

내일 당장 내 아파트 가격이 오를 것인가 내릴 것인가에 관심을 두지 말고, 어떻게 해야 이 자산이 현금흐름에 순 영향을 줄 것이고, 아울러 내가 오래 버틸 수 있을 것인가를 고민해 보라. 전세를 깔고 앉아서 월세가 나올 수도 없고, 대출이 많아 내가 버틸 수 없다면, 어떤 호재가 있는 곳이라고 해도, 파는 것이 맞다. 시기를 놓쳐 결국 공중 분해되는 동양그룹을 보라.

같은 아파트라고 해도, 내 돈으로 전세를 내보내고, 월세 전환을 해서 큰 흐름은 아니라도 몇 십만 원이라도 월세를 받을 수 있고, 전세 물어주는 돈이 없어진다고 해도 내 생활에 큰 타격이 없다면 도전해 볼만 하다. 아파트 가격까지 오른다면 덤 아닌가?

이런 버티기 모드를 들어간다고 하는 결정을 할 수 있기 위해서는 내 스스로가 어느 정도 자산이 준비되어 있어야 하고, 또한 시세를 판단하는 기준이 되는 기준가를 생각할 만큼의 경험 및 지식이 있어야 할 것이다. 이렇듯, 모든 결정은 스스로 만들어야 하고, 그 결정에 맞추어 진행을 천천히 하면 되는 것이다.

지금 힘든가? 혼란스러운가? 모두가 그렇다. 내가 아는 정보는 남이 알고, 동시에 남이 아는 정보는 내가 쉽게 알 수 있게 된 것이 지금의 사회이다. 문제는 이런 혼란함 속에서 핵심과제와 명제를 어떻게 뽑아내어서 자신만의 기준을 삼아, 투자행위로 결정하는가 하는 것이다. 모든 이의 사정이 다르듯, 그 투자의 방향성 또한 다른 것이기에, 인터넷 카페에서 이 투자 어떤가요, 여기서 정보 받아서 돈 번 사람이 있나요 하는 물음 등은 불필요한 것이라고 생각한다. 형제·자매에게도 알려주지 않는 것이 돈 버는 방법이다. 잘되는 식당에서 소스 만드는 방법을 오픈하는 거 본 적이 있는가?

그러니 그런 지름길, 왕도를 찾기 위해 여기저기 다니지 말고, 두려움을 떨치고 공부하고, 결정하고 행동하자. 스스로, 그리고 감당할 수 있는 범위 내에서.

이 어려움 또한 지나간다.

자신의 결정을 믿고 기다리고 인내하라. 한겨울의 서릿발 같은 눈보라는 내년 풍년의 징표이기도 하다. 부자가 되고 싶다는 목표가 생겼다면, 모조건 아끼고 공부하고, 노력하며 이 겨울의 고통을 참고 인내하자.

그럼 봄은 온다.

# 08.
# 성공하는 사람들의 습관
# – 이 또한 지나가리라

사회적으로, 재테크에서 성공을 한 사람 중에 어떻게 얼마나 무엇을 해서 성공했다는 사람은 많을 것인데, 그 중 어떤 습관과 성향들이 성공이라는 녀석이 내 사업에 노크를 하게 만드는지 생각해 본적이 있는가?

내가 만나 본 부자라는 사람들은 대개 말수가 많고, 자신감이 넘치고, 낙천적인 성격을 가지고 있으며, 긍정마인드의 소유자이고, 대개 사람 좋다는 말을 듣는 사람들이 많았다. 하지만 하나 공통점이 있었다면, 그 성공이 그냥 오지는 않았다는 것이다.

## 남의 말을 듣고, 듣고, 또 듣되, 나아가지는 않는 사람

내가 아는 한 분은 매일 점심을 같은 사람과 먹지 않는다는 원칙을 세우고 항상 외식을 고집하는 분이 있는데, 점심, 저녁 값으로 월 200만 원정도는 쓴다. 이유는 단 하나, 내가 속해 있는 회사의 사람들이 아닌, 완전히 다른 분야, 다른 곳에서 생활하는 사람을 만나서 얘기를 해 봐야 좀 세상이 다양한 것도 알겠고, 영감도 생긴다는 것이다.

나름 일리가 있는 것 같아, 나도 따라 해 봤다가, 나의 부족한 인맥으로는 한계고, 매일 약속 잡는 게 스트레스라 그만둔 적이 있는데, 이 원칙의 중요한 원리는 다양성이라는 것이다. 어떤 산업이 어떻게 발전하고 있는지 당신은 알고 있는가? 같은 회사라고 해도, 다 업종이 틀리고, 잘되는 업종, 잘 안 되는 업종이 있고, 요즘 뜨는 트렌드는 이런 것이고 하는 정보를 모으기 위해서는, 물론 인터넷을 통해 손쉽게 얻을 수 있겠지만, 가장 확실한 정보는 사람에게서 듣는 것이다.

　그래서 남의 말을 듣는 것, 아주 중요하다.

　그런데, 이분이 또 재미있는 것이 '세상 사람들이 하라는 대로 했으면 난 이 자리에 없다'라는 말을 달고 산다는 것이다. 그렇게 남의 말을 듣고, 대화하는 것을 좋아하는 사람인데, 그렇게 많이 들은 정보를 가지고 뭔가를 크게 시작하는 경우는 많이 못 본 것 같다.

　"남의 말은 어떻게든 많이 듣고 정보를 모으면 좋긴 하겠지만, 그걸로 내 소중한 돈을 넣을 수가 있나, 결국 판단은 내가 해야 하는 거잖아?"

　맞는 말이다.

　남의 말을 많이 듣고, 정보를 모으는 것은 좋은 일이나, 그것을 어떻게 꿰어 사용할지, 어떻게 쓸 것인지는 순전히 본인의 몫이고, 이런 성공을 하기 위해서는 항상 자신만의 길을 가야 한다는 것이다. 그냥 어마어마하게 망한다는 밥집을, 주위에서 모든 사람이 만류하는 장소와 메뉴로, 식당을 차려서 승승장구를 하는 그분을 보자면, 결국, 주위에서 얘기하는 것들만을 들어서 성공하는 사람은 없는 것 같다는 생각을 한 적이 있다.

　그런 면에서는 나도 마찬가지라서 사람들이 하지 말라고 하는 것을 하는 청개구리 식의 창업을 즐기는데, 안 된다고 하는 그 사람들의 인식을 결과로써 증명하는 것에 상당한 쾌감을 느끼고 성취감을 얻는 편이다.

그리고 대개 그런 부류의 일의 결과로 일어나는 수익이 더 큰 것은 당연하다.

사람들이 가지 않는 길로 가는 것이 옳은 길이다.


## 우직하게 가라

당신이 행한 투자나 일의 성공이 나타나는 기간은 어느 정도라고 생각하는가? 한 달, 두 달, 여섯 달? 내 경험으로는 최소 18개월이다. 그래서 나에게 투자해 달라는 사람에게 초반에 1억을 빌려 준다면, 6개월 뒤에 다시 1억을 빌려 줄 각오를 하고 발을 담그는 것이 맞는다는 것을 경험으로 알게 되었는데, 사업은 항상 내가 원하는 방향으로 흐르는 것이 아니므로 변수에 의해 더 자금이 필요하게 된다. 주기를 타는 장사라면 기본적으로 사계절 1년은 돌려 봐야 답이 나오고, 시장 런칭에 시간이 걸리는 유통 같은 사업이라면 나를 알리는 데 최소 6개월 이상 걸리며, 제조라면 시장이 안정화되는 데 더욱 더 시간이 걸린다.

그런데 문제는 한국에서 투자를 집행하고, 결정하고, 준비하는 사람들이 생각하는 것은 1, 2달 최대 3달이라는 데 있다. 주요상권의 식당은 육개월이 멀다 하고 새로 열었다 닫았다 반복하는 집들이 반드시 있고, 조금 잘된다는 곳도 조금 지나면 어떻게 권리금을 얹어 팔까 하는 생각으로 밤잠을 설치는 경우가 많은 것이 한국시장이다. 일의 성과가 제대로 나오기 위해서는 몇 고비를 넘기고 지나서 회사/조직이 안정이 되어야 그때 비로소 이 투자의 성공과 실패를 애기할 수 있는 것인데, 워낙 가진 자금과 준비 없이 막 시작을 하니 한두 달만 지나면 총알이 다 떨어지고, 그럼 그냥 또 매각을 하고, 하는 식의 경영으로는 미래와 성공을 장담할 수 없다.

물론, 되지 않는 사업을 끝까지 유지하면서 손실을 크게 하는 것 또한 방법이 아니고, 손실이 난다면 빨리 정리를 해야 하는 것도 상황에 따라 맞을 수 있다. 하지만, 이러한 실패의 대부분의 원인은 내가 잘 모르는 것을 욕심에 의해, 세세한 검토 없이, 의욕적으로 시작한 데 있고, 결국은 내가 버틸 수 없는 일을 했기 때문이다.

어떤 일을 하든지, 투자나 창업을 하든지, 우직하게 내가 정직하게만 한다면 시간이 지나면서 안정화가 이루어진다. 좋은 물건을 싸고, 양심적으로 만들어서 공급하겠다고 하는데, 안 된다면 그 시장이 잘못된 것이 아닌가? 일찍이 버핏 형은 '좋은 물건을 싸게 판다면 매장이 흐르는 시냇물 바위 밑에 있어도 고객은 찾아온다'라는 말을 한 적이 있는데, 맞는 말이다. 실패의 대부분은 원가분석이나 기획 자체가 잘못된 아이템을 본인의 욕심으로 무리하게 시작한 경우, 혹은 원래 그 매출로는 감당이 안 되는 비용구조를 가진 사업인 것이며, 이런 구조적인 원인이 아닌 단순 매출 저하 등의 개별적이고 개인적인 원인들은 자신에게 문제가 있는 것이다.

우직하게 자신의 길을 간다면 성공을 못 할 이유가 없다.


## 재테크가 주가 되는 인생을 살지 마라

요즘 사람들과 많은 대화를 하면서 느끼는 것 중 하나는 재테크로 자신의 인생이 바뀔 수 있다고 믿는 것인데, 이는 대단히 위험한 발상이다. 당신의 가장 큰 현금이 창출되는 방법은 무엇인가? 바로 본업이다.

내가 받는 월급, 나의 직장은 등한시하고, 경매 물건을 주말마다 보러 다니고, 주식투자를 연구한다는 것이 나의 인생을 위한 준비라고 생각하는 것은 위험하다고 생각한다. 재테크는 당신 인생에서 언제나 SUB이어야 하고, 전업투자가를 선언하기 전까지 모든 나의 시간과 정성은 나의 본업, 나의 현금흐름이 만들어지는 곳에 집중되어야 한다는 것이다. 주와 부가 바뀌어서는 안 된다. 가장 큰 수익이 나는 곳은 내가 조금 모은 돈으로 산 월세 50만 원 받는 오피스텔에 있는 것이 아니라, 나를 인정해 주고, 나의 시간을 가장 많이 소비하는 직장에 있는 것이다. 나의 몸값을 올리고, 나의 가치를 높이고, 나의 일에 더 큰 의미를 부여하는 것이 가장 큰 재테크이다.

특히나 젊은 나이에 성공을 해서 전업투자가로 나서는 것은 절대로 할 일이 아니다. 한국사회에서 아직 임대사업자라는 직업은 부정적인 시각으로 쳐다보는 사람이 많은 직업군이고, 젊은 사람이 임대료나 받고 다니는 일은 사회적으로나 개인적으로 아까운 시간이다. 그리고 사람은 직장이나, 나의 일에서 성취감과 소속감 또한 느낀다. 임대사업자라는 것이 관리 호실이 수백 호에 이르는 큰 성공을 한 사람이라면 얘기는 다르겠지만, 우리네 인생에서 보통 20~50명 정도의 임차인을 관리하는 정도의 일일 텐데, 일주일 40시간 기준으로 필요한 노동의 시간이 10시간 정도밖에 되지 않는다. 첫 한 달은 여유 있고, 자연스러운 일이 되겠지만, 할 일이 없다는 것, 그것도 젊은 나이에 뭘 할지 모르는 시간을 보낸다는 것은 그렇게 즐거운 일이 아니다. 그러므로 하루빨리 직장을 때려치우고, 전업 투자가를 해야 되겠다는 생각은 접는 것이 좋다. 최고의 재테크는 나의 본업을 보좌하는 보험 정도의 역할을 해 주는, 삶의 활력소 정도 범위에 국한되어야지, 주객이 전도되면 나의 인생도 힘들어지고, 사회생활도 같이 힘들어지게 되는 것이다. 나중에 완벽한 세를 얻고 본업을 바꾸어도 절대 늦지 않다.

지금 행복한가?

이다음에 내가 돈을 많이 벌면 집사람한테 이것저것 해 주고, 우리 애들에게도 이것저것 해 주고 하는 당신의 계획이 정말 그때가 되면 이루어질 수 있는가?

지금 내가 정작 행복하지 않은데, 나중에 어떻게 행복해지겠는가?

돈이 많아도 쓸 줄 모르면 즐길 수 없는 것과 같이 지금 내가 행복감을 느끼지 않는데 성공을 하면 행복해질 것이라 믿는 것은 어불성설이다. 재테크를 한다고, 그래서 종자돈을 만들어야 한다고 절약하는 것, 물론 중요하다. 한 번 외식을 해도 얼마를 쓰는가 하는 것은 메뉴에 달려있지, 싼 메뉴를 먹는다고 해서 행복감이 반감되는 것은 아니지 않는가? 하지만, 너무 아껴야 한다는 생각으로 모든 것을 통제하고 내 욕망을 통제하는 것을 넘어서서 가족 구성원에게까지 강요를 한다면, 그래서 지금 불화가 생기고, 못 하는 것이 많아진다면, 나중에 성공을 해서 이제 그런 것을 해도 된다. 와, 하자. 이런 날이 올까?

가장 중요한 것은 지금이다. 지금 내가 돈을 쓰지 않아도, 목적을 확실하게 하고 차근차근 내 재테크를 준비하면서 얻는 행복감, 지금 우리가 올바른 길로 가고 있다는 확신이 들게끔 자주자주 하는 부부간의 대화, 적당히 비용을 통제하면서 더 얻어지는 수익을 보는 것이 내가 행복해지고, 내 가족이 행복해지는 방법이다.

지나친 나만의 이상향을 만들어 놓고, 그 이상향에 가기 전까지는 모든 것을 통제하겠다는 것은 불행의 지름길이다. 내 주위에 사람이 없고, 가족이 없는데, 돈이 있어 본들, 무엇을 하겠는가? 재테크도, 주식도, 경매 투자도 좋지만, 가장 중요한 것은 내가, 내 가족이 지금 행복한가를 살피고, 그것이 재테크라는 행위로 인해 제약을 받는다면, 구성원이 납득할 때까지 중단해도 상관없다. 결국 목적성 없는 그런 따라가기 식의 투자가 모든 불행의 시작이 될 수 있기 때문이다.

## 고통을 즐겨라

보통 일을 시작하고 나면 초반에는 항상 돈이 없어서 허덕허덕하면서 없는 돈을 만들어서 막고, 또 막고 하는 식의 일 처리가 일어날 수밖에 없다. 일이라는 것이 언제 안정화가 되는지, 언제부터 수익이 나는지, 정확하게 알려 주는 것이 아니기 때문에, 투자라는 것은 언제, 내가 얼마나 버는지 확인하기가 어렵기 때문에, 상당부분 예측치가 벗어나고, 계산이 틀려지는 경우가 많다.

이런 경우를 대비해서 항상 보수적으로 자금을 준비해야 한다는 것이 나의 생각인데, 이렇게 한참을 상황에 맞추어 따라 올라가다 보면 어느새 나도 모르게 일정 수준까지 성장해 있는 것을 알게 된다.

지금 손해가 나는 것이, 지금 이익이 나는 것이 그것이 아닐 수 있다는 합리적 의심을 항상 해야 한다는 것이다. 지금은 돈이 되지 않아도, 나중에 큰돈이 될 수 있고, 지금은 돈을 벌어 주는 이것이 나중에는 변해서 골칫덩어리가 될 수도 있는 것이 자연스러운 이치인 것이다. 그래서 지금 내가 어려움에 처해 있지만 방향이 틀린 것이 아니라는 확신이 든다면, 그냥 우직하게 계속 힘들지만, 막으면서 가다 보면 좋은 날이 온다는 것이다. 내 눈에는 지금 보이지 않지만, 큰 성공이라는 녀석이 저만치에서 걸어오고 있을 수 있다는 것이다. 그러므로 보이는 단편적인 손실 하나, 그리고 작은 성공 하나에 너무 큰 점수를 줄 필요가 없다는 것이다. 그렇게 하루 이틀 힘든 시간이 지나가면 그만큼 시간이 지나, 안정화되고 비로소 성공의 길에 들어서게 되는 것이다.

부자가 되는 길은 어떻게 말로만 설명하면 간단하다.

나의 일을 만든 다음에 계속해서 가치를 창출하고, 남이 나를 위해 일하게 하고, 그 사이클을 경험하고, 조금 더 큰 사이클을 만들고 자금을 보수적으로 운영을 한다면…… 등등의 말로써 설명할 수 있을 것이다.

하지만, 더욱 더 중요한 것은 인내심이다.

'이 또한 지나가리라' 라는 긍정의 마인드로 오늘의 어려움을 즐기고, 나의 방향을 수시로 체크하면서 남들과 같은 방향을 보되, 조금 다른 방식으로 접근한다면, 어느새 나도 모르는 사이에 돌아보면 부자의 길로 들어서는 당신을 발견하게 될 것이다.

# 09.
# 때를 아는 법
# – 흐름을 읽다

사업을 하건, 작은 장사를 하건, 시장 상황을 정확하게 이해하는 것으로, 성공의 첫걸음을 시작했다고 할 수 있을 것이다. 우리 세상을 싸고 있는 수많은 경제 시스템과 엄청난 양의 정보 등은 무지하게 복잡하게 보이지만, 그 원리를 이해하다 보면 그 원리는 그리 어렵지 않다는 것이 내 개인적인 생각이다. 어차피 경제학 관련 논문을 쓸 것이 아닌 일반인들의 범위에서는 상식적인 선으로 이해하면 되기 때문이다. 그런 상식들의 연결 조합에서 결국 사회시스템이 시작했으니, 이런 상식 선 안에서 우리는 우리의 길을 물을 수 있어야, 진정한 의미의 때를 알 수 있다 할 것이다.

투자라는 것에는 그 때가 있다고 생각할 수 있는데, 그 때는 언제일 것인가라는 질문에 대해서 생각을 해 보자.

때라 함은 물리적 시간을 의미한다. 당장 오늘이 될 수도 있고, 10년 후가 될 수도 있는데, 이 때라는 것은 내가 필요한 순간에, 원하는 것이, 잡을 수 있는 방법으로 다가와 주는 것을 의미할 것이다. 즉, 물리적 시간, 개개인의 욕망과 계획, 실천의지와 성공 가능성이라는 조합이 갖추어져 있을 때 비로소 우리는 나의 때가 온다고 얘기할 수 있게 되는 것이다.

이렇듯, 현금을 내 손에 쥐고 흐름을 보기 위해서 노력을 하다 보면 그 흐름의 패턴이 읽히기 마련이고 이를 기반으로 나만의 결정을 한다면 큰 실수를 줄일 수 있다. 다만 주의할 점은 언제나 본인이 판단한 것이 옳을 수 없다는 당연한 전제를 믿고, 실수하더라도 오래 버틸 수 있도록 모든 투자는 당연히 여유자금, 그리고 절대 빌린 돈 등을 하면 안 되고, 혹시 실수를 한 것이 확실해진다면 손실을 두려워하지 말고, 결단을 내리는 것이 필요한 것이다.

그럼 세상의 변화를 어떻게 알 수 있는가?

### 1) 뉴스는 반만 믿어라

뉴스는 보수와 진보를 반반씩 믿으면서 두 개를 같이 비교하면서 보면 완전한 조합이 완성된다. 그리고 뉴스에 나오는 사실을 그대로 보려 하지 말고 비틀어서 생각해라. 예를 들면, 미국이 왜 이라크를 공격하고 지금은 전쟁을 끝냈을까? 오늘 신문 국제면을 보면 이라크가 미국에게 지난해 사우디와 함께 15조 원어치 무기를 샀다고 한다. 좋은 장사다. 세상의 이면은 협력, 믿음, 인도적 차원의 문제가 아니라, 힘과 돈의 논리다.

### 2) 시아를 넓혀라

내가 항상 하는 얘기이지만, 지구본에서 본 한국은 너무 작다. 여행도 좋고, 유학도 좋고, 좀 더 세상과 가깝게 접촉하고, 둘러보면 돈 될 만한 것이 너무도 많다. 한국에 한집 건너 한집이 치킨집이라고 다들 난리다. 그런데 이렇게 경쟁력 있는 한국의 양념 통닭을 가지고 왜 다른 나라에 갈 생각을 안 할까? 닭고기는 더 싸고, 음식 값은 더 비싼데 말이다. 그저

께 자주 가는 한국식당에서 양념 통닭을 했길래, 포장해 가서 현지 직원들을 주었더니 다들 난리였다. 한국의 것을 한국에만 두지 않고, 경기장을 바꿀 때 가치는 비로소 빛을 발한다.

한국에서 치열하게 경쟁하며 살아온 당신이라면, 충분히 경쟁력을 가지고 있다. 단지, 레드오션에 있을 뿐이다. 옆에 있는 블루오션으로 헤엄쳐서 건너가라. 그럼 더욱더 빨리 성공할 수 있다.

한국은 이미 경제가 성숙한 지역이므로 해당 업종에 출전하기 위한 금액도 상당히 많이 필요하다. 하지만, 덜 경쟁이 치열하고 아직 방법을 모르는 다른 경기장(다른 나라)에서 판을 벌일 경우에는 더욱 높은 성공 가능성을 열 수 있다고 생각한다. 내가 그랬던 것처럼 말이다.


### 3) 시도하라. 될 때까지

마음으로만 하려고 하지 마라. 그건 계획이 아니라 그냥 망상일 뿐이다. 죽이 되든, 밥이 되든 무조건 한 번은 가야 하는 길이라면, 한 번은 가라. 실패하더라도 배수진까지만 아니면 괜찮다. 한 번에 올인을 하는 것이 아니라면 시도를 해 보고 넘어져도 괜찮다. 아프긴 해도 죽지 않을 만큼이라면 말이다. 다만, 준비를 할 때는 죽을 각오로 하고, 만반의 준비를 해야 한다. 내가 최선을 다하지 않는데, 주인공이 무대에서 대충 하는데 조연이 열심히 할 이유가 없고, 이런 무대 위의 인사들이 최선을 다하지 않는데 박수를 쳐 줄 관중은 없다.


### 4) 책을 보라

경제학 책을 계속 보려 노력해라. 다양한 관점에서의 경제학 책을 계속

보다 보면 단순 이론이 아닌 나만의 이론과 개똥철학(?)이 성립이 된다. 그때가 되면, 자연스레 기회가 올 것이고, 내가 가지고 있는 돈에 맞는 아이템이 보일 것이다. 돈이 없다, 경험이 없다, 기술이 없다, 불평하지 말고, 인터넷 기사를 계속 보려 하지 말고, 이런저런 사이트에 기웃거리지 말고 일주일에 한 권 이상씩은 책을 읽어라. 사상서, 철학, 경영, 인문 쪽 책이 좋다. 개인적으로는 역사서에서 가장 많은 지혜를 배운다. 이런 독서의 끝에는 나의 현재 상황을 분석할 수 있는 관점도 생겨나게 되고 가장 현실적인 대안을 찾는 지혜를 배우게 된다. 그러면 그 다음에 시도할 나만의 일, 프로젝트가 자연스럽게 생겨날 것이다.

결국, 돈이라는 사람의 욕망과 편의에 의해 만들어진 도구는 또한 역사에 있는 그대로, 그리고 지극히 상식적인 선에서 움직인다. 다만, 누군가의 계산에 의해, 암묵적인 동의, 혹은 고의적인 변형에 의해서 일반인들이 보다 보기 힘들게 변하고 있을 뿐이다. 초기 교회에서 라틴어로만 성경을 썼던 것처럼 말이다. 그런 그들만의 법칙을 배우기 위해서는 더럽고 치사해도 제법 많은 시간을 투자해서 자신만의 이론을 배우고, 흐름을 읽는 법을 배우는 수밖에 없는데, 아쉽게도 이는 누구에게 가르치고 할 만한 성격의 것이 아니다. 흐름을 보는 것은 단순 도표를 이해하는 것이 아닌 그 시야를 넓히는 것이기 때문이다. 그리고 모든 이의 상황에 따라 해답이 다른 것은 상대적인 것이기 때문이다. 기억하라. 세상의 모든 흐름은 제로섬 게임이다. 당신이 돈을 잃거나 버는 것은 상대방이 있기 때문이고 상대방의 흐름에 따라 또 다른 상대방, 그리고 그 누군가에 이르러서는 마지막 결산이 되고 있음을. 따라서 자신의 상황에 맞는 최선의 방법을 알기 위해 흐름을 읽어야 하는 것이다.

# 10.
# 매달리지 말라, 남들이 하는 대로 하지 말라, 그냥 몸을 쉬게 두라 – 천천히 가는 법

오늘도 하루 내내 신문 경제란에서는 뉴스를 쏟아 내고 재테크 사이트에서는 이런 걸로 저런 걸로 돈을 벌었다는 무용담, 허세 섞인 글들이 마구 업로드되고 그걸 보고 있는 당신은 오늘도 또 조마조마해지지 않았는가? 나만 뒤쳐지는 것 같고, 승자독식의 무한경쟁 사회에서 뒤쳐지지나 않을까, 그래서 내 가족의 쉼터가 사라지지 않을까 하는 두려움이 생겨날 것이다.

하나만 기억하자.

당신의 그 모든 감정과 조바심은 그냥 생겨난 것이 아니라 학습된 것이고, 그 조바심을 팔고 싶은 사람들이 바로 언론과 그리고 재테크 전문가들이라는 사실을 말이다.

모든 사람이 안정된 상황이라면 보험 영업사원은 뭘 먹고 살고, 새로운 차에 관심들이 없어진다면, 자동차 영업사원은 뭘 먹고 살며, 아파트 가격에 관심이 없어져 버리면 건축회사는 뭘 먹고 살겠는가?

이와 같은 것이다. 땅값이 바로 폭등할 수밖에 없다는 사실을 이상한 논리로 포장하며, 땅이 거짓말 하는 법은 없다, 혹은 전국 땅값이 오를 수밖에 없다는 등등의 얘기(인플레이션을 감안한다면 안 오르는 게 더 이상하다. 땅값 오른 것만 보지 말고, 짜장면 가격이 오른 것도 좀 봐라)를 뿌리면서 땅을 오늘 사지 않으면 당신은 뒤처질 것이라는 불안을 조성하는 것이 그 사람들에는 득이 되는 것이다.

이 주식 사면 오른다, 저 주식은 피해야 된다…… 그냥 그런 사이트에 들어갈 생각하지 말고 한국 대기업 순위 30개를 쓴 다음에 선풍기 바람에 날려서 가장 멀리 간 주식을 사라. 가장 가벼우니 잘 뜰 것이고, 뜨면 가격이 오르지 않겠는가? 나름 규모의 경제를 구축하고 있는 한국경제의 주축이 되는 대기업 주식이라면 분식회계를 한 경우만 아니라면 인플레이션 수준이나 은행금리보다는 훨씬 더 많은 수익을 가져다 줄 것이다.

내가 이런 글을 쓰는 이유는 사람들이 조급해하면서 매달린다는 느낌을 받았기 때문이다. 뭐 때문에 그런가? 온갖 정보의 홍수 속에서 나만의 길을 찾기가 어렵고 계속 도태된다는 느낌을 받기 때문이다.

은행금리 0.5프로 더 주는 은행을 찾아다니고, 무용담을 쓰는 짠돌이 같은 글에 현혹되지 마라. 일반적인 서민인 우리들이 예금할 수 있는 정도의 돈에서 0.5프로 더 받는다고 해도 땡볕 더위에 대기표를 받아 가며 공들일 정도의 차이가 나지 않는다. 이런 정보 찾을 시간에 그냥 쉬자. 차라리 절약을 기반으로 해서 파이프 라인을 만들어야 한다 주창하는 모 카페의 카페지기의 강연이 훨씬 도움이 되고 알찰 것으로 보인다.

주말에 땅 보러 다니고, 아파트, 상가 분석한다고 뛰어다니지 마라. 주말이면 주중과 또 다른 현상이 있기 때문에 오히려 오판할 수도 있고, 당신이 아무리 뛰어도 그걸로 밥벌이하는 사람의 정보력을 따라갈 수 없다. 그냥 꼭 필요하다면 전문가를 고용해라. 그게 빠르다. 주중에 힘들게 일했는데, 뭐 주말은 그냥 가족들이랑 편하게 쉬는 게 어떤가? 그냥 쉬어라. 돈을 아낀다고 찌질해지지는 말자. 먹고 싶은 거 먹고, 즐길 만큼은 즐기자. 소비가 다는 아니지만, 그렇다고 무미건조하게 사는 것도 답은 아니다. 찾아보면 큰돈을 쓰지 않아도 재미있게 시간을 보낼 수 있는 방법은 여러 가지다. 소풍을 가도 아무 준비 없이 그냥 식당가고, 길거리 음식 사 먹고, 이래저래 손에 잡히는 것 사면서 돌아다니는 가족과, 김밥 싸 가서 먹고, 음료, 과자는 준비해서 먹고, 나중에 쓰레기 될 확률이 99프로인 기념품 가게를 그냥 지나치는 가족의 씀씀이는 시간이 갈수록 벌어지기 마련이다. 미련하게 돈을 모을 생각하지 말고, 지혜롭게 쓸 데 쓰면서 모으면서, 절약하면서 대신 인생은 나름 즐기면서 살자. 그래도 늦지 않다.

그럼 이제 남들이 하는 것을 하지 않았으니, 뭘 해야 하는지 생각해 보자.


## 1) '왜' 라고 질문하자

모든 결과에는 그 이유가 있을 것이다. 사소한 것이라도 '왜'라는 질문을 계속하다 보면 원인이 나오고 그런 시덥지 않은 것에 대한 관심과 조사의 과정에서 생각지 않았던 방법이 떠오르기 마련이다.

나는 개인적으로 궁금한 것이 있으면 잠이 안 오는 사람이라, 비엔나 소세지와 커피가 왜 유명할까라는 단순한 질문이 생긴 다음에 대학도서관, 식품영양학과 교수님에게 이메일을 써 가며 며칠의 공부를 한 끝에 그 답을 알 수 있었다.

하지만, 이 일로 누구보다 이 두 음식에 대해서는 확실한 정보를 가지고 있었기 때문에 후에 어느 미친 수입업자의 케이크를 구매, 운송해 달라는 문의가 있었을 때, 누구보다 정확하게 음식의 특성과 역사, 취향, 발생 근거에 대해서 알고 있었기 때문에 현지 딜러들에게 쉽게 접근할 수 있었다.

사소해 보이지만, 그런 작은 사소한 정보들이 모여 뼈대를 만들고, 살이 되어 나의 큰 틀을 바꿀 수 있는 기회가 될 수도 있음 기억하라. 탐구의 이유가 없는 분야와 정보는 없다. 많이 알면 알수록, 도움이 되지, 사소한 일, 정보라고 해서 그냥 지나치면 작은 기회들은 사라지고, 작은 기회가 없는데 큰 기회가 오지는 않는다.

## 2) 지속적인 발견과 감사

세상의 성공은 우연에서 비롯되었다고 하지만, 그 우연은 사소한 것을 놓치지 않는 것에서부터 시작한다. 작은 인연, 작은 것들에 대한 일상의 소중함을 가지고 늘 감사하며 살자. 내가 편하게 오늘을 살 수 있는 것도 감사한 일이며, 돈 걱정이 있어도, 돈 걱정은 걱정 중에 가장 낮은 등급의 걱정임을 믿으며 살자. 돈 걱정은 돈이 있으면 해결되는 것이지만, 사랑, 건강 등의 문제는 이건 뭐…… 답이 없다. 사소한 것에서부터 시작한 질문이 위대한 답을 낳기도 한다. 그러니 계속적으로 탐구하고 파고들어라. 손톱깎이는 이렇게 생긴 것이 정답일까 등등의 것부터 말이다.

## 3) 영어 공부하라

경제뉴스에 대한 클릭을 할 만큼 했으면 이제 영어공부를 해라. 재테크를 하는데 웬 영어공부냐고 할 것이다. 학생도 아닌데 말이다. 하지만 당신이 영어를 모른다면 정보의 세계에서 까막눈이라고 보면 된다. 영어 기사나 뭐 한국어 기사나 뭐가 다르냐고 할 것이다. 맞다. 최소한 CNN영어 뉴스에 나오는 내용은 한국 뉴스에도 나오니까 말이다.

하지만 영어공부를 해야 하는 이유는 그런 뉴스를 봐야 하기 때문이 아니다. 세상 인터넷자료 대부분은 영어자료이고, 그 자료 중에 정말 중요한 자료가 많다.

하나 예를 들어 내 자랑을 좀 하자면, 한국 환율시장의 환율을 시장 개시 후 약 15분간의 흐름은 내가 나름 정확하게 맞출 수 있다. 인터넷을 돌아다니다가 미국 유명 사립대학 경제과 교수가 쓴 논문 중에 미국환 대비 타 화폐 교환가치의 장외 흐름 알고리즘 증명 정도로 해석되는 내용을 본 적이 있는데, 장외 흐름의 달러당 유로환의 비교 가치, 그리고 시차로 인한 환율 변동을 연동되어 있는 타 화폐시장에서 장이 열리면 따라간다는 것이다. 이렇듯, 세상의 흐름을 파악하고 보다 남들보다 많은 정보를 얻을 수 있게 되는데 영어는 절대적으로 필요하다.

또한 영어는 다른 기회의 원천이 되기도 한다. 아무리 한국이 영어에 많은 돈을 넣는다고 해도 현실업무에서 영어가 장착되어 있는 직원은 많지 않은 것이 사실이기 때문에 영어를 잘한다는 것은 주재원파견이나 출장 등의 보다 넓은 기회를 제공할 수 있고, 이를 기반으로 다른 영역의 일을 할 수 있게도 된다.

내가 한국에서 직장생활을 시작한 것이 20대 초반이었는데, 3년 만에 급진적인 승진을 할 수 있었던 이유는 나름 탁월한 해외 영업 실적 때문이었다. 그런데 20대 초반의 녀석이 알아 봐야 얼마나 알아서 계약을 따오겠는가? 항상 출장을 갈 때는 기술팀과, 차장들이 같이 가서 일을 하는데 영어가 안 되는 관계로 계약서를 내가 쓰고, 바이어랑 내가 얘기하니 그게 내 실적이 되고, 몸값은 계속 올라간 경험이 있다.

젊은 부자 얼마 벌었네 하는 식의 책을 사지 말고 영어참고서를 사서 영어공부를 하는 것이 훨씬 도움이 된다.

조바심을 내지 않아도 되고, 남들이 어떻게 하건, 뭘 하건 신경 쓰지 말고, 그냥 당신의 길을 가라. 생긴 것이 다 다른 것처럼, 전자가 그렇게 해서 잘 된 것이 후자가 해서 꼭 그렇게 된다는 법도 없지 않는가?

한 달에 150만 원을 벌건, 1500만 원을 벌건, 그게 또 뭐가 그렇게 문제인가, 세상을 긍정적으로 바라보고 그냥 잘 살면 되는 것이다. 내가 150만원 번다면 자괴할 것이 아니라, 절약하고 살면서, 또 인생역전의 발판을 만들기 위해서 노력하면서 살면 되는 것이고, 내가 1500만 원을 벌면 벌만큼 버니, 옆도 돌아보고 좋은 일도 좀 하고 그럼 되는 것이다.

다시 한 번 생각해 보자. 당신이 한국인으로 태어난 것만으로도 제3국에 태어난 수억의 인구보다는 상황이 나은 것이다. 당신은 한국인이기 때문에 최소한 굶어 죽지는 않을 수 있고, 굶어 죽는 수억의 인구와 그리고 그걸 봐야 하는 가족이 아닐 수 있는 것이다.

재테크에 관심을 가지고, 뭔가를 하고 있다는 것만으로도 당신은 수많은 누군가보다는 상대적 우위에 있는 것이며, 행복해야 할 충분한 가치를 가지고 있는 사람인데, 단지 그걸 보지 못했을 뿐이다. 남들이 생각하는 것과는 다르게 생각하고, 세상을 비틀어 보고, 나만의 무기를 연마해서 또 다른 나만의 세상, 제국을 창조하라. 그것이 진정한 재테크이지, 땅을 사고, 아파트를 사는 것만이 답은 아니다.

# CHAPTER 4.

# 결코 지지 않는 전투를 하라

# 01.
# 거짓을
# 판단하라

## 투자에서 실패하지 않는 방법 – 거짓을 판단하라

날마다 넘쳐나는 인터넷 정보와 더불어 또, 그런 수많은 정보 중에 '나는 진짜' 라는 또 다른 외침이 들리는 요즘, 사회는 안녕하지 못하고, 뭔가 꽁꽁 묶여있는 듯한 사회 속에 있는 당신은 안녕한가? 인터넷이라는 매체의 탄생과 확장을 같이 참여하며 본 30대 X세대조차도 이제는 사회 속도를 따라가기 힘들 만큼 많이 변화하고, 오늘의 새로움이 내일의 진부함으로 바뀌는 현실에서 이제 어떻게 보면 무엇이 진짜이고, 정보인지, 그리고 요점인지 구분하는 것조차 무의미해질 정도로 우리네 사회는 변화하고 있다.

그렇기 때문에 진실과 거짓의 판단이 애매해지고, 어떤 것이 올바른 방향성인가에 대해서 고민할 수밖에 없을 텐데, 그럼 어떤 기준만이 나를, 나의 지갑을, 나의 통장을 지켜 줄 수 있을 것인가?

## 세상 일이 쉽지 않음을 항상 생각하라

통상 사기꾼들과 얘기를 하다 보면, 항상 느끼는 것은, 계속 말이 헛돈다는 것이다. 무엇이 요점인지를 정확히 밝히지 않고, 잔기술만을 들먹이면서, 이건 이래서, 저건 저래서, 내가 수십 배 벌었다는 식인데, 생각해 보라. 단지, 조금의 노력과 알량한 정보를 동원해서 이렇게 저렇게 착착하고 나면, 수십 배 오르고, 임자가 딱 나타나는 경우가 흔할 것이라고 생각하는가? 세상은 그렇게 쉽지 않다. 내가 조금의 요행을 바라는 순간 맘속에는 더 큰 업이 생기는 것이다. 내 마음에 더 큰 마가 생기면, 조급해지고, 그러면, 옆에서 하는 사기꾼들의 말도 심오하게 들리게 되는 것이다. 보통 한국 법원에 사기의 절반 이상은 부동산 관련이다. 당신이 꾸준히 배우고 공부하고, 나아감이 없는데, 그냥 그렇게 돈을 벌고 성공하는 투자를 하게 해 주겠다는 사람은 당연히 사기꾼이 아니겠는가? 모임 한두 번 나갔고, 이래저래 알게 된 정보에 독서 좀 했고, 스터디 좀 했으니, 이제 돈 벌 일만 남았다는 생각이 드는 순간, 투자를 빙자한 투기질을 돕는 사람이 옆에서 나타날 것이다.

그래서 더욱 더 쉽게 보이는 그런 오퍼에 많은 관심을 쏟아서는 안 되는 것이다.


## 친구 따라 장에 가지 마라

요즘 경매시장을 보면, 한마디로 '미쳤구나' 라는 생각이 든다. 어지간한 상가도 90프로가 넘어 낙찰되는 경우가 흔하게 보이기 때문이다. 경매의 특성과 성격을 생각해 볼 때 이런 건 그냥 급매로 사는 것과 아무런 차이가 없다. 그럼 왜 사람들은 말도 안 되는 이런 일을 벌이는가?

다 옆에서 전문가를 자칭하는 브로커와, 쇼핑보다 쉬워요 하며, 알짱거리는 책장사들의 사탕발림이 클 것이며, 은퇴는 다가오는데 역시 부동산이 최고야 하는 믿음, 베이비부머들의 절박감이 만들어낸 현상일 것이다.

소위 '모든 국민의 꿈이 임대사업자'인, 이 아름다운 나라가 되는 데 당신도 일조한 부분은 없는가? 부동산이 매력적인 투자상품임에는 부연 설명할 필요가 없을 것이나 비가 올 때는 쉬었다 가라는 얘기와 같이 진정한 가치를 보고 생각을 해 본다면 과열시장에는 들어가는 것이 아니다. 그러니, 쇼핑보다 쉽다는 경매를 하려고 들지 말고, 조금 더 기다리는 것이 올바른 판단일 것이다. 결코 조급해할 필요가 없다. 없는 건 당신의 돈이지, 물건은 널리고 널렸다. 친구가 장에 간다고, 투자를 한다고, 아무런 준비가 되지 않았는데, 그냥 될 것 같아서 투자하지 마라. 그런 데 돈을 넣고 나중에 고민하고 어떻게 할까 고민하는 것보다야, 그냥 있으므로 최소한 스트레스를 받지 않는 것이 다행 아니겠는가?

## 작은 곳에서 항상 큰 일이 터진다

부동산 사기 같은 것은 잘 모르는 곳에서 터지지 않는다. 이는 무슨 말인가? 누가 봐도 사기 같고, 문제가 있을 것 같은, 그런 확실한(?) 곳에서는 큰 사고가 터지지 않는다는 것이다. 사기를 쳐야겠다고 작정하고 덤벼드는 상대의 얼굴은 항상 가장 선량한 얼굴을 하고 있음을 명심하라.

부동산 거래를 하는데, 공동명의 건물을 한 사람이 팔러 와서 뭐 인감하고 인감증명서랑 다 들고 왔으니까, 한 명이 바빠서 왔으니, 그냥 계약하자 하고, 돈도 뭐 그냥 따로 원래 넣어줘야 하는 건데, 내 계좌로 주면 된다고 한다. 가족인데, 다 얘기가 끝났다고 한다. 뭐 좋은 게 좋은 거라 그렇게 했는데, 나중에 상대가 그런 일이 없다고 하면 어떻게 할 것인가? 게다가 이미 받은 돈은 다 썼고 배 째라고 하면? 이런 게 사기가 되는 것이다. 그냥 좋은 게 좋은 것이라는 말은 없다. 모든 것을 확실하게 해야 한다. 하물며 큰돈이 오가는 부동산 계약을 하면서, 관련 투자를 하면서 좋은 게 좋은 거라고 해 달라는 대로 편의를 봐 주면 안 되는 것이다. 항상 작은 곳에서의 빈틈을 노리는 것이 사기의 첫 단계이며, 시작이다. 작은 곳까지 빈틈을 보이지 않겠다고, 모든 것을 완벽하게 할 수는 없다. 사람이 하는 일인데, 완벽할 수 있겠는가? 대신, 작은 곳이 발견될 때마다 지체 없이 고치고 수정해서 그 틈을 막아야 사고가 터지지 않는 것이다.


## 역지사지의 입장에서 생각하라

내가 주인이라면 왜 이걸 팔려고 할까? 하는 생각을 해보라. 그럼 장단점이 훨씬 더 정확하고 명확하게 이해될 것이다.

주식, 부동산, 사업체 양도 등등 재테크의 행위는 그냥 슈퍼 가서 과자 하나 사 먹는 수준의 행위가 아니다. 당연히 이해관련당사자는 오랜 기간 자신들의 모든 네트워크를 동원해서 정보를 모으고, 만나서 엄청난 탐색을 하고서야 그 접점에서 만들어지는 것이 거래가격이다.

당신만 아는 정보라는 것이 얼마나 대단하겠는가?

그냥 가격만 보고 판단하지 말고, 내가 판매자 입장에서 왜 이걸 지금,

나에게 팔아야 하는지, 그 명확한 이유가 없다면 다시 한 번 생각해 봐야 할 것이다. 내 눈에 좋아 보이는 것이 남의 눈에도 좋아 보이는 것이다.

이렇게 자신만의 시각을 확립하고 거짓을 판단하려는 노력을 하는 것이 중요하다. 욕심을 버리고, 정확하게 나의 기준을 가진 상태에서 일이든 투자든, 목적물을 바라본다면 큰 틀에서 큰 실수를 할 가능성이 줄어들고, 상대의 거짓을 파악하는 것이 가능해진다.

또한, 나의 마음상태가 조급하지 않고, 여유가 있다면, 시간을 두고 생각하면 더욱 명확한 기준을 가질 수 있다. 예전에 그걸 못 사서, 샀었어야 하는데 하고 후회를 했지만, 막상 시간이 지나고 나면 안 사길 잘했구나 하는 결론에 이른 투자 건에 대한 경험은 투자가라면 다 하나씩 있는 것들이다.

욕심 때문에, 나는 되는 사람이다라는 막연한 자신감 때문에, 눈이 먼 상태에서는 이런 거짓을 판단하는 것이 사실상 불가능하기 때문에, 언제나 시간적 여유를 두고 나의 기준이 흔들리지 않을 여유를 가지고 있어야 상대의 거짓을 파악할 수 있을 것이다.

# 02.
# 시류의
# 파도를 타라

자고로 세상의 일을 대하는 데에는 두 가지 자세가 있다 할 것이다. 세상의 흐름과 맞서는 자와 그 시류를 타고 이용하는 자라 할 수 있을 것인데, 투자든, 창업이든, 성공을 하기 위해서는 후자 쪽이 초반의 성공에는 필요하다 할 수 있을 것이다.

내가 세상의 시류를 바꿀 만한 힘이나 능력, 조직을 가지지 못한 상황에서 세상을 탓하는 자는 그저 시간 낭비일 뿐이요, 패배자의 변명에 지나지 않는 것이며, 가슴속에 나의 뜻을 숨긴 채로 시류를 타서 내가 세상을 움직일 수 있을 때, 나의 뜻을 펼치면 되는 것이다.

다만, 시류를 잘 타는 자는 대신, 대단한 성공으로 나아가는, 개척자의 모습은 발견할 수 없을 것이므로 여러 가지 행동에는 다 장단이 있는 것이지, 모든 결정이 항상 최고의 선택이 되는 것은 아닐 것이다.

각설하고, 일의 성공을 만드는 데에는 위정자, 세계 경기의 흐름, 시장의 흐름 등에 대한 시류를 읽고 대처하는 능력이 상당히 일조한다 할 수 있다. 모든 시장과 흐름이 왼쪽으로 가는데, 나만 오른쪽을 주장한다고 해서, 될 일이 아니라는 의미이다. 영화나 드라마를 보면 주인공은 항상 뛰어나게 남들과 다른 의견과 생각을 관철시키고, 철저히 큰 성공으로 보답받아 기세를 올리는 방식의 패턴이 방송되는데, 그건 그냥 재미를 위해 작가가 기획한 것이라 보면 될 것이다. 요즘과 같이 복잡한 세상에서 그저 열심히 성실하게 일하는 사람은 칭송받기는커녕, 미련한 인간으로 비추어질 것이고, 다양한 의견을 게재했다가는 일을 따 오는(?) 왕따 혹은 밉상이 되기 십상이다. 어떤 사람이든, 한 조직에 들어가면 그 조직이 추구하는 가치와 이념을 따르는 시류를 읽어야 하고, 그에 맞추어 철저히 행동을 해야 실패하지 않는다.

내가 현지에서 처음 일했던 곳은 사무실의 책상을 10미터 옮기기 위해서 6단계의 결제라인과 두 달이라는 시간이 걸리는 공무원 조직이었기 때문에, 열심히 일하는 대신, 그들이 원하고 조직이 바라는 것과 같이 하루 이메일 3통 쓰고, 커피 5잔을 마시는 생활을 함으로써 동화될 수 있었다. 이처럼 때로는 시류에 맞게 행동하는 것이 바람직하다.


## 세계경제 흐름을 읽어라

이전 글에서 언급한 것과 같이 2015년의 가장 핵심적인 키워드는 '유동성 공급'이라고 할 수 있다. 미국이라는 시장에서 처방을 해 보니, 나쁘지 않다는 결과를 보이자, 이제 세계경제는 각국 정부가, 자국 경기가 조금이라도 나빠질 기색이 보이면, 돈만 찍어 내면 만사형통인 형국을 맞고 있다. 일본을 필두로 유럽까지 팔을 걷어붙이고 나서서 자국의 통화를 절하시키는 데 총력을 다하고 있다. 그럼 어떤 흐름이 유지되겠는가?

한국경제는 어떻게든 또 영향을 받겠지만, 무분별한 통화정책이 계속된다면, 한국정부 또한 지금의 기조를 버리고, 결국은 큰 틀에서는 따라갈 것이다. 한국과 같이 수출의존형 경제구조를 가진 나라에서 수출에 직접적인 영향이 오는 환율전쟁에서 밀리면 근간이 흔들린다는 것을 경제관료들이 모를 리는 없을 터, 아직은 외환보유고가 있고, 버틸 만하니 그나마 유지가 되겠으나, 이런 추세가 심화될 경우에는 어쩔 수 없이, 외환시장에 적극 개입하는 정책으로 돌아설 것이다.

그럼 이런 시류에서는 어떻게 행동하는 것이 현명한가? 나는 부동산 폭락론자도 만능론자도 아니고, 부동산 월세 받아 사는 사람도 아니지만, 이런 때일수록, 한국 상황에서는 부동산의 비중을 높이는 것이 중단기적으로 현명하다고 생각한다. 단, 수익형 부동산에 국한하는 말이다. 수익이 뒷받침되지 않는 부동산은 필패의 지름길일 수밖에 없는 것이, 만약, 생각하지 못했던 급격한 금리인상이 있을 경우 바로 무너지기 때문이다. 투자라는 것은 항상 모든 변수를 감안한 상황에서 이루어져야 하는 것이며, 어떤 변수에도 영향을 받으면 안 되기 때문이다.

유동성이 마구 공급되는 상황에서 가장 중요한 것은 실물자산을 확보하고 있는 것인데, 실물자산 중에서도 가장 확실한 것이 한국에서는 부동산이기 때문이다. 화폐가격이 절하가 된다고 하더라도 실물가격은 보호되기 때문에 안전한 방법이 될 수 있다.

## 세대의 생각을 읽어라

한국 인구 중에 가장 많은 비율을 차지하는 베이비붐 세대의 은퇴가 본격화 되면서 나타나는 사회현상 중 내가 가장 재미있게 바라보는 것은 두

가지인데, 이 세대에서 자금이 조금 준비된 이들은 안락한 노후를 위해서 수익형 부동산을 원하고, 노후준비가 미처 안 된 사람들은 창업을 해야 하니, 상가가 필요하다는 것이다.

그럼 투자를 어디다가 하면 되냐 라고 물어보는 사람들은 이미 답을 찾은 것이다. 상가형으로 수익이 나오는 부동산에 투자하면 될 것이 아닌가?

답은 쉬운 곳에 있다. 단지 행동하고 생각하기 나태한 사람들만이 자신의 답을 확인하고 싶어서 모임에 나가고, 강연회를 기웃거리는 것이다. 자신이 생각하고 옳다고 생각하는 곳으로 움직이는 자만이 성공할 수 있다.

본론으로 돌아가서, 조직 구성원들의 생각을 읽고 이해하고, 나의 투자 전략으로 삼는 것이 중요하다. 한국시장을 막연하게 놓고 분석을 한 내용은 맞을 수 없는 것이 부동산 시장이라고 하면, 지방과 수도권이 다르고, 전라도와 경상도가 다르기 때문에 한 현상을 놓고 모든 것을 얘기할 수 없다는 것이다. 즉, 내가 거주하고 있고, 생각하고 있는 지역이나 조직, 구성원들의 흐름을 읽고, 대세라고 판단되는 그 시류에 나의 환경을 적응시키면 되는 것이다.

엄청나게 큰 성공은 남들이 하지 않는 그런 대단한 모험을 하는 것이 아니라, 큰 흐름에 맞게 나의 환경을 설계하면서 좋은 흐름을 타고 기다리다 보면 운이 오고, 때가 맞아서 이루어지는 것이지, 대세를 거스르는 것이 성공을 부르는 답이 아니다. 그럼 주식시장은 어떻겠는가? 주식투자를 하는 사람들의 대세는 항상 대기업에 편애를 하고, 또 일부 세력은 항상 투기성 자본을 넣었다 빼기를 반복하며, 유래를 찾아볼 수 없을 정도로 많은 직접 투자가들이 존재하는 곳이 한국 시장이다. 이런 시장에서 대세라 함은 남들이 말하는 대기업에 돈을 투자하는 것이 가장 안정적으로 수익을 버는 방법이다. 이름도 듣지도, 보지도 못한, 그런 코스닥 기업에 돈을 투자하는 행위는 혹여, 누군가는 그래서 큰 수익을 얻었다고 할지언정 내가 할 방법은 아니다. 일주일에 한 명씩 누군가는 로또1등에 당첨되지 않는가?

왜 나의 소중한 돈을 도박판에 넣으려고 하는가?


## 정부의 생각을 읽어라

이 정부를 정말이지 싫어하는 사람 중 한 명이지만, 국가 구성원으로서 성공하기 위해서는 정부의 정책 흐름과 기조를 읽는 것이 대단히 중요하다. 이 무능한 정부의 기조는 무엇인가?

'부동산을 사라. 사라. 또 사라. 돈이 없어? 그럼 빌려 줄게'이다.

그럼 이런 시류에 따라 현명한 투자가가 취해야 할 행동은 무엇인가? 정부가 가져다 쓰라는 돈은 고맙게 받아쓰면 된다. 내가 은행대출을 계속 늘리고 있는 이유이다. 그런데, 무능한 정부는 항상 1개월 앞만 바라본다는 팩트(?)가 있다. 그럼 금리가 가장 낮은 1금융권하고만 거래를 한다. 금리인상이 되어도 충격이 줄어든다. 복지라는 카드를 꺼냈지만, 삽질만 한다는 팩트(?)가 있다. 먹고는 살아야 하니, 창업하려는 사람, 일을 하려는 사람이 많으니, 상가에 집중한다는 전략이 자연스럽게 생기게 된다.

한 지역을 예로 든다면, 정부가 이천에서 시작해서 분당구로 이어지는 길을 만든다는 공지를 하고 삽질을 시작하면, 사람들은 이제 이천이 상대적으로 가격이 싸니 많이 오르겠구나 하고 몰려들 것이다. 하지만, 그건 상황마다 다른 것이다.

분당의 집값이 비싸니 길이 뚫리면 접근성이 좋아지므로 이천으로 이사를 해야겠다는 사람이 늘 것이므로 주택가격은 오르고, 이런 가격을 보고 업자가 몰리는 주택수요가 많아지고, 이런 주택 수요를 뒷받침하는 작은 상권은 쉽게 형성되고 적정한 수익을 올릴 수 있다. 하지만, 예를 들어 이천에 있는 큰 아울렛 매장이나 극장, 옷가게가 있는 곳은 어떻게 되겠는가? 입장 바꾸어 생각해보면 답은 쉽게 나온다. 내가 이천의 10, 20대라면 길도 뚫리고 편하게 되면 더 크고 화려한 분당으로 놀러 가지 않겠는가? 중대형 상가는 몰락한다는 얘기다. 그래서 하나의 사실을 두고도 여러 가지 다양한 전개가 있을 수 있는데, 이를 자신이 투자하려는 관점으로 바꾸어 보는 연습이 필요한 것이다. 단순히 한 지역이 발전을 한다고 해서, 무조건 거기의 모든 투자물이 좋다는 것은 절대 아니라는 말이다.


## 나의 흐름을 읽어라

투자라는 하나의 행위에 도취되어서, 나의 지금 시류를 모르는 채로, 그냥 남의 시류에만 의존하는 것만큼 어리석은 일도 없다. 창업을 하건, 투자를 하건, 중요한 것은 나의 지금 상황과 내가 나아가야 할 것을 정확하게 인지하는 것이라고 할 수 있다.

때가 오는 것은 누구에게나 동일하다고 생각한다. 단지, 때를 볼 수 없어, 그게 때인지도 모르고 넘기는 실패자와, 때가 왔음은 알지만, 미처 준비가 되지 않아, 잡지 못하는 방관자와, 때가 왔음을 알고, 준비도 되어 있어 도약하는 개척자가 이 세상에는 존재한다. 시대를 바꾸는 1%와 시대가 바뀌는 것은 인지하지만, 대항력이 없어 끌려가는 7%와 끌려가는지도 모르고 끌려가는 92%가 만드는 것이 세상이라는 재테크 격언과도 맞아 떨어지는 말이다. 아무리 좋은 기회로 보이더라도 내가 준비가 되지 않았 다면, 그것은 독일 수밖에 없다. 원래부터 독이 보기에도 좋고, 향도 좋은 것이 기본 아니겠는가? 쥐약이 쥐에게 맛있게 보이지 않는다면 쥐약이라 할 수 없는 것이고, 제대로 작동하지 않듯이, 세상의 일 또한 그런 것이다. 시류에 나를 맡긴다는 것은 그래서 그냥 흐름에 내 몸을 맡기고 누워 있 는 것이 아니라, 계속 방향을 확인하고, 조류의 상황을 확인하고, 내 몸은 어떤지, 가라앉고 있는 것은 아닌지, 제대로 가는지를 끊임없이 체크하는 것을 의미하는데, 그 중 가장 으뜸이 재무관리라 할 수 있을 것이다.

재무관리의 기본 중 기본은 보수성이고, 어떤 변수에도 흔들리지 않는 포트폴리오를 만드는 것이 남들이 하지 않는 일을 하고, 가지 않는 길을 가는 것보다 중요하다 할 것이다. 혹자는 나에게 너무 나약한 길이라 욕할 지도 모른다. 젊은이가, 약아서 시대의 흐름을 거스르고 나아가는 역동성 을 보여줘야지, 타협하는 모습만을 강조한다고 말이다. 하지만, 내가 세상 밖에서 경험한 일들은 결코, 젊은 혈기와 창대한 플랜만으로 만들어지지 않는다는 것이었고, 결국, 시대의 흐름을 타고 나아가는 것이 더 현명하다 는 것이었다.

F1 자동차 경주에서 뒤의 추적자가 어떻게 앞의 선두를 따라잡는지를 보라. 일찌감치 정면승부를 한답시고, 옆으로 치고 나와서는 승부가 되지 않는다. 은밀히, 선두의 꼬리를 잡아서 공기 저항을 줄인 다음에 순식간 에 내 힘을 이용해서 옆으로 치고 나와야 선두와 경합이 된다. 순식간에 허를 찌르고, 선두를 쟁탈하고 내가 주도하는 판으로 만드는 것, 이것이

세상의 일에도 모두 적용된다고 할 것이다.

세상의 흐름을 읽어야 할 것이다.

# 03.
# 지지 않는
# 투자

혹시 카지노에 가 보신 적이 있는가?

나는 개인적으로 도박을 하지 않지만, 한 번씩 영업상 어쩔 수 없이, 카지노를 찾곤 하는데, 카지노에서도 나는 개인적으로 지금까지 돈을 잃은 적은 없다. 그런 의미에서 나는 카지노를 좋아하는데, 이유는 돈에 대한 생각과 행동을 다시 한 번 생각해 보게 하며, 통계와 수학의 진실을 증명하는 자리이기도 하며, 상대방과의 피 튀기는 심리전을 하고, 이길 때의 짜릿함은 투자를 할 때와 비슷한 기분이기도 해서 좋아한다. 물론, 2~3년에 한 번 정도 갈까 말까 하는 정도지만 말이다. 갑자기 카지노 얘기를 하는 것은, '왜 카지노에 가는 사람이 돈을 따지 못할까'와 '왜 처음 투자라는 세상에 들어온 사람이 돈을 따지 못하는가'는 비슷한 원리이기 때문이다.

항상 그 업에 종사하고 있는 딜러라는 사람과 어쩌다 한 번 재미로 온 사람의 그 한 판에 대한 집중도는 달라질 수밖에 없을 것이다. 또한, 작은 돈을 한 번 잃으면 그 뿐인 사람과, 실적에 따라 일자리가 날아갈 수 있는 사람의 집중도는 차이가 날 수밖에 없을 것이다. 이뿐이겠는가? 오랜 경험을 통해 지금쯤 어떤 카드가 어떤 정도의 확률로 나올 것이다 하는 것을 예측할 수 있는 사람과 그저 감에만 의존하는 사람이 싸우는데 승부라는 것은 확인하기 귀찮을 정도로 정해져 있다고 생각할 수 있을 것이다.

그럼 어떻게 해야 이기는 승부를 할 수 있을까?

우선 지지 않는 것에 집중해야 한다.

카지노를 처음 가서 조금 돈을 잃으면 보통 초보자들은 평정심을 가지기 힘들어지는데, 원금 생각이 나서, 조금씩 더 판돈을 올리게 되고 이것은 손실을 굉장히 더욱 더 커지게 만든다. 어차피 카지노에서는 확률싸움이다. 이런 확률에 따라 물론, 이길 수도 질 수도 있겠으나, 다음 판에는 꼭 딴다는 보장, 그 어디에도 없다. 게다가 우선 카지노의 영업정책은 계속하여 조금씩 상황을 반전시키면서 플레이어로 하여금 평정심을 잃게 한다. 조금 판세가 불리하다 생각되면 딜러를 바꾸는 등 시간을 끌면서 분위기를 바꾸는데, 이는 심리적으로 영향을 줘서 큰 영향을 줄 수밖에 없다.

투자 또한 마찬가지이다. 처음에 내가 평정심을 찾고 실수를 하지 않으려면 크게 따려는 목적이 아니라, 내가 가진 것을 지금 상황보다는 잃지 않기 위해 집중을 해야 한다. 첫 투자가 그런 의미에서 가장 중요하다 할 수 있을 것이다. 나중에 원금이 커져서 조금 실수하고 손해를 봐도 만회가 된다고 하지만, 첫 투자는 거의 여유 없이 모든 총력을 동원해서 타석에 들어서는 경우가 대부분이기 때문인데, 그래서 내가 항상 첫 투자는 보수적으로 가야 한다고 말하는 이유이다.

첫 투자를 성공하면 좋겠으나 그럴 수 없다면, 바로 사회적 지위는 곤두박질치고, 경제적으로나 사회적으로 어려움을 겪게 된다. 또한 재무적인 부분뿐만 아니라, 그동안 종자돈을 모으기 위해 보냈던 시간을 다시 보내야 하기 때문에 더욱 더 타격이 크다. 그렇기에, 항상 여분을 남겨 두는 지혜가 필요하며, 큰 수익률이 아닌, 우선 내가 안정을 가지고 생활할 수 있는 수익이 나는 모델을 만들기 위해 모든 총력을 다하는 것이 필요한 것이다.

　다음에 생각해봐야 할 것은 판세를 이해하는 것이라 할 수 있는데, 카지노의 룰렛을 보면 숫자가 0부터 36까지 있고, 숫자를 맞추면 36배를 준다고 한다. 그리고 정확히 확률계산을 해서 홀수 짝수를 맞추면 2배, 삼등분 부위를 맞추면 3배를 준다고 한다. 얼핏 보기에는 공정한 것 같다. 하지만, 정확히 본다면 얘기는 다르다. 0이 있기 때문에 확률상으로는 1/37이며, 0이 나올 경우에 다른 모든 숫자는 죽는다. 따라서 장기적으로 봐도 항상 카지노가 유리한 확률이다. 또한 플레이어 한 명이 돈을 거는 것이 아니라, 여러 사람이 거는 게임이기 때문에, 카지노 입장에서는 더욱 더 많은 사람이 참여하면 참여할수록 맞출 확률보다 잃을 확률이 당연히 높기 때문에 절대 손해 보는 일이 없게 된다. 그런 의미에서 카지노는 절대 지지 않는 싸움을 하고 있다고 할 수 있다.

　다른 바카라라는 게임을 보자. 원리는 쉽다. 카드를 한쪽에 2장, 또 다른 쪽에 2장을 빼서 뒤의 숫자가 높은 사람이 이기는 홀짝 같은 게임이다. 단순하면 단순할수록 더 중독성이 생기기 때문에 카지노에서도 운영상 가장 좋아하는 종목이라 할 수 있으며 가장 많은 도박중독자를 양산하는 게임이다. 얼핏 보기에는 이것도 공정한 것 같다. 이거 아니면 저거 해서 두 배를 주니 말이다. 그런데, player 쪽에서 이기면 2배를 주는데, banker가 이기면 커미션을 뗀다. 10프로 정도를 말이다. 판이 돌아가면 돌아갈수록 카지노는 또 유리하다.

카지노에서 운영사인 카지노의 판세가 불리해지는 것은 그날 엄청 촉이 있는 사람이 주도해서 한쪽으로 일방적으로 걸고, 다른 사람이 따라와서 일방적인 판세가 나오는 것인데, 이런 비상상황이 생기면 카지노는 데스크를 접는다든지, 딜러를 바꾸든지 해서 판세를 바꾸어 버린다.

이게 또 먹힌다. 결국 분위기, 기 싸움이니까 말이다.

투자에서도 마찬가지라고 할 수 있는데, 그냥 일반인들이 보기에 부동산 시장은 오르거나 내리는 시장의 일부이다. 하지만, 정확히 생각을 해 보면 부동산 시장은 오를 때와 내릴 때, 그리고 안정세를 보일 때, 이렇게 3가지로 구분해서 생각할 수 있을 것이다.

그럼 언제 초보 투자가가 이길 확률이 가장 높을까?

바로 안정세를 보일 때다. 시장이 오르지도 내리지도 않고 안정을 보이고 있다는 얘기는 수익과 위험, 모험과 안정을 적절히 조율하면서 자신만의 길과 방법을 알고 있는 꾼들에게 가장 안 좋은 시기라 할 수 있고, 다들 가격을 정확하게 이해하고 있고, 급격한 변화가 없기 때문에, 급급매물도 나오지 않고, 이미 투자한 물건의 가격이 오르지도 않아, 몸이 무거운 상태이기 때문이다. 반대로, 새로 시장에 들어오는 사람이 유리한 이유는, 이런 꾼들이 덤비지 않고, 경쟁이 덜 치열하며, 꾼들이 기다리다 그냥 파는 물건이 많기 때문이다.

하지만, 시장에서 가격이 오르거나, 내리는 판세가 한쪽으로 기우는 순간 모든 상황이 꾼들에게 유리해 진다. 돈을 동원하는 능력이나 경험이 초보보다는 월등하기 때문에 가격이 오르는 상황에서도 파이낸싱 능력에서 꾼들이 빠르고, 또한 자신의 자산을 높은 가격에 처분함으로써, 현금화해서 수익을 극대화할 수 있다.

그냥 가격이 오르면 조급함만 생기는 초보와는 다르다. 또한 가격이 내릴 때는 급급매물이 나오는 확률이 높아지고, 이런 물건은 보통 채널(?)이라는 은어로 통하는 네트워크를 통해 소화가 되기 때문에 꾼들이 유리하다.

자 어떤가?

카지노에서처럼 얼핏 보기에는 비슷한 것 같은데, 자세히 생각을 해 보면, 초보 투자가가 좋아지는 판세는 1/3이고, 꾼들에게 유리한 판세는 2/3임을 알 수 있다. 결국, 시장 변동에 의해 투자가가 항상 좋은 위치를 선점할 경우가 큰 것이다.

누가 더 유리하고 더 빨리 돈을 벌 수 있겠는가?

그럼 어떻게 해야 부자들과의 경쟁에서 살아남을 수 있겠는가?


## 잘 모르는 것에 대해서는 돈을 넣지 않는다

보통 제한된 자본을 가지고 있다 보면 브로커의 말이 왠지 맞는 것 같다.

"이렇게 작은 돈으로 뭐 큰 걸 잡으려고 그러시나? 돈에 맞추어서 사야지?"

이런 설명을 듣고, 돈에 맞추어서, 작은 물건을 높은 금액을 주고 산다. 내가 잘 모르는 것을, 주위 환경이 좋지 않다는 이유로 물건에 내가 맞추어서 구매를 하는 것은 아주 잘못된 결정이라 할 수 있다. 돈이 준비되지 않았다는 것은 아직 준비가 안 되었다는 것이기 때문에 내가 조금 더 돈을 조달할 방법을 준비하고, 동원해서 내가 원하는 물건을 사야지, 물건에 내 몸을 끼워 넣는 방식은, 상황에 대처하는 것이 아니라, 상황을 틀어버리는 결정이 되어 버린다. 보통 이런 물건은 내 돈 형편에 맞추어 사려다 보니, 내가 잘 알지 못하는 분야, 잘 알지 못하는 곳의 물건일 경우가 높은데, 왜 그런 물건이 아직 팔리지 않고, 나에게 소개가 되었는지, 그리고 내가 이 물건, 프로젝트에 투자를 했을 때 진정으로 얻을 수 있는 장점이 무엇인지를 깊이 고민해 보고, 내가 모르는 물건, 모르는 지역의 것들에 대해서는 신중하게 고민을 해 봐야 한다.

## 뒷세계를 상상한다

내가 알지 못하는 카지노의 숨겨진 확률과 같이 투자세계에서도 내가 알지 못하는 세계가 많이 있다. 공인중개사가 아니라, 전문적으로 부동산을 넘기고 받는 브로커 시장이 따로 존재하고, 쩐주(?)를 끼고, 물건을 잡았다 놓았다 하는 꺽새가 있고, 미끼를 가지고 호구를 모집해서 오는 모집책 발바리, 호구들 속에 섞여서 분위기를 잡아서 계약에 이르게 하는 깔새 등등, 그들만의 세계에서는 그들만의 리그가 있을 것이다.

이런 부동산 세계에서는 같이 웃고, 같이 술 마시고, 인사하고 지내던 사이라도 조금만 빈틈을 보이면 바로 치고 들어온다. 오늘의 동지가 내일의 적이 되는 일? 내일까지 기다릴 필요도 없이 저녁만 되도 적이 되는 것이 투자세계, 부동산 시장의 바닥이다.

보이는 것에만 신경을 써서 내가 지금 보고 있는 계약서, 만나고 있는 사람이 어떤 의도와 목적을 가지고 내게 이러는지를 신경 쓰지 않는다면 하이에나들에게 잡아먹힐 가능성이 높은 사슴이 나라고 생각하면 되는 것이다.

전문 꾼들의 방법은 초보 투자가들이 모든 것을 이해하기에는 너무나 다양하고, 변화무쌍하다. 비슷하게 생긴 산 모양 필지 2개를 교묘하게 합성해서 필지를 구분등기 한 다음에, 좋은 땅을 보여 주고, 옆의 절벽 땅 필지에 싸인하게 만드는 낱장빼기 수법에 걸리면 어떤 투자자도 당할 수밖에 없다. 땅에 이름표가 있는 것도 아닌데, 처음 가 본 곳에서 그 땅이 그 땅인 줄 알지, 등기부등본까지 진짜를 내미는데 어떻게 알 수 있겠는가?

상가건물을 팔아먹기 위해서 페이퍼컴퍼니를 만들어 세무서에 보증금, 월세를 높은 금액으로 위조해서 등록해 놓고, 높은 월세를 이유로 건물값을 높여 파는 고전적인 월세작업 수법, 개발호재를 뒤로 흘려 사기 치는 UFO작업 등등 수많은 작업이 있는데, 보이는 것이 전부라 생각하지 말고, 의심에 또 의심을 하고 신중에 또 신중을 해야 하는 것이 부동산 거래이고, 투자의 과정이라 할 수 있다.

## 부자라고 실패가 없는 것이 아니다. 부자의 틈새

투자자세계에 막 입문한 사람이 보기에는 제법 이룬 것 같이 보이는 부자라고 할지라도 틈이 전혀 없는 것이 아니다. 이런 부자들의 틈새는 보통 급격한 환경의 변화보다는 부자, 스스로의 변화에 기인하기 때문에 시장상황과는 다른 현상을 보이기 때문에 항상 업자들과 관계를 좋게 하고 때를 기다리면 부자들을 공략할 수 있는 기회가 생기게 된다.

내가 처음 한국에서 부동산 투자를 할 때 얻었던 기회는 박 영감의 소개로 조그마한 집을 사러 갔을 때인데, 아들들끼리 유산분쟁이 붙어서 골치가 아픈 집안이었다. 부자인 아버지가 돌아가시고 아들들끼리 이리저리 붙어서 소송과 난타전이 한창일 때, 막내아들이 이제 물려받을 상속분에 대한 법적 분쟁을 위한 자금마련(?)을 위해서 자신의 집을 처분하는, 그런 황당한 케이스였다.

"아부지가 살아 있었다면 저런 일이 있겠나? 자고로 나이가 들어 죽을 때는 죽은 뒤도 생각을 해야 하는데, 지만 저래 살다 죽은께네, 아들끼리 저 지랄 아이가…… 1.8억 주고 샀으면 잘 샀다……."

2.5억 호가를 부르던 집이 1.8억에 떨어진 이유는 빨리 팔아야 하는 절박감에서 온 할인인 것인데, 이처럼 의외의 상황이 발생하는 이유는, 부자들의 급격한 몰락 혹은 주변 환경 변화에 기인한다.

내가 두 번째로 소개를 받고 잡았던 물건은 이민을 가는 분의 아파트였고, 그 다음 물건은 투자 실패로 궁지에 몰린 사람의 집이었다. 투자하신 투자자 아주머님의 궁지가 만들어낸 금액이었다.

이렇게 부동산 투자 시장은 피도 눈물도 없이 오로지 돈의 전쟁이고, 감정 따윈 없다. 내가 치지 않으면 당하고, 급한 놈이 우물을 먼저 파는 것이다. 남들이 보기에는 이미 부자로 보이지만, 속을 들여다보면, 10억짜리 상가는 8억이 대출이요, 집도 대출이요, 상가도 대출이라면, 그 사람은 부자라고 보일지 몰라도, 굉장히 위험한 도박을 하고 있는 초보일 가능성이 높다.

처음 성을 지을 때는 누구나 높이 지으려고 한다. 하지만, 성세를 이루고 나면 다음에 해야 할 일은 빠진 틈을 채우고 성벽을 튼튼히 하는 일이다. 아무리 성세가 높고 장엄하다고 한들, 성벽 사이로 적 병사가 쉽게 오가는 틈이 있다면 성이 왜 필요할까? 그러면 그 성이 오래 견고하게 버틸 수 있을까?

　부자든, 초보 투자가든 중요한 것은 그래서 크기가 아니라, 내실이며, 얼마나 튼튼한 기초를 가지고 있는지가 중요하게 되는 것이다. 그러므로, 부자들의 틈을 파고들고, 나아가 내가 부자로 나아가는 방법을 스스로 터득하는 것으로 부자의 세계에 다가가실 수 있을 것이다.

# 04.
# 보편적 타당성이
# 수반되는 투자

개인적으로 생각하는 투자의 가장 중요한 베이스는 '보편적 타당성'이라 생각한다. 즉, 상식 선 안에 들어오는 자료와 정보를 기본으로 한 설명만이 현실성이 있다는 뜻이다. 왜 결혼을 해야 하는가 라는 질문에 대해서, 개개인을 통틀어 모두에게 같이 적용될 수는 없겠지만, 그래도 안 하는 것보다는 하는 것이 나을 것이라는 상식, 그리고 이를 기반으로 만들어진 전통이라는 것은 한 사회의 상식 아래에 있음을 우리는 알 수 있고, 이런 상식을 기반으로 한 보편적인 정보가 가장 중요하다고 생각한다.

요즘은 남들보다 튀어야 한다는 강박, 그리고 남이 하지 않는 것을 해야 돈이 된다는 식의 내용이 흘러 넘치고, 또 남들이 하지 않은 것을 하는 사람들을 인정해 주는 분위기이다 보니, 어떻게 하면 남들과 다른 투자, 남들이 하지 않는 것을 할까 하는 생각이 주를 이루는 분위기이고, 전문가라는 사람들도 어떻게 하면 남들과 다르게 해서 빨리 성공할 수 있을 것인지에 대해 열을 올려 설명을 하는 분위기이다.

20대 초반부터 수십 개 나라를 돌아다니면서 장사꾼으로 살아온 나의 경력도 일반적이지는 않을 것이나, 내가 그 결과로 깨달은 하나의 본질이 있다면, 성공하는 투자는 별나고, 비상식적인 투자처에 있는 것이 아니라, 가장 본질적이고, 타당성 있는, 그래서 상식적인 투자 범위에 드는 사업만이 존속될 수 있고, 성공할 수 있다는 것이다.

이 글은 그래서, 투자의 목적물, 단계에 따라 상식 선이 있고, 그런 규칙을 어기는 것만이 성공하는 길이라 믿게 하고 투자를 조장하는 잘못된 전문가, 투자가들에 대한 반박의 글이며, 투자를 시작하는 사람에게는 어떤 것에 더욱 초점을 맞추어야 하는지에 대한 설명의 글이다.

## 토지로 어떻게 단기간에 수십 배의 차익을 낼 수 있는가?

당신이 한 부지의 땅을 사서, 규칙을 풀어서, 규제를 풀고, 땅의 종류를 바꾸어서 그렇게 수십 배의 차액을 낼 수 있었다고 하자. 정보가 있고, 소위 말하는 '꽌시'가 있고, 행동이 있었다고 할지라도 그것이 상식적이라고 생각할 수 있는가? 그럼 그 땅을 판 사람은 바보라서 그런 것인가? 물론, 개발이 한창이고, 사람들이 부동산에 무지하던 시절에는 있을 수도 있었던 일이겠으나, 그런 일이 지금에도 있다면 그건 이슈화가 바로 될 것이다.

그럼 땅이 수십 배 뛰는 것은 불가능한가? 가능하다. 단지, 짧은 시간 안에 증가하는 것은 불가능하다는 말을 하는 것이다. 부동산 투자에서 가장 중요한 요소는 어떻게 버티느냐 하는 것인데, 초보 투자가 입장에서 자신이 가진 돈을 다 토지에 넣고, 뛸지 말지를 모르는 상황에서 버틴다는 것이 가능한 일일까?

"그때 강남 땅을 샀던 사람들은 다 부자가 되었는데…… 우리 할아버지는……"으로 시작하는 경험담은 집집마다 있다. 하지만, 하나 생각해 보아야 할 것은 예전 1만 원하던 땅이 지금 1억 원 한다면, 한 사람이 그걸 1만 원에 사서 1억 원이 될 때까지 기다렸냐 하는 것이다. 당신이라면 1만 원 땅이 10만 원 간다는데 그걸 팔지 않고 기다릴 수 있겠는가?

토지뿐만 아니라 모든 자산은 시간이 지나면서 그 가격이 증가한다. 경제가 발전하고, 계속 돈을 찍어 대고, 인플레이션이 일어나는데 어떻게 자산 가격이 뛰지 않겠는가? 토지는 기본 덩어리가 크기 때문에 많이 증가하는 것은 사실이다. 하지만, 100원짜리 땅은 10년이 지나도 100원짜리 땅일 가능성이 높은 것 또한 토지이다. 따라서 힘들고 전문성이 있는 투자라는 의미이다.

내 아프리카 지사 회사의 매니저 한 명이 사직을 했는데, 아버지 소유의 땅에 아파트 150채를 짓는 프로젝트를 가업으로 시작하기 위해서였다. 이 친구 아버지가 재미있는 사람인데, 일생을 통틀어 토지 4천 평을 사 놓고 35년을 기다렸더니, 지금 땅 한 블록 뒤에는 미국 대사관이 들어섰고, 주위에는 전부 아파트가 들어선 최고 중심지의 마지막 남은 땅이 되어서 토지 가격만 한국 돈으로 40억 원 이상 된다고 한다. 이런 것이 토지 투자의 핵심이다.

그럼, 이 친구의 아버지가 모든 것을 포기하고 토지 하나에만 매달려서 성공한 사람이냐 하면 아니다. 지금도 끌고 다니는 차는 벤츠이고, 먹고 사는 데에는 지장이 없는 가족들이다.

이게 핵심이라고 생각한다.

이 사람이 버틸 수 있었던 이유는, 내가 현금흐름이 나쁘지 않고, 쪼들리지 않기 때문이다. 당장 먹고 살 것이 없고, 대출이 커지는 상황에서 30년이 넘도록 이 토지를 가지고 기다릴 수 있었겠는가? 답은 여기에 있다.

결국 현금흐름을 중시하는 투자만이 성공할 수 있고, 그런 토지와 같은 자산투자는 내가 충분한 현금흐름을 확보했을 때 비로소 '대박'이 터진다는 것이다. 그러므로 투자를 처음 시작하는 사람이 '대박'을 쫓아 자산투자의 핵심인 토지 투자를 한다는 것은 필패라고 얘기할 수는 없겠으나 위험하고, 가능성이 낮은 목적지를 향하는 배에 올라타는 것임은 확실히 강조할 수 있을 것이다.

## 투자의 진입단계

부동산 투자를 많이 하는 사람들은 부동산 목적물을 의인화해서 인사도 하고, 자기 자식처럼 생각하는 경향이 있어, 나도 한 번씩 따라 표현을 하고 하는데, 부동산은 태어나서 자라고, 성공하고, 죽는 인생의 한 사이클을 그대로 닮아 있다.

상권도 마찬가지로 처음 형성되어서 성장하고, 장성하고, 지는 사이클이 있고, 택지지역도, 산업용지도, 아파트도 모든 세상의 만물이치와 같이 성장하고 지는 사이클을 가지고 있다고 생각한다. 그럼 우리가 투자를 해야 할 때는 어떻게 해야 하겠는가? 이 사이클을 정확히 진단해서 내가 원하는 투자, 내가 할 수밖에 없는 투자를 찾아야 하는데, 이 또한 앞서 말한 바와 같이 보편적 타당성을 기반으로 설명할 수 있어야 하는 것이다 (상식적이고, 쉽게 설명 되지 않는 투자이론을 들고 나오는 사람은 모두 사기꾼이라는 것이 나의 생각이다

택지를 예로 들어 보자. 신규 택지 물량이 공급이 되면 가장 먼저 공사가 시작되는 곳은 아파트와 핵심기능지구이다. 핵심기능지구라면 세종시

의 경우 공공청사, 혁신도시의 경우에는 이전하는 공공기업의 청사 등이 될 것이고 산업지구라면 산업용지에 들어서는 공장, 일반 신도시라면 아파트일 것이다.

그럼 이런 핵심기능이 작동하기 위해서 필요한 사람이 정주할 수 있는 가장 큰 규모의 주택? 아파트이다. 그럼 청사 공사와 아파트 공사가 시작되면 가장 빠르게 움직이는 택지는 무엇이겠는가? 간단하다. 근린생활시설이다. 택지의 규모가 작고, 가격이 그나마 저렴하며, 빨리 지을 수 있다. 보통 이런 곳에는 가장 빠르게 컨테이너 건물 같은 평수 넓은 공간을 설치해서, 노동자를 위한 함바 식당, 중국집, 배달요리 집 등이 빨리 생겨난다. 건축특수를 누리는 것이다. 나중에 이런 건축물은 아파트가 다 들어서고, 입주민들이 들어오면, 대형 마트로 변신했다가 나중에 완전히 성장이 끝나는 지점에서는 허물어지고 상가가 들어서거나 초대형 메가 마트 등으로 변신하는 경우가 많다.

그럼 아파트 공사 이후에는 어떤 현상이 나겠는가?

우선 근생 지역의 상가주택들이 빛을 발한다. 일층은 상가이고, 2~4층은 월세를 주는 일반적인 주택인데, 아파트 지역민들이 아직 택지의 개발이 성장기이기 때문에 상가지역이 없어서, 소비를 하기 위해서 이 지역으로 오기 때문에 장사가 잘된다. 그래서 먹자골목 라인이 나오고, 생활편의점이나 잡화점 같은 것들도 들어서고 지역이 매우 활성화가 된다.

이 지역이 활성화가 되면 그 다음 투자가들이 눈독을 들이는 곳은 단독일반주택 지역이다. 우선은 상업지역의 상가들은 덩어리가 크기 때문에 수십 억 투자가 되어야 해서 보수적인 경우가 많다. 하지만, 상가주택 지역의 라인이 활성화 되면, 단독일반주거지역의 건물들이 올라가기 시작한다. 일층에는 주차장, 2~5층까지는 월세를 받는 우리가 흔히 보는 그런 건물들이다. 이런 건물들이 노리는 타깃은 어디인가? 아파트? 아니다. 상가주택에서 2~4층을 차지하고 있는 월세 세입자들이다.

어쩔 수 없이 상가주택은 1층의 상가로 인해서 냄새도 나고 시끄러운 경우가 있기 때문에 나름대로 상가주택과 비교했을 때 가격에서 별 차이 없고, 조금은 더 안락한 삶을 제공할 수 있는 이런 건물이 자리를 잡는다. 그럼 상가주택 투자가의 수익률은 조금 떨어진다.

그렇게 일반주거지역의 건물들이 한창 올라가기 시작하면 이제 마지막으로, 비로소(?) 상가지역의 건물들이 올라가기 시작한다. 이미 기반이 잡힌 상가주택 1층의 소비자를 빼앗아 옴은 물론, 계속 늘고 있는 택지의 일반주거지역의 세입자들을 봤기 때문이다. 이런 상가건물이 올라오면, 어차피 고층건물이고, 병원, 치과, 학원 등등의 다양한 업종이 건물에서 공급이 되기 때문에 대부분 먹자골목, 음식점으로 형성되어 있는 상가주택의 라인과 조금 차이는 날 수 있겠지만, 상가주택의 상권은 타격을 많이 입는다. 중심상권지역의 상가에는 패스트푸드나 대규모 프랜차이즈 음식점들이 들어오기 때문에 경쟁이 되지 않고, 설사 상권이 분리되어 살아남는다고 해도, 예전과 같은 영화를 보기는 힘든 경우가 대부분이 되는 것이다.

이렇게 중심상업지역의 상가건물까지 들어서면 거의 택지 개발이 끝났다고 볼 수 있는데, 그럼 이건 택지의 생명에서 보면 막 청년기에 들어선 단계라고 볼 수 있다. 이 의미는 새로운 택지의 공급이 없다는 가정 하에 최소 15년 정도는 안정적으로 투자가 유지되는 단계라고 볼 수 있는데, 초보 투자가들 입장에서는 그럼 어떻게 대응을 하는 것이 좋겠는가?

내가 아파트를 구매하는 투자가라면 아파트는 입주 시점에 사는 것이 좋다. 프리미엄이 붙었다고 해도 크지 않고, 최소 미분양이라는 함정은 피할 수 있기 때문에 좋다. 처음 입주하면 앞서 설명한 것처럼 중심상가가 비어있는 등 불편한 것이 많은데, 보통 3~4년이 지나면 상가가 들어서고, 상권이 활성화가 되면서 학군도 형성이 되고, 살기 좋다는 소문이 나면 본격적으로 상승하는 시기가 온다. 따라서 아파트 투자는 입주시기가 적절하고, 그 다음 4~5년이 지나 매도시점을 잡으면 된다.

상가주택을 투자하려는 사람은 어떻게 해야 하겠는가? 아파트 공사가 시작되는 극 초기부터 들어가는 것이 좋다. 상가주택은 목이 중요하기 때문에 분양 시부터 달라붙어서 신경을 쓰는 것이 중요하고, 1층 임차인을 어떤 업종으로 구하는지에 따라 수익률이 달라지고, 이 수익률에 따라 자산가치가 달라지기 때문에 음식점 같은 업종을 구하는 것이 좋다.

상가주택의 가장 수익률이 높을 때가 언제인가? 아파트가 완공되고, 상가가 본격적으로 들어서기 전의 상태이다. 그때가 가장 좋은 매각 시점이 된다. 일반주거지역의 건물이 올라올수록 주거는 빼앗기고, 상가가 올라가면 올라갈수록 상권은 빼앗기는 만큼, 가장 월세가 많이 나올 때가 매각하기 좋은 시점인 것이다.

그럼 일반 주거지역을 사는 투자가는 어떤 시기가 좋은가? 땅만 샀다 팔 생각이면 분양 시 받아서 상가주택이 활성화되는 시점에서 파는 것이 좋고, 건축까지 한다면 건축 시작시점은 역시 상가주택이 가장 활성화되고 상가가 올라가려는 분위기에서 같이 올리는 것이 좋다. 아파트와 경쟁해서도, 상가주택과 경쟁해서도 안 된다.

그럼 상가투자는 언제 하는 것인가? 상가주택의 입점이 끝났고, 활성화를 확인한 시점에서 지어지는 상가라면 나쁘지 않고, 아파트가 지어진 지 4~5년쯤 후에 지어지는 상가라면 더 안정성이 있다. 이미 소비층이 형성되어 있고 상권을 상가주택 쪽에서 빼앗아 오면 되는 것인 만큼 큰 평수보다는 작은 평수가 유리하다.

물론, 이 사이클에 다 맞는 것은 아니고, 특수성이 있는, 일부 변수가 많은 지역도 있을 것이다. 하지만, 앞서 얘기한 것과 같이 위의 설명 중에 상식을 벗어나거나, 보편적이지 않은 정보가 있는가? 이런 누구나 아는 정보와 상식을 이용해서 내가 가장 적절하다고 판단하는 시점에서 보수적으로 투자를 하면 누구나 성공을 할 수 있다고 생각한다.

굳이 수십 배, 수백 배의 수익률을 들먹이는 전문가라는 사람들의 말을 듣고 앉아 있을 시간에 내가 가장 잘 아는 곳에 가서, 발품을 팔고, 부동산 업자에게 문의를 하면서 내 생각과 가치관, 편향적인 시각을 깎아라. 그것이 투자의 성공으로 이르는 길이다.

# 05.
# 위험 관리
# (플랜 B의 중요함)

당신이 예상할 수 있다면 이는 더 이상의 문제나 어려움이 아닐 가능성이 크다. 진정한 위협과 위험은 예상할 수 있는 큰일에서 오는 것이 아니라 내가 예상하지 못한 작은 곳에서부터 날아와 한방에 큰 문제가 되어 나를 치는 것이다.

요즘 사람들의 큰 관심사인 경매과정을 빌어 설명한다면, 보통 사람들은 낙찰을 받을 때까지의 과정을 중요하게 생각하지만, 진정한 위협과 위험은 그 다음부터인 것이다. 내가 생각했던 정도의 대출이 되지 않으면, 내가 원하는 시기까지 명도가 이루어지지 않으면, 예상치 못했던 하자가 있다면 등등의 많은 변수에 의해 이익률과 전체 결과가 크게 좌우될 것이다.

아무리 안정적인 적금, 예금을 통한 재테크라고 해도, 갑자기 아프다든지, 목돈이 들어갈 일이 생긴다든지 등등의 지극히 개인적인 이유로 인해 변수가 생겨서 손해는 아니지만, 기대 수익이 작아지는 경우(해약 시)도 발생할 수 있다.

우리가 신이 아니기 때문에 이런 변수를 사전에 알고 대비할 수 없기에,

항상 필수적으로 플랜 B를 만든다면, 전부는 아니겠지만, 상당히 관리 가능한 수준까지 그 위험도를 내릴 수 있을 것이다.

이는 다시 말하면, 보수적인 자금 운영을 의미하기도 한다. 낙찰가격 대비 이미 80프로 이상을 대출하기로 계획하고 움직인 사람에게 플랜B는 어떻게 보면 불필요한 사항인지도 모른다. 어차피 3금융권에서 대출을 거절당하면, 사채밖에 없으니 말이다.

내가 생각하는 최선의 길인 A는 항상 한 손에 쥐고 있으면서 동시에 최악의 수 발생 시 내밀 수 있는 조커와 같이 플랜 B를 가지고 있는 것만이 리스크를 줄일 수 있는 방법일 것이다.


## 에이스 한 장 정도는 감추어 두라

세상에는 많은 변수가 있으므로 나를 지킬 수 있는 좋은 카드 한 장 정도는 아무도 모르게, 하나 정도는 감추어 두라. 밝힐 필요도 없이 히든으로 가지고 있는 당신의 그 카드 한 장이 당신의 삶에서 가장 힘든 상황의 당신을 구해줄지 모르는 일 아닌가?

통상적으로, 요즘과 같이 저금리 기조가 주를 이루는 시점에서 은행 돈을 쓴다는 것, 즉, 레버리지 효과를 극대화한다는 것은 어떻게 보면 성공한 투자가들의 필수적인 모습으로 보이는 것이 사실이다. 리스크를 제법 떠안더라도 크게 일으켜서 한방에 뭔가를 굴린다는 것 또한, 존중 받아 마땅한 방법일지 모르나, 적어도 내가 생각하는 관점에서는 부적절하다는 생각을 한다.

도박을 한 번 성공할 수 있고, 두 번 성공할 수 있다. 물론, 그런 위험을 극복하고 큰 부자, 혹은 경제적 자유인의 반열에 오른 프로 또한 있다. 하지만, 대부분의 경우, 우리와 같은 범인의 경우(성공하지 못해서 책을 내고 유명세를 떨치지 못하는 대다수의 많은 사람들), 잘 모르고, 투자한 한 번의 프로젝트에서 성공을 해서 돈을 만졌다고 하더라도, 다시 더 큰 돈을 굴리기 위해 엎어서 지른 차후 프로젝트에서 실패하면서 그동안 쌓아왔던 것을 잃는 실수를 함을 우리는 주위에서 볼 수 있다.

앞서 말한 바와 같이, 우리는 실수를 하는 평범한 인간이기 때문에, 더욱 더 실패할 수 있음을 받아들이고, 이에 대한 방비를 항상 함이 옳을 것이라 생각한다.

에이스 카드라 함은 비상시를 대비한 비상금, 혹은 네트워크를 의미한다.

될 것이라 생각하고 내가 가용할 수 있는 모든 자금, 인적 네트워크, 정보, 기술을 동원해서 올인하지 말고 조금 여유를 두라. 이 조금의 룸이 최악의 상황에서 극적인 반전으로 엎을 수 있는 원동력이 될 것이다.

그럼 계속해서 이런 부정적인 의견을 써 대는 이유가 무엇이냐 묻는 사람이 있을 줄 안다. 그렇다. 우리 주위에는 이런저런 곳에 투자하라는 사람이 넘쳐 난다. 적어도 나 같은 부정론자가 하나 정도 필요하지 않은가 하는 것이 일차적인 이유이며, 두 번째는 돈이 어느 정도 모이면 내가 원하든 원하지 않든, 돈이 자연스레 나를 이끈다는 얘기를 하고 싶기 때문이다.

경제적 자유, 독립, 자유인, 다 좋은 말이다. 결국, 삶이라는 굴레에서 불교에서 말하는 해탈에 이르는 거창한 과정이 아니라도, 통상적인 사람들이 생각하는 사이클을 넘어선다는 것은 의미 있는 모험이자 도전이기도 하다.

하지만, 이 길이 꼭 남들과 다른 거창한 프로젝트와 대단한 성공으로 인한다는 의견에는 반대한다. 경제적 부를 이루었다는 사람들의 모습도 거창한 한방에 그 모습이 있는 것이 아니라, 반복적이고, 도전적인, 그리고 지속적인 자신의 일에 대한 집중과 본분을 지키는 모습에 그 의미가 있다고 생각한다.

돈은 참 빠르다.

내가 원하든 원하지 않든, 어느 정도 규모화에 성공한 돈이라는 녀석은 그 방향에 대해 내가 얘기를 하기만 하면 모습을 바꾸면서 계속 구른다. 단지, 주인이 어느 방향으로 갈지만 정해 주면, 핸들만 틀어 주면 기어를 바꾸지 않아도 돌진하는 차량과 같이 직진한다. 따라서, 내가 꼭 이 돈으로 뭘 해야 되겠다는 결심이 필요한 것이 아니라 어느 정도 규모화에 성공해서, 내가 일상생활에 꼭 필요가 없는 돈이 만들어지면, 그 돈은 알아서 굴러가기 시작한다. 그러니 방향성에 대해 너무 큰 고민할 필요 없이 꾸준히 돈을 모아서 한군데에 같이 담아 두라(포트폴리오 한답시고 돈을 나누지 말라). 같이 돈을 담아 두면, 알아서 길이 보인다.

## 본질을 보라

일전에 무피 투자니 소액투자니 하는 의견들이 많은데, 이렇게 낮은 비율의 자기자본으로 대출을 극대화하는 방법에 대해서는 다시 생각을 해봐야 할 것이다.

당신이 예를 들어 5억 정도 되는 부동산을 경매/구매에 참여함을 계획함에 있어, 제2금융권에서 80퍼센트 정도의 자금을 융통할 생각이라고 하자. 결국 내 돈 1억을 가지고, 4억의 레버리지 효과를 노리겠다는 것이다. 뭐 그럴 수 있다고 생각하는데, 아마 이 대상은 토지와 같이 돈을 묻는 형식의 대상이지는 않을 것이다. 다가구나 상가, 다세대일 것이고, 어떤 식으로든지 돈이 돌아 나오는 물건이므로 이자를 내더라도 약간의 수익을 얻을 수 있다는 계산을 한다 라는 것이 일반적인 무피, 소액 투자의 기본 원칙일 것이다.

또한, 빠른 시간 내에 최대한 많은 자본금을 다시 회수를 해서 다른 투자 물건을 잡을 수 있고, 이를 통해 빠르게 부를 증식할 수 있다는 것이 이런 방법의 요지이다.

결론부터 말하자면 이건 단지 계산 셈법 속에서의 셈이다.

제2금융권 7~8프로 이자 계산으로 연간이자 2400만 원을 빼야 하고, 각종 이사비용, 부동산 비용을 10프로 정도 계산해서 연 500만 원, 수리비 및 관리비를 10% 보수적으로 잡아서 계산하면 500, 결국 당신이 최대한 벌 수 있는 금액은 1500만 원 정도의 수익이 될 것이다. 1억이라는 돈의 기회비용, 그리고 이래저래 맘 고생한 비용, 내 경비, 밥 사먹은 것은 뒤로 하고, 5억 선이면 재산세, 소득세 등등 기본 세금이 몇 백 나올 것. 이것저것 빼면 남는 게 없다. 10프로로 계산을 했는데도 그렇다면 더 수익률이 낮은 경우 어떻게 할 것인가?

게다가 수익을 얻는다고 하더라도 기본적으로 상당부분을 은행에 납세를 해야 하고, 소득세에 이런저런 비용을 생각해 보면 당신이 원하는 수익률을 얻기는 만만치 않다는 계산이 나올 것이다.

그럼 이 계산은 어디에서부터 잘못된 것인가?

본질을 보라. 결국 그 부동산의 가치는 흠잡을 것이 없이 좋은 것이다.

단지, 주인인 당신이, 아니 주인이 되어선 안 되는 당신이 욕심을 부려 그 물건을 잡으면서부터 계산이 꼬인 것이다.

적어도 당신 자본이 3억 정도가 들어갔다면 어떤 계산이 되는가?

그럼 1금융권에 대출을 받아 주었을 것이다. 2억 정도를 4프로로 빌렸다고 하자. 연 800만 원이다. 그럼 동일한 계산이 어떻게 나오는가? 당신은 꽤 큰 수익을 얻을 수 있다. 적어도 은행에다 바치는 돈은 세이브가 되니 말이다.

내가 지적하고자 하는 것은 투자를 하지 말라는 것이 아니다. 조금 더 보수적으로 접근한다면 훨씬 좋은 흐름으로 계산을 가져올 수 있고, 시간이 걸리겠지만, 이런 좋은 흐름으로 축적되는 자금으로 다시 재투자를 통해 부를 증식할 수 있다는 것이다. 작은 금액으로 크게 한탕 하려는 욕심이 결국 본질을 흐리게 하는 것이다.

소액투자, 무피 투자를 통해 부동산 보유 개수를 늘릴 수는 있을 것이다. 하지만, 아무런 현금흐름이 창출되지 않는 그런 물건들이 무슨 의미인가? 시간이 지나간다고 해도 자금은 쌓이지 않을 것이며, 부채 수준만 커질 것이며 이런 부채들이 약간의 위기에도 큰 화를 초래하게 될 것이다.

자본수익에 의지 하지 말고 현금흐름에만 집중하라. 조금씩 축적되는 현금 흐름이 당신을 조금 더 나은 삶으로 이끌어 줄 것이다. 단순히 '나 이렇게 잘났다'라는 식의 경험담에 현혹되어서 무리한 투자를 계획하지 마라. 결국 이는 사행성을 가진 도박의 일부일 뿐이다. 내가 중심을 잡고 움직인다면 어떠한 변수가 발생을 한다고 해도 대처하는 데 어려움이 없을 것이다. 결국, 투자를 한다는 행위의 가장 기본적인 본질은 수익을 확보한다는 것이다. 단순 계산에 눈이 멀어, 가장 핵심인 수익성에 대한 셈을 놓치는 우를 범하면 안 될 것이다.


## 역지사지를 생각하자

이 세상에 일방적인 거래는 없다. 집을 파는 집주인은 항상 조금 싸게 판 것 같은 아쉬움이 있어야 하고 사는 사람은 조금 비싸게 샀다는 생각이 들어야 거래가 성사가 되는 것이다.

어느 일방이 쉽게 이익을 내었다 생각할 수 있는 거래조건에 현혹되어 일을 진행한다면 문제가 곧 터지게 되는 것이다. 세상은 복잡한 것 같지만 어떤 의미에서는 굉장히 단순하기도 하다. 내가 네가 되어 보면 된다.

왜 저 사람은 지금 저 아파트를 팔려고 하는가?

내 눈에 좋아 보이면 남에 눈에도 좋아 보이는 법인데, 갑자기 너무 싼 가격에 물건이 쏟아진다면 어떤 외부 변수가 있다는 의심을 할 만하지 않는가? 세상은 불확실하기 때문에, 비틀어 생각을 하면 또 그만큼 단순하게, 그래서 직선적으로 정확하게 세상을 바라볼 수 있는 좋은 기회를 제공하는 것 또한 사실이다.

통신의 발달로 인해 너와 내가 아는 것의 차이가 그리 크지 않은 요즘, 조금만 더 생각한다면, 어느 정도의 변수에 대비할 수 있다. 조금 더 생각한다는 것은 상대방의 입장에서 고려한다는 것이다. 나쁜 말로 표현하자면 상대방의 진위에 대해 의심하라는 것이다. 어차피 냉정한 거래의 세계이다. 상대방의 심리를 완벽히 꿰뚫지 못한다면 성공을 기대하기 어렵다.

## 매스컴에 현혹되지 마라

연준에서 양적 완화를 종료했는데, 이 결과로 달러는 강세화가 될 것이고, 금리가 올라가면서 부동산 시장에 나쁜 영향을 줄 것이고…… 당신이 아는 만큼 남도 알고 있고, 매스컴에서 떠드는 만큼 그 정보는 보편화된다. 우리가 해야 할 일은 그런 정보를 이해하고 모으는 것이 아니라, 비틀어서 틈을 헤집고 들어가 나만의 방법을 만들어 내는 것이다.

아침 경제 뉴스에서 전문가들이 떠드는 정보를 보라. 양적 완화 종료를 하는 순간 난리가 날 것 같던 금융시장이 조용히 넘어가지 않는가? 예방 주사를 일 년 동안 이삼십 번 맞았는데 감기에 걸리겠는가?

부동산 시장이 급락한다면 이보다 좋은 기회가 있을까? 초 저금리라고 하는 요즘에도 경매 물건이 쏟아진다는데 금리가 오르면 좋은 물건이 더 쏟아지니 현금을 가진 사람들은 주머니에 쓸어 담기 더 좋은 세상이 온 것이다.

금리가 오르면, 이자를 많이 주니 고맙고, 이자율보다는 더 받아야지라는 논리로 월세를 올리면 되니 고마운 일이다. 준비가 된 자들에게는, 보수적으로 자금을 운용해서 변화에 유동적으로 변화할 수 있는 기반이 있는 사람들에게는 말이다.

일방으로 떠드는 매스컴에 의존하려 하지 말고, 더욱더, 그 뒤에서 움직이는 부자들의 움직임에 대해 공부하자. 개인은 어쩔 수 없이 정보력이나 실행력, 자금력에서 외로운 존재일 수밖에 없다. 그러하기에 더욱더 불확실성에 대해서 끊임없이 연구하고 대처해야 하는 것이 아닐까?

남들이 보기에는 조금 답답해 보일 정도로 천천히, 하지만 끊임없이 자신을 정진하며 변수에 대처하며 더욱 더 안정적인 기반을 만들어 가야 할 것이다.

# 06.
# 보이는 것이 전부가 아니다
# – 일을 처음 시작하는 사람에게

흔히 장사나 사업(두 가지의 차이를 정확하게 구분하기는 어려운 것 같다)을 시작함에 있어 사람들은 많은 고민을 하고 또 한편으로는 '나는 다를 것이다. 남은 망해도 나는 괜찮을 것이다'라는 막연한 희망을 가지고 시작을 하게 된다. 과연 성공하는 자와 실패하는 자의 차이는 어떤 것이며, 어떤 행동과 생각들이 뒷받침될 때 망망대해의 경쟁사회에서 육지의 등불이 나의 뱃머리를 비추게 할까?

## 근거 없는 막연한 자신감은 만용이다

일본에서 성공한 비지니스 모델 하나를 당신이 가지고 와서 한국에서 하려고 한다고 치자. 미국에서 성공하고, 일본에서 성공했으면, 한국에서도 성공할 수밖에 없다…… 이병철 회장의 방법이다. 맞다. 아니 그 시절은 맞았다.

국제전화 한 통을 하려면 사장 허가를 받아야 하고 전신국 몇 개 라인을 거쳐야 하고, 바이어 컨펌 팩스를 받으려고 밤을 새워 시차를 계산하던 우리네 아버지 세대, 호랑이 담배 피던 시절의 일들은 그냥 추억으로 기억하라.

요즘과 같이 인터넷으로, 뛰어난 통신혁명으로 현재와 과거, 장소 간의 물리적 한계가 없어지고, 대규모 자본이 득세하는 한국의 경제상황에서 볼 때 당신이 선택한 그 아이템은 태생적 한계가 있으므로 선택 되지 않았을 수 있고, 설사 잘된다고 하더라도, 금방 카피한 경쟁자들이 나타날 수 있다. 그러므로 나는 되는 놈이니까, 혹은 이건 나만 아니까, 혹은 일본에서 넘어온 따끈따끈한 거니까 정도의 이유를 가지고 되는 것이라 착각하고 당신의 알토란 같은 돈을 밀어 넣지 마라.


## 숫자에 의존하라

일이라는 것은 주둥아리로 하는 것이 아니다. '내일이면 잘될 겁니다' '다음 달 실적은 좋을 겁니다'라고, 근거 없이 얘기하는 동료나, 부하직원 등이 있다면 가차 없이 내쳐라. 세상이라는 곳은 물론 모든 것이 마음먹은 대로 되는 곳이 아니지만, 한방에 뭔가 달라지는 상황이 도출되는 곳은 더더욱 아니다.

주위를 둘러보면 집안에 꼭 하나씩은 나이가 40중반이 넘어가는데도 땀 흘려 일할 생각은 하지 않고 평생을 뜬구름 잡는 사람이 있다. 설날 때 만났을 때와 추석에 만났을 때 명함이 달라지고 뜬구름이 달라지고, 목표가 달라지는 그런 부류의 사람들과 뭐가 다른가?

오직 숫자만을 믿어라. 숫자는 거짓말하지 않는다. 매출 대비 수익률이 얼마가 나오고 있는지, 적정 재고량과 거래처 미수잔액, 거래처 대금 상환

일지, 관리비 소요 일지, 감가상각 계산서, 손익계산서, 대차대조표, 익주 현금흐름 예상 보고서…… 등등의 수많은 자료는 당신에게 명확한 정보를 제공한다.

운전을 하는데, 각종 계기판이 없다면, 그래서 워셔액은 들어 있는지, 연료는 충분한지, 엔진 RPM은 얼마인지, 실내 온도가 지금 몇 도인지 모르는데 당신의 자동차가 잘 굴러갈 수 있는가?

막연한 목표치를 설정하는 것은 최고 경영자나 오너, 이 정도 부류의 사람들이면 족하다. 나머지 구성원, 동료는 모든 업무, 계획을 도표·지수화하여 객관적 자료를 만들어야 하고, 이를 바탕으로 모든 계획 수립과 진행이 될 때 실패 확률은 낮아진다.

## 선행자를 두고 비교하면서 따라가라

추격자가 되라는 말이다. 내 업무, 내 사업에는 분명히 나보다 오래되고 선행하고 있는 기업이나 조직이 있기 마련이다. 그 성공한 기업이 어떻게 그렇게 되었는지, 계속 연구하고 카피해서 모방하라.

아우토반에서 200킬로가 넘는 속도로 질주하는 것을 좋아하는 내가 아직까지 단 한 번도 경찰에 걸려 큰 벌금을 내 본 적이 없는 이유는, 항상 앞에 나보다 빠른 자동차를 한 대 두고 가기 때문이다. 속도가 무제한인 구간을 제외하고 설정치가 있는 구간을 달릴 때는 항상 남들과 동일하게 주행을 하다가도 옆에 굉음을 내며 지나가는 자동차 한 대가 지나가면 차선을 바꾸고 따라가면서 속도를 올린다.

경찰은 앞의 단 한 대만 잡는다. 먼저 보인 놈 하나만 잡는 우리네 세상사와 닮아 있지 않는가?

세상에서 1위를 하는 기업도 처음부터 대기업이지 않았다. 지금의 챔피언도 한때는 도전자의 신분이었음을 우리는 안다.

그럼 지금 막 일을 시작한 당신의 일은 어떤가? 아직 기는 연습도 하지 않았는데 뛸 순 없지 않는가? 먼저 선행한 기업, 전문가를 모방하고 계속 연습하면서 따라 가는 것이 드러나지 않고, 실리를 챙길 수 있는 길이다.


## 여유를 두라. 바로 질주할 수 없다

당신이 자동차를 몰고 가고 있는데, 우회전을 해야 한다. 어떻게 할 것인가? 지금 주행속도로 돌면 당연히 자동차는 넘어가니까, 속도를 줄이고, 기어단수를 내리고, 우회전을 하고 다시 엑셀을 밟는다.

당신의 인생에서 A라는 길을 가고 있는데, 새로운 일을 하거나 창업을 한다는 것은 B라는 길로 가는 일종의 터닝포인트(우회전이든, 좌회전이든)라고 할 수 있다. 마음은 앞서가겠지만, 지금 내가 전속력으로 달려가는 이 속도를 가지고 바로 다음 길로 들어설 수는 없다. 자동차의 속도를 줄이듯이, 내 삶의 속도를 줄이고 완전히 우회전을 한 다음에(삶의 방향이 B도로에 들어선 다음에), 다시 엑셀을 밟아 수정된 길로 달려야 하는 것이다.

스스로에게 물어보라. 내가 프로젝트를 진행함에 있어, 우회전을 아직 하고 있는 시점에서 무리하게 엑셀을 밟지 않았는가?

## 체급의 차이는 그냥 인정하고 내 갈 길을 가면 된다

이왕 자동차 비유가 계속 나오니 계속 자동차 얘기로 가자.

당신이 우회전을 잘 한 다음에 속도를 높이고 있는데, 뒤에서 포르쉐 스포츠카가 한 대가 따라와서는 엄청난 속도로 가속하면서 유유히 당신 옆을 지나간다고 하자. 그 스포츠카에 자극을 받은 당신은 미친 듯이 엑셀을 밟아 보지만 당신이 그 차를 잡을 수 있는 확률은 거의 없다.

일을 하다 보면 분명히 나보다 잘난 것 하나 없는데(그 녀석 운전기술은 바닥인데), 단지 집안에 돈이 있고, 부모 뒷배경이 있고, 인맥 때문에, 낙하산이기 때문에(스포츠카를 가지고 있어서), 그냥 잘 나가는 기업이나 조직이 있기 마련이다(내 차보다 빠르다).

이런 격차를 스스로 인정하지 않고, 동일한 선상에 있었다는 이유만으로 경쟁을 하려고 들면 나만 힘들어진다. 아무리 밟아도 당신의 일반적인 세그먼트 C급 자동차는 포르쉐를 잡을 수 없고, 연료만 더 소모할 뿐이다.

이런 경우는 그냥 길을 비켜 주고 내 갈 길만 가면 된다. 혹시 아나? 숨어 있던 경찰이 그 스포츠카를 잡아 줌으로써 당신의 길을 도와줄지(국가나 규제가 도와줄 수 있다)……

## 목적에 맞는 차를 사라

낚시를 좋아하는 사람은 좀 울퉁불퉁한 길도 잘 가고 짐도 많이 실을 수 있는 것을 선호하는데, 이런 사람이 자체 낮고 잘 나가는 스포츠카가 필요할까?

반대로 속도광인 사람이 9인승 승합차가 필요할까?

사람들은 보통 자동차를 선택할 때 나의 스타일과 맞는 것을 선택한다. 그런데 일은 어떤가? 단지 이 일이 좀 더 많은 수익을 주기 때문에 대학을 선택하고 직장을 잡고 입사를 하며, 안정되고 싶어서 공무원 시험을 기웃거리지 않는가? 애당초 목적이 틀린 길은 생각하지 마라. 사람을 살리고 싶다는 열망을 가지고 의대를 가는 게 아니라, 돈 벌기가 쉬울 것 같아 의대를 가니 외과에는 의사가 부족한데 성형외과는 득실대는 것이고, 지 주머니만 생각하는 인간들이 금배지를 다니 부정이 생기는 것 아니겠는가?

일을 계획할 때도 먼저 먼 미래와 내 비전을 생각해 보라. 돈을 버는 것이 목적인 사람은 없다. 돈을 벌어서 뭔가 일을 하고 싶어서, 내 새끼는 잘 살게 해 주고 싶어서, 혹은 노후에는 돈 걱정 없도록…… 모든 사람이 다른 사연을 가지고 있다. 그 목표를 먼저 설정하고 그 후 일을 생각하자. 노후에 좀 안정된 삶을 살고 싶다는 생각을 가진 사람이 혼자 튀기고, 배달까지 해야 하는 치킨프랜차이즈 본사를 기웃거리는 것은 번지수가 틀린 것이다. 경제적 자유를 얻어야겠다는 사람이 땅 보러 다니는 일은 좀 하지 마라. 땅 보는 건 전문가한테 맡기고 어떤 시스템을 만들 것인지를 먼저 고민해 보라.

## 내비의 말은 믿어야 한다

운전을 하다 보면 내비 아가씨는 좌회전을 하라고 하는데, 내 생각이 맞는다고 하면서 우회전 하는 사람이 꼭 있다.

내비게이션 말 좀 믿어라. 내비게이션은 당신보다 훨씬 객관적인 정보와 데이터를 기반으로 당신을 도와주는 것이다. 모순된 자신의 옛 기억, 학습된 기술에 의존해서 바뀐 길을 무시하고 그냥 당신의 방법을 고수하지 마라. 내비게이션이 더 먼 길을 가르쳐 줄 때도 있다는 반대의견을 가진 사람도 있을 것이다. 하지만, 최소한 내비게이션은 당신을 좀 더 먼 길로 돌게 할 뿐이지, 결국은 그 목적지에 도달시켜 준다. 하지만, 당신이 똥고집을 부리고 잘못 들어선 길을 수정하지 않는다면, 삼천포에 와 있는 당신 차의 앞은 바다가 가로막고 있을 것이다.

일을 하다 보면 자신의 주장과는 상반되는 다른 의견이 많이 있다. 그 의견이 대세라면, 적어도 나보다 전문가가 하는 주장이라면 경청하고 다시 한 번 생각해 보아야 한다. 그 의견대로 했을 때 물론 부작용이 없을 수는 없겠지만, 최소한 일은 마무리될 수 있기 때문이다.


## 키를 뽑고 문을 닫아야 운전이 끝난 것이다

자동차가 목적지에 도착했다고 해서 운전이 끝난 것은 아니지 않는가? 기어를 주차위치에 넣고 내려서 문을 닫아야 비로소 모든 행위가 끝난 것이다.

일을 하다 보면 잘 안될 수도 있다. 보통 사람들은 일이 잘 안되면 그냥 도망을 가거나, 잠수를 타거나, 소리 소문 없이 사라지거나, 간판을 내리는데, 실패했을 때 끝까지 경험을 해보는 것도 굉장히 중요한 일이다. 실패한 법인을 청산하는 절차를 밟으면서 내가 만든 이곳이 무너져 내리는 것도 힘들지만 봐야 하고, 마무리를 잘 해서 뒤끝이 깔끔해야 이 실패를 딛고 다시 일어설 힘이 생기는 것이기 때문이다.

성공을 하건, 실패를 하건, 자신이 시작한 일은 끝까지 책임지고 완수하는 모습이 아름답다. 내가 항상 지인에게 하는 말 중 하나가 '패배가 병가지상사인 것처럼 실패는 상가지상사인 것과 같으나, 뒷손없는 것은 절대 용서하지 못하겠다'는 것이다.

개인적으로 프로젝트에 실패한 직원에게 한 번도 그 책임을 물은 적이 없다. 실패든 성공이든 진정성이 있었다면 된 것이기 때문이다. 하지만, 모든 라운드를 깔끔하게 정리하지 못하는 직원은 가차 없이 해고했고, 프로젝트 도중에 못 하겠다고 약한 소리를 하는 인간들은 두 번 다시 만나지 않았다. 도중에 끝내면, 시작하지 않은 것만 못하지만, 실패를 끝까지 마무리한다면 다시는 이런 짓은 하면 안 된다는 교훈을 얻고, 마무리를 다한 그 자리에서 다시 시작할 수 있기 때문이다. 그리고 최선을 다하는 그 모습 끝에 무서울 정도의 반전 드라마가 기다리고 있을 수도 있기 때문이다. 기억하라. 끝날 때까지는 끝난 것이 아니다.


### 걱정해서 없어지는 것이 걱정이라면 걱정이 하나도 없겠네

일을 처음 벌이면 불안하다. 자동차를 처음 몰고 밖으로 나간 날은 어떤 심정이었는가? 하지만 너무 걱정하지 마라. 내가 규칙을 지키면서 내 속도대로 움직인다면, 옆에 차가 와서 받는 경우는 거의 없다. 그렇게 한 번, 두 번 자동차를 몰다 보면 속도도 올리게 되고, 익숙해지는 것과 같이 일 또한 마찬가지로 처음에는 뭐가 뭔지 두렵고, 이거 매상은 올라오긴 할는지, 손님이 들긴 할는지, 이거 내가 미친 짓 하는 것은 아닌지 혼란스럽고 항상 두렵지만, 계속 일을 하다 보면 그런 것에 무던해지는 자신을 발견하게 될 것이다.

처음 일을 한다면, 백만 원 매출이 크게 느껴질 것이나, 조직이 점점 커지고 확장하면서 나중에는 1억, 10억의 결제가 늘 있는 일 중 하나가 되는 것처럼, 시간이 지나면서 괜찮아진다.

혼자 걱정하고 고민해도 달라지는 것은 없으니, 이왕 벌인 일이라면, 아직 망할 시간이 있다면, 이런 저런 고민이 생길라치면 전단이나 한 번 더 돌리고, 매장을 한 번 더 쓸어라. 오너가 솔선수범하는 매장치고 쉽게 망하는 곳 없다.


## 연료는 항상 충분하게 준비하라

인생 두 번 살아 본 사람 없다. 유행가 노래가사처럼 누구나 인생이란 무대에서는 아마추어이다.

처음 길을 가는 자동차 운전자가 연료부족으로 신호가 들어올 때까지 운전을 하는 경우가 있을까? 어디에 주유소가 있을지도 모르는데 말이다.

일도 이와 같다. 일에서 연료는 돈이다. 자금을 항상 맥스로 내가 끌어들일 수 있는 최대치까지 올려서 일을 시작하는 것은 망하는 지름길이다.

내가 생각하는 최소 자본금의 2배는 확보해라. 지인에게 빌리든, 은행에서 대출을 받든, 2배 이상의 자금을 내 손에 쥐고 일을 시작하라. 일을 시작해 보면 그동안 보이지 않았던 각종 세금, 인건비, 계산되지 않았던 수리비, 감가상각, 보험 등등 엄청난 청구서들이 당신 손에 쥐어질 것이다.

세상이 이런 곳이다.

100원 벌기는 죽도록 힘든데, 1000원 쓰기는 너무 쉬운 곳이다. 이런 곳에서 살아남기 위해서는 보이지 않는 그 영역을 커버할 만큼의 돈이 내 손에 있어야 한다. 뭐 지인에게 빌리면 되겠지, 그때 돼서 은행 가면 되지 않을까? 웃기는 소리 하지 마라. 지인에게 안 쓰는 돈 있음 빌려 달라 할 때 그 지인은 세상에서 안 쓰는 돈은 없다고 할 것이고, 은행은 비가 오면 당신 우산을 못 빼앗아서 난리인 곳인데, 당신 사업이 부정적인데 돈을 빌려 주겠는가?

보수적으로 계산하고 숫자만을 의존하고, 차분하게 일을 계획한다면 실패하는 일은 없을 것이다. 이런 위험성을 다 알고 왜 자신의 일을 해야 할까?

15세기에 대 항해에 나서던 사람을 생각하라.

바람의 힘에 의존하여 움직이는 범선에 몸을 싣고 왜 인도로 가려고 했는지……

# 07.
# 물러섬의
# 미학

인생사 일이라는 것이 항상 나아갈 수만은 없는 노릇이라, 우리는 언제나 어려움에 부딪치고, 또 그래서 더욱 좌절하게 되는 것이 사실이다. 우리가 어려서 봐 왔던 슈퍼맨과 같은 영웅담들은 항상 어찌어찌해서 거의 적이 이겼음에도 불구하고, 주인공의 운 혹은 옆의 기막힌 인연에 의한 도움 등등으로 인해서 역전을 하고 결국 권선징악이라는 교훈을 주려고 노력하고 있지만, 안타깝게도 우리가 살아가는 이 세상이라는 정글은 그런 여유나 운을 믿고 기다려 줄 만큼 한가하지 않다. 일을 진행하고, 또 계획을 하다 보면 생각지 않았던 수많은 돌발 변수가 생기기 마련이고, 운전면허 실습장에서 돌발이라는 외침과 함께 습관적으로 밟아야 하는 급브레이크와 같이 일을 중단해야 할 경우도 생기게 되는 것이다.

물러섬은 패배를 의미하는가?

아니다. 단지 조금 더 뒤로 가서 충전, 혹은 전열을 가다듬는 것을 의미한다. 보통 사람들이 착각하는 것이 바로 이것이다. 우리는 무엇인가에 홀린 것과 같이, 절대 지면 안 된다는 끊임없는 교육의 작용으로, 혹은 사회 구조 계급세계에서 강등을 무서워해서 어떤 일을 하건, 절대 지지 않으려

하고, 한 발짝 뒤로 물러나는 것이 모든 것을 잃는 것이라고 착각하기에, 한 발짝도 물러서지 않으려 한다. 그러므로 더욱더 깊은 늪에 빠져들게 되고 헤어날 수 없는 지경에 이른다.

큰 파도가 이는 호주의 해변에 가면 제트 스트림이라는 것이 항상 생긴다. 높은 파도가 계속 치다 보면 뒤로 나갈 수 없게 된 물들이 모여서 압력이 생기고, 이 압력이 충분히 커지면 물들이 뒤로 빠지면서 생기는 것인데, 여기에 들어가면 제 아무리 수영을 잘하는 사람도 헤어나기 힘들다.

그런데, 재미있는 것은 이 제트 스트림의 폭이 가로로 2미터 정도밖에 안 된다는 것이다. 바로 옆인데, 그냥 나오면 되는데 왜 헤어나지 못할까? 이는 육지에서 해변 밖으로 흐르기 때문에 이 물결에 들어서면 나도 모르게 육지에서 멀어지게 되고, 육지로 돌아가려는 사람들은 육지만을 보고 헤엄치기 때문에 계속 밖으로 밀려나가게 된다. 조금만 옆으로 이동하면 쉽게 빠져나올 수 있는데 앞만 바라보기 때문에 더욱 더 힘든 상황으로 빠져든다.

내가 이렇게 제트 스트림에 대해 잘 아는 이유는 호주 해변가에서 빠져서 거의 죽다가 비키니로 유명한 해변 구조대의 아름다운 금발 구조원의 조력을 받은 19살의 경험이 있기 때문이다.

왜 사람들은 조금만 옆으로 빠져 나가면 되는 제트 스트림 안에 들어가면 나오지 못할까?

왜 사람들은 육지만 바라보면서 계속 헤엄을 치려는 것일까?

이 두 가지 질문에 물러섬의 교훈이 있다고 생각한다. 일이 되지 않는다면, 내가 계획하고 실행하고 있는 프로젝트가 잘 되지 않는다는 것은 여러 변수가 있을 수 있는데, 그 많은 이유 중 하나가 마치 제트 스트림 안에 있는 것처럼, 내가 옆을 못 봐서 생기는 경우가 있을 수 있다는 것이다. 조금만 비켜서 생각해 보면 쉽게 도출될 수 있는 답이고 문제인데, 너무 안일하게 내가 예전부터 알고 있던 방법으로만 생각하려고 하는 것은 아닌가?

그리고 육지만 바라보면서 수영을 한다는 것은 잘못된 목표 설정을 의미한다고 생각할 수 있다. 아무리 조금 더 먼 곳에 내가 원하는 목표가 있다고 하더라도 내가 지금 제트 스트림에, 결코 목표에 도달할 수 없는 위치에 놓여 있다면 그것을 과감하게 포기하고 우선 제트 스트림에서 빠져나오는 것을 생각해야 한다.

상황은 나빠지는데 나만 안일한 생각을 가지고, 먼 목표(육지)만을 바라보면서 죽을힘을 다해 노력하고 헤엄쳐 봐도 결국 제트 스트림에서는 계속 육지로부터 멀어질 뿐이다.

당신이 이 제트 스트림을 빠져 나올 수 있는 길은?

목표(육지)를 과감하게 포기하고, 지금 내가 가진 어려움의 근본에 대해서 생각하고, 큰 목표를 생각하지 말고, 단지 오늘을 살아남기 위해 최선을 다하며, 지금 내가 빠진 제트 스트림에서 빠져나올 수 있는 현실적인 방안을 마련하고 진행하는 것이다.

현재 내가 마이너스 상태에 있는데, 내 조직이, 내 회사가, 내 샵이 마이너스의 상태로 미래를 기약할 수 없는 상태로 진행되고 있는데, 당신 머릿속에 큰 그림이 있다고 해 본들, 그것은 망상일 뿐이며, 그런 큰 틀을 짤 기회는 결코 주어지지 않는다.

기억하라.

야구게임에서 홈런은 시원하고 멋진 쾌감을 선사하지만, 이기기 위해서는 투수·계투진들의 피나는 연습으로 이루어진 투구가 필요하고 27개의 아웃을 잡아내야 한다는 것을…… 투수가 미친 듯이 잘하면 홈런이 없어도 지지는 않는다.

큰 거 한 방, 큰 목표 하나는 중요치 않다. 단지, 지금 내가 어떻게 살아가고 있는가가 중요한 것이다. 큰 목표, 큰 계획은 그렇게 커피를 마시면서 수다를 떨면서, 혹은 그냥 책상머리에 앉아 큰 그림을 떠올리다가 나오는 것이 아니다. 성실히 내 일을 다 하고, 열심히 생활하면 자연스레 생기게 되는 내 목표와 이상향이 오늘의 나의 땀방울에 행운이라는 양념이 더해져 소위 대박이 되는 것이다.


## 무엇을 무서워하는가?

조금 물러서는 것에 대해 너무 겁내지 말라. 당장은 너무 힘든 일이겠지만 물러서고, 정리해야 할 것이 있다면 과감하게 해라.

- 머리로는 떠나보내야 하는데 가슴이 못 떠나보내는 사랑이나 사람이 있다면, 머리의 말을 들어라.
- 머리로는 접어야 하는 가게나 프로젝트가 있는데 마음이 서지 않는 가게는 접어라
- 손실이 나서 접어야 할 것 같은데, 들인 돈이 아까운 프로젝트가 있다면 접어라.
- 지금은 손실이 나지만, 될 것 같은데, 될 것 같은데 하면서 끌고 오는 일이 있다면 접어라.

부동산 거래를 하다 보면 가격이 조금 내려서 내놨더니 팔자마자 폭등했다는 식의 얘기는 수도 없이 듣곤 한다.

내 생각은 그렇다. 안 되는 사람이 들고 있었으니 안 된 거다. 아쉬워하지 마라. 걱정하지 마라. 오늘 죽을 것 같아도, 방법이 없을 것 같아도 내일은 여전히 해가 뜨고, 신이 당신을 위해 준비해 놓은 또 다른 파티는 열린다. 오늘 비록 내가 물러서야 하는 상황이라도, 오늘을 기억하고 다시 준비해서 나아가면 되는 내일이 기다리고 있음을 우리는 알기에 그냥 그대로 나아가면 되는 것이다.

안 되는 일을 우리가 쉽게 내려놓지 못하는 것은 내 안의 욕심 때문이다. 이런 고민을 하는 경우는 대개 주위의 판단, 조언, 나의 현실적인 판단에 의해서 답은 이미 나와 있는 있는데, 내 욕심에 의해서 계속 망설이고, 주저하는 것이다.

하지만, 그런 상태로 지속이 되다 보면, 내 자신이 회의감에 싸이게 되고, 자신감을 잃어버리게 되며, 스스로 승리하고 성공하는DNA를 잃어버리게 된다. 자신감을 잃어버리는 것은 그래서 나침반을 잃어버리는 것으로, 다음에 다시 바람이 분다고 해도(자금, 기술이 생겨도), 어디로 갈지 모르게 되기 때문에 더욱 위험하다.

퇴각은 전략이 전술의 일부이다. 퇴각을 했다고 해서, 물러섰다고 해서 내가 전쟁에서 진 것은 아니다. 전투에서는 져도 된다. 이는 병가지상사라고 했고, 아무리 잘난 홈런 타자도 0.4할을 넘기지 못한다. 다만, 내 목표의식이 없어지거나, 자신감을 잃는 것을 두려워하고, 작은 실패는 그냥 훌훌 털고 일어나서 다시 목표를, 계획을 세우고 진행하면 된다. 다시 전열을 가다듬고 공격을, 진격을 시작하면 되기 때문이다.

물러설 준비는 되어 있는가?

그럼 나아갈 준비도 된 것이다.

# 08.
# 중산은 쉬이 움직이지 않는다
# – 기다림

## 중산은 쉬이 움직이지 않는다

오늘도 어제처럼 항상 무엇인가에 쫓기듯이 움직이는 세상을 살다 보니 바로 오늘 뭔가를 결정하고 움직이지 않는다면 뭔가 손해를 본 것과 같은, 세상은 나만 빼고 다 움직이고 발전하는 것 같은데 나만 뒤쳐지는 듯한 느낌을 받곤 하는 우리를 발견하게 된다.

게다가 매일 세상의 경제 지표들은 날뛰고 있고, 이래야 하냐 저래야 하나, 언론에서는 이렇게 해라, 저렇게 해라, 연준은 금리인상을 할지도 모른다, 이머징 마켓은 어쩌고저쩌고하는 등의 경제뉴스가 난무하다 보니 더욱더 맘이 조급해지는 요즘일지도 모른다.

전에는 내가 알 바가 아니던 이런 세계지표들 또한 세계화라는 거대한 파도 속에서 내 삶에 영향을 주기 시작하므로 더욱 투자를 하기 위해 알아야 하는 상식, 정보들이 광범위해지고 세분화되고 있다. 하지만, 이런 흐름 속에서 하나 우리가 발견할 수 있는 것은 '기회가 오고 있다'라는 것이다.

요즘 내가 주위의 사람들에게 즐겨 쓰는 말이다. 적어도 한국이라는 시장으로 한정해서 생각을 해 본다면, 그리고 투자한다는 행위 하나만을 생각해 본다면, 지금보다 훨씬 좋은 시기가 오고 있는 것이 사실이다. 부동산 가격이 오를 것이니, 또는 내릴 것이니 등의 말을 하는 것이 아니다. 지금보다 훨씬 더 혼란스러운 상황이 발생할 것이고, 그런 혼란스러움에서 보다 쉽게 이득을 볼 수 있는 상황이 연출될 것이라는 점을 말하는 것이다.

발표된 세계경제성장 전망치를 보면 보통 선진국은 2.0~2.5프로선, 그리고 신흥국들이 4~5프로선 정도 된다. 생뚱맞게 이 얘기를 꺼내는 이유는 한국의 상황을 보자는 것이다. 한국의 경제나 지표들은 항상 선진국도 아닌 것이 신흥국도 아닌 것이, 정도가 알맞은 표현일 것이다. 올해 한국 경제의 성장치를 3.9프로정도로 예상하는 황당한 정부도 있지만, 통상적인 예상치가 3프로 초반이라고 볼 때, 이 성장 전망치와 같이 한국의 경우, 리스크도 중간 정도, 수익도 중간 정도, 항상 그래왔듯이, 그런 정도로 보는 것이 정확한 진단일 것이고 이것이 한국경제규모의 특징일 것이다. 재테크도 그와 같이 궤를 같이하면 된다.

그럼 다시 재테크적 관점으로 돌아가서 이런 변동이 많은 시기에는 어떤 준비를 하고 또 실행해야 더 큰 수익을 볼 수 있을 것인가에 대해 고민들을 해 볼 것이다. 지난 3~4년간 세계경제 침체 국면에서 반등하는 단계에 와 있다는 것은 누구나 알고 있는 사실이다. 그런 전망치를 두고 연초에 이런 혼란이 오는 것은 투자가 입장에서 볼 때 더 좋은 현상이라 할 수 있을 것이다. 좀 더 좋은 가격에 물건을 구매할 수 있는 기회가 오기 때문이다,. 개인적으로 한국시장에서는 바로 지금이 투자의 적기라고 판단하고 있으며, 부동산/주식/채권을 가리지 않고 한국시장에서의 구매를 늘리고 있는 것 또한 사실이다.

## 기회의 순간은 어떻게 준비해야 할 것인가?

### 1) 현금만이 답이다.

내가 움직이고자 할 때 바로 움직일 수 있는 현금 비축량을 늘리는 것이 지금 가장 필요한 준비가 아닐까 하는 생각을 한다. 지금 경기가 회복되고 있다고는 하나 몸을 무겁게 하는 부동산의 구매나 장기상품을 구매하는 것은 올 하반기가 지나면서 경기 회복을 직접 확인하고 질러도 괜찮다고 생각하자. 지금 리스크를 안고 들어가서 수익을 조금 더 내는 것보다, 내 눈으로 상황을 직접 확인하고 조금 늦게 들어가서 남보다 조금 더 수익을 작게 내는 한이 있어도 리스크를 줄이는 것이 필요한 시기가 아닌가 생각한다.

현금을 확보하고 있어야 어떤 프로젝트나 상품이 나에게 올 때 그것이 기회가 될 수 있다. 현금이 흩어져 있고, 움직일 수 있는 상황이 아니라면 아무리 좋은 오퍼를 받아도 움직일 수가 없는 것이다. 따라서 지금 동원 가능한 자산을 최대한 현금화해서 기회의 순간을 대비하는 것이 바람직할 것이다.

포트폴리오니 위험의 분산 등이니 하는 이유로 보험, 펀드를 권하는 은행원의 말은 가볍게 무시해라. 어차피 개인이 돌리는 자산이라고 해 봐야, 얼마 되지 않는 돈이고, 이를 또 다시 분산을 시켜서 투자를 한다면 소위 '물건'이 될 만한 것, 제대로 된 것 하나를 사기 힘들다.

내가 잘 알고, 될 것이라는 확신이 서는 물건/프로젝트가 보일 때까지 절대 원금 손실이 가지 않는 보수적인 방법으로 돈을 뭉쳐야 한다.

## 2) 빚 권하는 세상에 속지 마라

미국의 양적완화 추가축소 소식과 더불어 항상 나오는 뉴스가 금리 인상에 관한 뉴스이다. 당연히 달러강세가 되면 될수록 한국시장에서는 금리인상 압박을 받는다는 것인데, 단군 이래 가장 많은 달러를 보유하고 있는 작금의 상황을 볼 때 부동산에 올인하는 무능한 정부의 관리 들이 오히려 금리를 인하할 수 있는 여지도 있다고 생각을 한다. 금리가 오르든 내리든, 이건 중요한 문제가 아니다. 처음 말한 것과 같이 어떤 식으로든지 빚을 가지고 있다면 자신의 몸이 무거워지는 것이고, 이 빚이라는 것은 시간이 지나면서 내 주머니에서 돈을 빼 가는 역할을 하는 나쁜 자산 아니겠는가? 물론 또 다른 현금을 창출하는 건전한 빚도 있는 것이 사실이지만, 지금과 같이 변동성이 큰 시기에는 조금 더 큰 투자는 자중하고, 빚을 최소화하는 데 집중을 해야 할 것이다.

이전에 얘기한 적 있는 것과 같이 아무리 좋은 자산이라도 부실한 본인이 무리한 부채와 함께 소유를 하게 됨으로써 부실자산이 되는 것이다. 따라서 항상 현금을 최대화시키고 부채는 최소화시키며, 부채를 얻게 되더라도 수익성이 있는 자산, 따라서 부담이 되지 않는 자산을 확보하는 데 그 중점을 두어야 할 것이다. 다 같이 아파트를 하나 가지고 있다고 해도, 그 아파트를 내가 깔고 앉아 있으면 부실자산이요. 세를 주면 건전 자산인 것이다. 부채는 이런 건전 자산을 확보할 때만 쓰는 것이다.

## 3) 기회의 시기는 언제인가?

누구나 예측할 수 있는 몇 가지의 예를 보자. 식품 원자재가격이 안정세를 보이고, 큰 국제 행사가 많으며, 경기가 살아나는 상황에서는 식품·음식료업을 영위하고 있는 국내 대기업의 실적은 안 좋아지려야 그럴 수 없는 상황 아니겠는가? 내수를 중심으로 사업을 전개하는 국내 대기업, 식음료업체의 주식을 바로 지금 구매한다면 나쁘지 않은 선택이 될 것이다.

부동산 얘기 중에 바닥 10년, 폭등 1년이라는 얘기가 있다. 집을 사려는 사람도 팔려는 사람도 다 한국인이고 같은 처지이다. 몇 년 동안 인플레이션 반영분은 고사하고 절대 가격이 떨어지는 것을 확인한 집주인 입장에서는 부동산 시장이 반등된다는 표시 하나에 금액을 높일 것이 자명하다. 부동산을 구매하려는 계획이 있다면, 그렇기 때문에 지표 하나하나에 신경을 써야 한다.

실제로 부동산 시장에서 호가를 높이는 것은 그렇게 많은 자금과 노력을 요하는 것이 아니다. 그래서 한국 부동산 시장에는 추세나 현상에 좀 더 주목을 해야 한다. 다수가 다주택자가 아닌 현실을 고려해 볼 때 A가 B에게 내 아파트를 팔았다면 자신은 다른 C에게 아파트를 구매해야 하는 것이 사실이다. 연못에 던진 돌 하나가 잔잔한 파장을 일으키며 호수 끝까지 밀려져 나가는 것처럼 부동산이 반등한다는, 그래서 이제 부동산을 사야겠다는 인식의 전환이 일어나는 순간, 2000년대 중반에 경험한 엄청난 폭등까지는 아니더라도 지금 우리가 '에이 그럴까'하는 정도 수준의 부동산 가치 상승은 있을 것이다. 한국의, 특히 서울의 부동산 가격은 그렇게 비싼 것이 아니며, 소득 분위가 비슷한 타 국가와 비교해 보면 오히려 저평가되어 있다. 따라서 앞서 말한 바와 같이 항상 언제든 움직일 수 있는 정도의 현금을 준비한 후에 반응을 보면서 결정을 해도 늦지는 않다.

### 4) 자금이 모이지 않는데 어떤 투자를 할 수 있나?

맞는 말이다. 재테크에서 가장 힘든 부분이 종자돈을 만드는 것인데, 그양도 기준도 사람마다 다르기 때문에 언제가 되어야 준비가 되었다는 것인지, 그리고 비로소 투자를 할 수 있는 것인지를 물어보는 사람이 많다. 기본적으로는 생계자금과 구분되는 자금을 재테크 자금이라고 정의해 보자. 내가 얻는 수익 또한 노동수익과 자본수익으로 크게 나눌 수 있을 것인데, 재테크라는 것은 생계자금을 뺀 나머지 잉여자금을 모으고 투자를 해서 자본수익을 올리는 행위로 정의할 수 있을 것이다. 당연히 리그가 있는 것도 아니고 엔트리가 정해져서 얼마가 있어야 한다는 규정도 없는데 내 생각으로는 얼마가 있는가 하는 것이 아니라, 분할과 자유도로 평가를 해야 할 것이며, 시간 연속성이 더욱 중요하다.

우선 자본금은 어떤 성격이어야 하는가?

첫 번째 조건으로 자본수익을 기대할 수 있어야 재테크라 할 수 있기에 관리 공수 정도를 제외한 나의 시간이 잠기지 말아야 한다. 둘째, 모든 자금을 한번에 집행하는 것이 아니라 1/3씩 나누어 집행함으로써 손실 위험을 나누어야 한다. 셋째, 이 자금에서는 순환이 일어나야 하고, 이익을 빼서 쓰면 안 된다.

본론으로 돌아가서 자금을 모으는 것에 대해서는 정답이 없다고 하는 것이 답안일 것이다. 나 또한 사업초기에는 돈이 돌지 않아서 여행자 픽업 운전기사를 한 적도 있고, 푼돈을 벌기 위해 관광 가이드도 하는 등 닥치는 대로 일을 한 경험이 있다. 하려는 건에 따라서 준비해야 하는 돈의 절대량은 다를 것이다. 부동산을 투자하려는 사람과 주식 투자를 하는 사람의 차이는 있을 수밖에 없다. 하지만, 더욱 중요한 것은 결국 어떤 투자든, 돈이 많고 적음이 아니라 얼마나 빨리 자금을 만들어서 오랫동안 둘 수 있는가가 성공의 기준이 된다.

결국 똑같은 돈 1천만 원이 누구에게는 중요한 투자자금이 되기도 하고 누구에게는 그냥 은행에 넣어 두는 돈이 되기도 하며, 또 누구에게는 그냥 중고차 한 대 사는 돈이 되기도 한다. 절대액수가 중요한 것이 아니라, 그 돈을 투자하고 얼마만큼 기다릴 수 있는가가 성공의 요소이다. 따라서 내가 원하는 목표치에 부응하는 상품이 내 눈앞에 보이기 전까지 엉덩이를 붙이고, 오래 버티는 사람이 끝내 부자가 될 수 있다.

한 번의 일, 하나의 프로젝트, 한 건의 매매에 너무 많은 의미를 부여하지 말고, 일희일비하지 말라. 그것은 단지 최후의 결과가 아니라 당신이 일생을 통해 만들고자 하는 결과를 가기 위한 도중의 한 번의 관문이자, 문제일 뿐이다.


## 중산은 쉽게 움직이지 않는다

세상이 뭐라고 떠들든, 내가 정한 목표를 확실하게 하고, 절약해서 돈을 모아서, 작지만 전 과정을 경험할 수 있는 프로젝트 하나를 만들어라. 처음부터 끝까지 한번 경험을 해 보고, 그 경험이 2번, 3번 되면서 점차 자신도 붙고, 한 번에 얻는 수익도 커진다. 충분히 자신을 테스트한 후 인생의 경로를 바꾸어도 늦지 않다. 하루 만에 만들어지는 로마는 없다. 조급해 하지 말라.

# 09.
# 시작은 미약하였으나
# 끝은 창대하리라

　새로이 일을 시작하고 투자를 시작하는 사람에게 보이는 앞이라는 것은 그저 내가 그릴 수 있는, 상상할 수 있는 것에 지나지 않으므로, 그저 현실성 없는 자기 연민 혹은 걱정에 지나지 않는다고 할 것이다.

　사람들은 대게 내가 해 보지 않은 것에 대해서 막연한 두려움이 있고, 이를 만회하기 위해 다른 한편으로는 이를 부정하는 심리가 있으므로 가급적이면 이런 두려움을 회피하려는 심리가 강하게 나타나는데, 어려움을 회피하고, 피해나가는 자세로 살아가는 이가 인생에서 진정한 삶의 성공의 열매를 따는 것은 힘들 것이다.

　어떤 투자이든지, 처음부터 바로 열매가 열리고, 만족할 만한 성과를 내는 경우는 없다. 내가 20살이 넘어서 수많은 사업을 했지만, 남들이 봐도, 인정을 해 줄만한 규모의 성공을 처음 얻는 데에는 10번의 실패와 6년이라는 시간이 소모가 되었다.

　호주에서 유학생활을 시작해 태국과 필리핀에서 창업을 시작한 나의 여정은 멕시코와 남미를 지나 유럽에 와서야 어느 정도 자리를 잡을 수 있었고, 떠돌이 생활을 정리할 수 있었다. 시작부터 모든 것을 가지고 할 수 없고, 처음부터 너무 많은 것을 구하면, 첫 한발을 내디딜 수 없는 것이 삶이다.

전 세계 70여 개국을 돌아다닌 나에게 그 비결을 묻는 사람이 많았는데, 그때마다 내가 했던 얘기는 동일했다. 이 바닥 생활을 하려면, 어디든 머리를 붙이면 1분 안에 잠이 드는 낙천적인 성격, 어딜 가도 물갈이 없고, 어떤 것이나 잘 먹는 식탐에 가까운 식욕, 그리고 의사소통을 할 정도의 영어 실력만 있으면, 어딜 가나 일은 내가 만들기 나름인 것이다.

대단한 준비를 한다고 해서, 내가 대단한 성공을 할 수 있을 것이라는 것은 착각에 가까우며, 처음 일을 시작할 때는 완벽한 준비를 하는 것이 필요한 것이 아니라, 긍정적인 마음가짐으로 생각지 못한 변수가 튀어나왔을 때 극복할 수 있을 정도의 준비를 열심히 하고, 또 발생 시에는 내가 열심히 배운다는 마음가짐으로 경험하면 되는 것이다.

한 번 넘어지면, 다시 일어나면 되고, 두 번 넘어지면, 세 번 넘어지지 않음을 감사하고, 세 번 넘어지면, 두 번 넘어졌을 때보다는 덜 아픈 만큼 내가 성장했음에 감사하면 된다. 그렇게 계속 넘어지다 보면, 나도 모르게 어느새 일어서고, 걷다가 뛸 수 있게 된다. 처음에 일어서지도 못한 나의 사업과 투자를 두고, 앞서 질주하고 있는 사람과 비교해서 나의 처지를 비관하는 순간, 아무것도 할 수 없게 되는 것이다.

지금 그대가 가진 것이 없어도 상관없다. 투자라는 것은 돈으로만 하는 것이 아니라, 나의 신용과 시간으로도 할 수 있는 것이다. 할 것이 없는 것이 아니라, 내가 관심이 없어서, 아니면 두려워서 내 옆에 있는 것을 쳐다보지 않았기 때문에, 첫 단추를 찾을 수 없었던 것이며, 첫 단추가 끼워지지 않으니, 옷매무새가 만들어지지 않는 것과 같이, 삶의 목표도 투자의 미래도 보이지 않고, 그냥 답답해지고, 이내 체념이 되는 것이다.

내가, 나의 의지로 한발자국도 움직이지 않는데, 손을 내밀어 줄 사람은 없다. 세상의 문이라는 것은 두드리는 자에게만 열릴 것이요, 구하는 자에게 그 구함을 허락하는 법이기 때문이다.

당신이 답답함을 느끼는 이유는 방법을 몰라서가 아니라, 움직이기 두려워서, 그런 두려움을 느끼는 자신에 대한 감정일 경우가 많다. 가슴은 이미 저쪽을 가리키고 있고, 마음은 저쪽으로 가고 있는데, 나의 머릿속은 아직 이런저런 이유로 인해 움직여지지 않으므로 더 답답해지는 것이다.

담대하라.

처음부터 모든 현상을 이해하고, 모든 것을 알고 시작하는 사람은 이 세상에 없다. 내가 신이 아니므로 당연히 실수할 수 있고, 또 실패할 수 있고, 그런 실패는 더욱 더 나를 강인하게 해 줄 것임을 믿어라.


## 생각하는 삶

세상은 복잡하기 때문에 더욱 간결하고, 구부러져 있기 때문에 곧게 뻗을 수 있는 곳이다. 내가 하는 생각에 따라, 생각에 의해, 모든 것이 변화할 수 있게 된다. 안 된다는 생각으로 사는 사람에게 되는 것은 없고, 된다는 생각으로 사는 사람에게는 안 되는 것이 없다. 결국 내가 마음을 먹기 나름이요, 어떤 길을 갈 것인지 결정하는 것도 나인 것이다.

내가 현실적이고, 보편적인 생각을 하기 위해서 노력한다면, 그 시간은 결코 당신을 배신하지 않을 것이며, 현실 속에서 또 다른 나를 발견할 수 있게 될 것이다. '뭐가 있으면 이걸 할 수 있고, 저게 있으면 이것을 할 수 있고'라는, 무언가가 전제되어 있는 복잡한 구상과 생각은 일체 도움이 되지 않는다. 지금은 힘들어도 왜 내가 이것을 해야 하는가? 이 일은 나의 인생에 어떤 터닝 포인트를 줄 것인가만 깊이 생각하고 생각해서 결심이 선다면, 그걸로 더 이상 생각을 할 필요는 없을 것이다.


## 시행착오

배가 앞으로 항진하기 위해서 필요한 데이터는 단지 방향타와 엔진출력만이 아닌, 바람, 조수, 배의 상태 등등 다루고 기억해야 할 것이 한두 가지가 아닐 것이다. 작은 실패를 연속해서 함으로써 더욱 더 많은 경험을 하는 것, 그것을 시행착오라고 하는데, 대를 희생하는 대 실패가 아닌, 계속적인 비극의 연속인 실패는 하면 할수록 괜찮은 것이다.

그래서 처음부터 나의 인생 전부를 걸고 투자를 하겠다, 사업을 하겠다고 나서는 것은 무모한 짓이 된다. 처음에는 이렇게 실패를 할 가능성이 높기 때문에 가진 일부만을 가지고 천천히 고려하고 움직여야 하는데, 초반의 많은 시행착오는 빨리 하면 할수록 사람을 더 강인하게 하고, 생각의 폭과 깊이를 넓히기 때문에, 많으면 많을수록 좋다고 할 수 있다.

다만, 시행착오를 겪을 때 내가 한 실수, 잘못을 또다시 반복하는 것은 절대 용납해선 안 된다. 발전이 없다면, 실패할 이유도 없기 때문에, 실패가 필요 없어지게 된다. 항상 동일한 실수를 한다는 것은 집중하지 않았고, 변화를 받아들이지 못한다는 말도 되기 때문에, 반복되는 실수를 경계해야 한다.

한시라도 어릴 때, 작은 실수를 많이 해 보고, 경험을 하는 것이 나중에 재산이 모여서 큰 실수를 하지 않게 되는 것임을 알고, 작은 규모의 일을 하는 지금, 터져도 터진다는 넓은 생각으로 변화를 받아들여야 할 것이다.

시작은 미약하였으나 그 끝은 창대할 것이다.

이 말을 믿고 천천히 일을 시작할 때가 오기를 기다린다면, 좋은 기회가 올 것이다.

# 10.
# 두드리는 자의 용기에 대하여
# – 실패의 미학

세상은 두드리는 자에게만 문을 열어 준다.

즉, 내가 시도를 하지 않는데, 가만히 앉아서 꿈만 꾸고 있는데 세상이 뭔가를 나에게 공짜로 주지는 않는다는 얘기다. 두드린다는 것은 상당히 긍정적이고, 능동적인 행위라고 할 수 있다. 내가 주인의식을 가지고, 먼저 목표를 정하고 준비를 한 다음에 상대방 혹은 반대쪽을 향해 나의 의사를 전달하는 행위이기 때문이다. 그럼 세상의 문을 두드리기 위해서는 어떻게 해야 할까?

우선은 준비가 되어 있어야 한다. 사업을 하고 싶다면, 그에 맞는 기술과 자금, 인력 등등이 준비가 되어 있어야 할 것이고, 장사를 한다고 해도, 음식점 창업을 한다고 해도 그에 맞는 준비가 되어 있어야 할 것이다. 하지만, 이런 모든 준비를 한다는 것이 말로는 쉬울지 몰라도 충분히 준비한다는 것이, 어느 정도까지 해야 완벽한 것인지, 어느 정도를 해야 충분한 것인지 우리는 모를 때가 많다.

그럴 때는 질러 보는 수밖에 없다. 지금까지 내가 했던 말들을 보면, 보수적으로 살고, 준비하고, 돌다리도 두들겨 보고 건너라는 식이었는데, 뜬금없이 질러 보라는 것은 조금 이상할 수도 있겠으나, 꼭 그렇지 않다. 실패를 해 본 사람만이 더 성장을 할 수 있고, 더 많은 실패를 해 본 사람만이 더 나아갈 수 있는데, 너무 큰 실패를 함으로써 인생의 많은 시간을 허비할 수 있으니, 능동적으로 조금씩만 두드리고 나아감으로써 성공의 길로 가란 얘기다.

일전에 얘기했던 것과 같이 나의 경우에도 승률이 30퍼센트 내외로, 실패한 경험이 성공한 경험보다 훨씬 많다. 중요한 것은 실패를 하더라도 계속 시도를 해야 한다는 것이고, 실패를 할 때를 대비해서 어느 정도의 준비가 필요하다는 것이다.

유도를 배울 때 처음 배우는 것이 낙법이다. 떨어지는 데에도 법이 있는 것이다. 덜 상처가 나게, 몸에 무리를 주지 않도록 에너지를 다른 곳으로 분산시키면서 떨어져야 안전하듯이, 일을 진행한다는 것도, 새로운 사업을 시작한다는 것도, 언제든 실패할 수 있다는 것을 항상 염려해 두고 출구전략을 잘 설립하는 것이 중요한 법이다.

우선 두드리기 위해서는 용기가 필요하다. 용기가 생기기 위해서는 확신이 있어야 하는데 확신이라는 것은 내가 스스로 어느 정도 준비가 되었음을 느낄 수 있을 때 생기는 것이다. 자금이든, 기술이든 사람이든 말이다. 어느 정도 스스로에게 책임질 수 있고, 준비가 되었다고 생각이 되면, 이제 뒤로 돌아보지 말고, 지르는 용기가 필요하다.

이번 홍콩출장에서 나 또한 질렀다. 상대방이 생각하지 못한 방식과 방법을 설명하고 상대방이 요구한 수준보다 높은 수준의 사항을 내가 먼저 제안을 한 것이다. 다른 대륙의 상인들을 믿지 못해 항상 현금계약을 선호하는 중국 상인에게 내가 먼저 수억 원의 선수금을 배팅함으로써 그들을 당황하게 만든 것이다. 당연히 다른 사람들과 같이 신용거래, 그리고 계약금 등등을 얘기할 줄 알았던 상대가 호기 있게 나오는 모습을 보고 당황스러웠다고, 계약 후에 얘기하는 파트너에게 말했다.

"난 두려울 것이 없다. 내가 판단하고 결정했기 때문이다. 난 스스로 내 눈을 믿기 때문에 먼 곳에서 지금을 바라봤을 때 그렇게 할 것이란 확신이 생기면 그냥 그렇게 하는 것이 맞는 것이다"

회사 내에서도 반발이 심한 것은 당연했다. 처음 만난 중국 회사를 뭘 보고 선수금을 그렇게 걸어야 하는지, 꼭 그 방법밖에 없는지 등등의 의견이 지금도 분분하지만, 내 생각은 단호하다. 내가 가장 내 회사의 상황을 잘 알고, 나아가야 할 분야를 보여 주는 역할을 해야 하기 때문에 이만한 위험감수는 할 수 있어야 한다는 것이다.

"2년 전 장비 투자를 결정할 때 찬성한 사람이 있었나? 모두들 불확실한 시장상황에서 무모하다고 하지 않았던가? 지금 그 장비들이 한 달에 내는 수익이 얼마인가? 모 지역 지사 설립 시 혁명 후, 시끄럽다는 정세를 들어 반대를 했지만 지금 지사의 상황은 어떤가? 본사에 필적할 만큼의 수익을 내고 있지 않는가? 지금은 중국에 집중해야 할 때이니 더 이상 반대하지 말라"

앞으로 나아가는데 있어, 두 가지의 사항을 생각해 보는 것이 좋을 것 같다. 원칙 하나는 스스로에게 확신이 서면 무조건 나아가야 한다는 것과, 원칙 둘은 스스로가 조직원들을 합리적으로 설득하고 나아갈 수 있어야 한다는 것이다. 나와 뜻이 다른 사람들을 무조건 무시하지 말고, 최소한 설득을 시켜서 나의 뜻을 전달해 이해시켜야 한다는 것이다.

그리고 마지막 원칙은 앞으로 나아갈 때의 위험은 나 스스로 감당할 수 있을 정도의 수준을 넘어서는 안 된다는 것이다. 내가 위의 말에서 덧붙인 말이다.

"지금 우리 회사 상황에서 그 정도의 손실은 감당할 수 있고, 그 만큼의 자금 출혈이 있어도 현금흐름에 큰 지장을 주지 않는다. 현재 수익을 내고 있는 노선에서 그 정도의 손실은 커버할 수 있으니, 다들 대승적인 차원에서 나를 믿고 따라 주기 바란다."

새로운 일을 시작할 때 당연히 성공만을 보고 하지 실패를 생각하면서 시도하는 사람은 없다. 그렇기 때문에 실패를 떠올린다는 것은 항상 힘든 상황이지만, 만일 일이 잘 안되었을 때라도 기존의 사업에 중대한 타격을 입지 않을 정도만으로 시도하는 것이 바람직하다고 생각한다. 또한 그 사업이 처음 시도하는 것이라면, 그 뒤나 돌아갈 조직이 없기 때문에, 무조건 성공을 해야 하기 때문에 더욱 신중에 신중을 기해야 하는 것이다.

내가 남들이 봤을 때는 조금 무모해 보일 수 있는 투자를 쉽게(?) 결정하고 도전하는 것 같이 보여도 이는 그냥 보이는 것일 뿐이다. 투자를 결정하기에 앞서 세계시장의 추세와 흐름을 관망하고, 책도 찾아보고, 정보를 최대한 모음 다음, 며칠을 새벽에 조깅을 하면서, 또 밥을 먹으면서 혼자 생각하고 고민해 보고, 노트 정리도 해 보고, 지인들에게 넌지시 의견을 물어보기도 하고, 80프로 이상의 확신이 생기면 그때서야 출장 스케줄을 잡는 것이다. 이미 결정을 내린 후이기도 하고, 그 결정을 하기 위해서는, 내 스스로가 공부를 하지 않으면 안 되는 것이다. 내가 그 시장에 대해 모르는데 어떻게 일을 하고 결정을 할 수 있겠는가?

이렇듯, 문을 두드린다는 행위는 스스로가 공부해서 자신감이 쌓이고, 그 자신감을 기반으로 해서 경험을 쌓은 후에, 그 경험을 바탕으로 시장을 정확하게 파악하고, 그 파악한 시세에 따라 정확하게 지르는 것이 중요하다. 다만, 투자를 할 때는 정확하게 자신의 상황을 고려한 후 보수적으로 집행하되, 실패를 두려워하지는 말라. 당신이 최선을 다했다면 그 결과 또한 선함을 믿자. 세상은 스스로 두드리는 자에게만 문을 연다.

성공한 사람의 실패담은 처절하고 비참한 것일수록 아름다운 법이다.

따라서 실패를 하면 할수록 더욱더 큰 성공에 한 발짝 더 다가섰다고 생각하라. 태국에서, 필리핀에서, 멕시코에서, 호주에서, 일본에서, 중국에서, 동업자에게 차이고, 자금이 없어 부도내고, 경험이 없어 경쟁자에게 다 빼앗기고, 대기업의 횡포 때문에 실패하고, 기술이 없어, 규제 때문에 부도를 내었던 나라는 사람도 계속 다시 시도하고 있지 않은가?

계속 실패를 하다 보면 노하우가 쌓인다. 대기업한테 당하다 보면, 맞는 법을 알아서 이제 돌려 치는 법을 배우게 되고, 자금이 없어 실패를 계속하다 보면, 아랫돌을 빼서 윗돌을 맞는 지혜를 알게 되고, 사람한테 당하면서 실패를 계속하다 보면, 관상공부를 안 해도 사람을 파악할 수 있는 스킬을 배우게 된다. '계속해서 실패하라. 그게 성공에 이르는 길이다'라고 영국의 다이슨이라는 친구가 얘기했는데, 정말 맞는 말이다.

하지만, 모든 것을 한방에 거는 것은 위험하다는 것이다. 어떻게 될지 모르게 때문에, 실패할 수 있기 때문에, 다시 일어설 수 있는 히든카드는 남겨 놓은 채로, 상황에 대비하는 것이 바람직할 것이다.

# 11.
# 절대 지지 않는 싸움을 하라
# – 로마는 하루 만에 만들어지지 않는다

부자가 되기 위한 항해의 첫걸음을 떼는 우리들이 가장 쉽게, 그리고 크게 만나는 강력한 적은 바로 내부의 두려움일 것이다.

여기 초보 항해사 하나가 있다. 확실한 항해지도는 없고, 나침반만 하나 덩그러니 그의 손에 놓여 있는데, 이대로 가면 육지가 나올지, 보물섬이 나올지, 뭔가 될 것 같기는 한데 잡히는 것은 없고, 보이는 것은 없는데다가 이대로 항구를 벗어나면 앞으로 어찌해야 할지, 물과 식량은 넉넉한지, 해적들은 없는지, 걱정이다.

하지만, 배가 항구에만 있어서는 쓸모가 없다는 것을 어렴풋이 아는 그는 어떻게든 나가 보려 작심을 하지만, 정작 항구 출구의 등대를 보자 겁이 났고, 내항의 잔잔한 파도를 뒤로 하고 외항에 나서자마자 몰아치는 큰 파도에 겁이 나서 등대를 바라보게 되는 자신을 발견하고 있다.

당신이 그렇지 않은가?

여기 부자가 되고 싶은 당신이 있다. 정확하게 알려 주는 사람은 없고, 나름대로 계획은 세웠는데, 이대로 진행을 하다 보면 성공할 수 있을지, 부자가 될 수 있을지, 뭔가 될 것 같기는 한데, 확실한 보장은 없고, 오래 걸리는 계획이라 확신이 없는데다가 이대로 시작을 해 버리면, 앞으로 어찌해야 할지, 내 돈과 경력은 넉넉한지, 사기꾼과 경쟁자는 없는지 걱정이다.

하지만 내가 계속 이 직장에만, 이 일만 하고 있어서는 쓸모가 없다는 것을 어렴풋이 아는 당신은 어떻게든 나가보려 작심을 하지만, 정작, 미래를 생각하니 실패 시의 겁이 났고, 지금의 안정적인 생활을 뒤로 하고, 새로운 일을 시작하자마자 몰아치는 사회의 경쟁과 치열함에 겁이 나서 뒤를 바라보게 되는 자신을 발견하고 있다.

두려워할 필요도 없고, 부끄러워할 필요도 없다. 이것은 지극히 당연한 현상이기 때문이다.

처음 마구간의 문을 열어 준다고 해서 말이 바로 뛰어 나가지 않는다. 바뀐 상황에, 환경에 어떻게 해야 할까 말도 망설이고, 망설이다가 한번 결심을 하고 나서는 뒤도 돌아보지 않고 나간다.

어떻게 하면 이런 두려움을 극복하고 절대 지지 않는 싸움을 할 수 있을 것인가?

### 1) 감당할 수 있을 만큼의 돈으로 시작하라

당신이 신이 아닌 이상 모든 결정이 맞을 수는 없다. 지금 당신이 고려하고 있는 그 계획이 완벽하다고 생각할 것이다. 이것만 하면, 이대로만 되면 금방 부자가 되고 성공할 수 있을 것이라는 착각을 하고 있을 것이다. 하지만, 당신이, 한 마디만 하면 몇 천 명의 엔지니어가 매달려 현실화시키는 그런 대기업의 총수가 아니라면, 그리고 그 아이템이 수천억 원의 장비가 필요해서 엄청난 진입장벽을 가진 아이템이 아니라면 누구나 할 수 있는 일이다.

보통 일반적인 우리네가 시작하는 사업의 규모는 10억 내외를 넘지 못하고 이는 조금 돈 있다는 부자들의 하루 동원 현금에도 미치지 못하는 금액이다. 이 돈으로 당신이 날고 기어봐야 구름 위에 있는 존재들의 눈에는 귀엽게 보일 뿐이다.

그러므로 그 사업이 잘된다고 한들, 대기업이 시장에 뛰어들게 된다면, 한 달 안에 강력한 경쟁자가 들어서서 판도를 흔들게 될 것이고, 당신이 돈 버는 것을 본 다른 경쟁자들이 우후죽순으로 생겨날 것이다.

결론적으로 볼 때, 당신이 시작을 해서 잘할 수 있고, 성공할 수 있는 예상치는 지금 당신이 생각하는 최대치의 절반 이하로 생각하면 딱 맞다. 따라서 지금 당신이 생각하는 이익의 30~40% 선이 적정치 않다고 생각하면 그냥 그 계획은 버려라. 그건 당신이 똑똑하고 현명해서가 아닌 그 정도 수익도 발생하지 않기 때문에 다른 사람들이 안 한 것이다. 다른 사람들도 바보가 아니니, 당신만 똑똑하다는 그 이유 없는 주장은 버려라.

그래도 이익이 충분히 나고 일을 벌여야 한다는 생각이 든다면, 감당할 수 있는 범위 내에서 일을 만들어라. 감당할 수 있다는 것은 빌려온 돈이든, 내 돈이든 어떻게든 내가 굴리고 쓰고, 결론적으로 실패를 했을 때 내가 감당할 수 있을 범위라는 것이다. 주식투자를 한다면 내가 모아놓은 돈으로, 신용거래 하지 말고, 집안 돈 다 끌어 모아서, 집을 담보로 대출해서, 시작하는 일은 딱 거리에 나자빠지기 좋은 방법이다.

버블티를 컨테이너로 수입할 때, 내 포부는 C사를 넘어서 종합식품 유통그룹이 될 것이라 믿어 의심치 않았고, 멕시코에서 커피를 수입할 때는 스타벅스를 넘을 것이라 생각했고, 동남아에서 IT제품을 팔 때는 애플이 쉬워 보였다. 계획을 하는 단계는 다 그렇다. 하지만, 현실은 잔인하리만큼 냉정하다.

하나만 기억하자

당신이 일하고 계획할 때, 남도 그러하다. 당신은 결코 잘난, 특별한 사람이 아니라 그저 70억 중 한 명이다.

## 2) 뒤를 돌아치고, 정면승부는 피하고, 치열하게, 하지만 조용히 일하라.

승자는 보통 후발주자에게 관용을 보이지 않는다. 작은 틈을 주면, 그 작은 틈이 큰 틈이 되고, 결국 그런 조그마한 구멍에 의해 댐이 무너지는 것을 잘 알고 있기 때문이다. 그래서 승자는, 적어도 자신의 전투에서 승리한 사람은 그 승리를 감추려 하고, 애써 다른 곳으로 이목을 돌리려 하며, 자신의 무기와 승리 이유를 얘기하기 극도로 싫어한다.

알프스를 넘은 유일한 인간인 한니발 장군이 결국, 자신이 썼던 그 전략을 역이용한 로마군에 패배한 것과 같이 나폴레옹이 결국 자신이 고안하고 가장 즐겨 쓰던 포병전술의 역이용으로 인해 패배하는 것과 같이 세상은 계속 승자의 무기에 대해 고민하고 그를 이길 방안을 연구하기 때문이다.

따라서 승자들은 자신이 올라온 사다리를 걷어차 버린다. 후발주자가 못 따라오게 말이다. 그리고는 미화한다. 자유주의, 공정한 경쟁, 상생과 같은 그럴듯한 말로 말이다. 약육강식의 정글에서 공정한 경쟁과 상생 같은 헛소리는 어디에 존재하는가?

누구나 비겁하게 일을 시작한다. 그저 그냥 커지고 나서 나중에 미화할 뿐이다. 일을 처음 시작하는 당신이, 아직 경지에 오르지 못한 우리가 정의를 논하고, 상생을 논하기에는 세상은 너무 복잡하고 빨리 돌아간다. 정의가 어디 있나? 이기는 놈이 정의다. 최소한의 도덕이라는 법 정도만 어기지 않는다면 문제될 것이 없다.

작은 돈으로 뒤늦게 시작한 대다수의 투자자들은 이런 승자들의 교육에서 벗어나야 한다. 왜 우리 학교에서는 금융교육을 한답시고, 적금, 예금 드는 것을 애들에게 가르치려고 하는지 이해할 수 없다.

세상에 룰은 없다. 승자가 만드는 것이다. 그러므로 당신이 승자가 되어서 그 룰을 만들면 되는 것인데, 적어도 일을 하는 도중에는 조용히 진행하라. 왜 쓸데없이 정면승부를 벌이고, 올인하는가? 세상의 셈은 그렇게 단순하지 않다. 항상 빠져나갈 길을 만들고 세상에게 당신의 속을 보이지 마라. 당신의 계획은 철저히 숨기고, 어떻게 돈을 벌었는지, 어떤 성공을 했는지, 무용담에 취해 술자리에서 늘어놓지 마라.

## 가장자리에서 싸우지 마라

일본의 경영의 신이라고 하는 교세라 창업주 이나모리 가즈오 회장이 즐겨 쓰는 말이다. 스모를 하면서 가장자리로 몰리는 극한 상황이 되면, 큰 기술이 나오고, 잘못된 판단을 할 수 있기 때문에 가급적 위험요소가 오기 전에 중앙에서 싸우라는 얘기다.

참 맞는 말이다. 일을 하다가 아주 안 좋은 결과, 혹은 문제가 되는 극한 상황이 오면, 소위 지푸라기 잡는 심정으로 이상한 일에 매달리고, 나는 아닐 것이라는 근거 없는 막연함으로 일을 끌고 가기 마련이며, 지혜로운 판단이 되지 않기 때문이다.

따라서 투자든, 사업이든, 항상 최악의 시나리오가 도출되기 이전에 작은 변화에 민감하게 반응하고 계속 잘 가고 있는지, 끊임없이 체크를 해서 조직이나 일이 잘못된 방향에 들어서면 바로 이를 정정할 수 있도록 해야 한다.

또한, 이를 미리 막기 위해서 보수적으로 계획을 잡고 자금운영과 투자 계획도 꼼꼼하게 확인하며, 지금 내 위치가 어디에 있는지, 끊임없이 자신 스스로에게 묻고 자신 있게 대답할 수 없다면, 위기감을 가지고 체크를 해 봐야 한다.


## 불황은 사이클이다

불황은 활황과 함께 항상 오는 일종의 계절 같은 것이다. 당신의 투자나 일이 잘못되었다고 해서 바로 뭔가 결론이 나는 상황이 아니라면 넓게 보고 불황을 이겨 내라. 불황 또한, 적자 또한 회사나 투자의 자연스러운 과정이다. 어느 회사가 항상 흑자만 내고, 어떤 투자가 과연 항상 이득만 주는가? 일시적으로 어려움에 빠져든다고 해도, 결국은 잘될 것이라는 긍정적인 믿음을 가지고, 위에서 얘기한 것과 같이 계속 내 상황을 체크하면서, 불황을 이겨낼 수 있는 체력을 비축하고, 계속 일을 진행하다 보면 자신도 모르게 불황에서, 적자 상황에서 빠져나와 있는 당신을 확인하게 될 것이다.

사업을 하거나, 투자를 하는 사람은 언제나 긍정적인 마인드가 필요하다. 여우같이 약간은 민첩하고 비겁하다는 얘기를 들을지는 모르나, 항상 겁이 많고, 주위 경계를 늦추지 않으면서도 곰같이 우직하게 길을 감과 동시에, 배부른 사자의 천하태평함을 가짐으로써 작은 순간 하나하나에 일희일비하는 모습이 없어야 한다.

당신이 초조해하고, 조급해하며, 만용으로 밀어붙이고 나간다면, 조직이, 투자가 제대로 될 수 없을 것이다.

결국, 지지 않는 싸움의 법칙이라는 것은 유동적이며, 상대적이다. 넓게 보고, 눈앞의 작은 손해와 어려움은 개의치 말며, 큰 뜻을 세우고, 보수적으로 투자하며, 계속 이런 과정을 반복하면서 성공 DNA, 경험을 자신의 몸과 생각에 입히는 것이 중요하다.

투자란 무엇인가? 자본주의란 무엇인가? 어떻게 하는 것이 부자가 될 수 있는 길인가? 솔직히 나도 모른다. 하나의 개인으로서 내가 남들과 다른 부분은 그나마 많이 부딪쳐 보았고 그렇기에 더 많이 깨져 봤다는 그 경험 하나일 것이라는 생각을 한다.

나 또한 종착항에 다다른 배가 아니라, 여전히 망망대해를 지나고 있는 여정의 배이기 때문에 나의 이 일정 끝에- 다른 사람들이 고민하는 것과 같이- 성공이 기다리고 있을지 실패가 기다리고 있을지 아직 알 수 없다.

하지만, 이제 어느 정도 이해하고 깨닫고, 터득한 자본주의에서의 살아남기라는 명제에 대해서 생각해 본다. 어찌 보면, 사람들은 부질없는 물질적 풍요를 위해 서로 경쟁하고, 남과 비교하면서 내가 가진 것을 습관적으로 계속 펴 보면서 위안을 삼으려는 심리가 크다.

내 자신, 내 가족을 위해서 라는 명분을 내세우고 남들보다 더 빨리, 더 많이 가지기 위해 노력하지만, 여전히 오늘도 행복이라는 명제 앞에선 어정쩡한 자세를 취할 수밖에 없는 우리에게, 어쩌면 더 필요한 것은 돈이 아니라 자유와, 다른 시각이라고도 할 수 있을 것이다.

투자를 다만 돈놀이, 그리고 돈을 버는 것으로 인식해서는 자본주의에서 성공하는 개척자가 될 수 없다. 투자란 내가 숨 쉬는 것과 같이, 내가 죽기 전까지 숨쉬기를 멈추지 않는 것처럼, 계속적으로 바라보고, 행해야 할 필수적인 행위 중에 하나인 것으로 인식하고, 이를 진정으로 가지고 놀고, 즐길 줄 알아야, 투자라는 행위가 비로소 나의 오락이 되고, 취미가 되어, 자본주의에서 살아가는 이의 진정한 자유와 행복이 실현될 것이다.

'투자를 왜 하는가?'라는 질문의 궁극적인 답은 그래서 '돈을 벌려고', '부자가 되고 싶어서', '경제적 자유를 얻고 싶어서'가 아니라, '그냥 재미있어서'라고 할 수 있다. 내가 진정으로 이 사회의 프레임 안에서, 재미를 느끼고, 행복감을 느끼고, 주도적으로 판을 읽고 짤 수 있는 능력과 기회가 주어질 때, 비로소, 진정한 투자가가 되었다고 할 수 있을 것이며, 이 책에서 말하는 위의 명제들과 원칙들은 그런 프레임의 일부일 뿐이라고 할 수 있다. 진정한 투자가는 그런 프레임에 얽매이는 사람이 아니라, 언제든, 자신을 중심으로 판을 재편하고 내가 원하는 방향으로 나아갈 수 있는 힘과 능력을 가진 사람을 의미하기 때문이다

부자가 되고 싶다는 욕망을 가진 사람들과 정말 많은 대화를 했고, 성공한 자와 그렇지 않은 자에게서 많은 공통점과 차이점을 발견할 수 있었다. 성공을 한 자는 목표를 인지했고, 행동했고, 실패했으며, 그것에 굴하지 않고 또 도전해서 결국 해냈다는 것이고, 성공하지 못한 자는 목표는 인지했으나, 행동하지 못했거나, 너무 많이 한번에 움직여 실패를 한 후, 겁을 내거나, 능력의 부족으로 더 이상 앞으로 나아가지 못했다는 것이다.

내가 투자자로서 진정한 자유를 얻는 길은 그렇게 순탄치만은 않을 것이다. 여러 가지 변수가 있고, 사람들과의 경쟁에서 이겨내야 하며, 계속적으로 변화하는 흐름을 정확히 읽어 내야 할 것이다. 하지만, 앞서 말한 것과 같이 이는 고통스러운 길이 아닌, 내가 재미를 느끼고, 즐기는, 삶의 일부가 되는 것이어야 한다.

이 모든 투자라는 행위를 나의 업으로 인식하는 순간, 그 업종에 있는 다른 모든 이와의 경쟁에서 이겨야 한다는 전제가 생길 것이나, 이 자체를 즐기는 사람에게는 스트레스가 아닌, 하나의 즐거운 게임이 된다.

단순히 책으로 배우는 것이 아닌, 현실에서 내가 모은 자산을 기반으로 이런 게임에 동참할 수 있다는 것이 얼마나 즐거운 일인가?

이런 의미에서 나는 진정으로 재테크라는, 투자라는 행위를 정말 좋아하는데, 이 글을 읽는 사람 또한 나와 마찬가지로 투자라는 것의 매력에 빠져 보길 바란다.

세상은 정말 생각보다 넓고 내가 할 수 있는 일은 많다. 천천히 하나씩, 내가 주도하는 틀 안에서, 내가 정한 원칙에 따라, 내가 바라보는 쪽으로 움직일 수 있는 나의 팀을 만듦으로써 결국 나의 배를 가지고 먼 항해에 나서는 당신의 모습을 볼 수 있기를⋯⋯응원한다.

언제든 재테크 관련 문의는 나의 이메일로 주시길⋯⋯
businesskhs@daum.net